글로벌 시대의 문화번역

문화현장총서

글로벌 시대의 문화번역

젠더, 인종, 계층의 경계를 넘어

김현미 지음

도서출판 또 하나의 문화

국립중앙도서관 출판시도서목록(CIP)

글로벌 시대의 문화 번역 / 김현미 지음. -- 서울 : 또하나의문화,
2005
p. ; cm. -- (문화현장총서)

참고문헌과 색인수록
ISBN 89-85635-69-7 03330 : ₩12000

331.5-KDC4
306-DDC21 CIP2005002232

책을 펴내며

지난 10년간 한국 사회에는 실로 놀라운 변화들이 많이 일어났다. 금융 자본주의라는 새로운 경제 질서는 IMF라는 시련을 가져 왔고, '노동의 유연화'로 대표되는 신자유주의는 일과 직장, 인격의 의미들을 급속하게 변화시켰다. 국내의 대기업과 영세 기업의 해외 진출이 본격화되었고, 외국인 이주 노동자들도 80만 명에 이른다. 이러한 정치 경제적 변화와 함께, '한류'로 불리는 아시아 지역 내 한국 대중문화의 인기는 한국 사회의 문화 생산 능력에 자부심을 갖게 하며, '히트 상품' 욘사마를 배출했다. 우리 사회에 이렇게 '글로벌' 추동력이 생기면서 '세계화' 또는 '글로벌 스탠더드'라는 말은 캐치프레이즈가 된 지 오래다. 이런 말이 의미하는 바가 무엇인지에 대한 사회적 논의가 충분히 이루어지지 않은 채, 해마다 영어 교육에 투여되는 물적, 감정적 자원은 급격히 늘어나고 급기야 한국 속에 '영어마을'들이 생겨났다. 해외 지사 파견, 유학, 어학연수, 해외 근로 체험, 여행 등의 형태로 임시적인 삶의 거점을 옮기는 사람들도 늘고 있다.

사적인 영역에서도 많은 변화가 일어났다. '원정 출산'이나 조기 유학, '기러기 가족' 등의 형태로 시공간을 횡단하며 가족의 계층적 지위를 유지,

상승시키려는 한국인들의 욕망이 현실로 이루어지고 있다. 가족, 집과 연관된 '정착성'이나 '결속'의 이미지는 약해지고 예측할 수 없는 이동성이 그 자리를 차지하고 있다. 1999년 이후 급증한 결혼 이주자들은 2004년까지 20만 명에 달하고, 한국인, 외국인, 그들의 자녀들로 구성된 '다문화 가족'이 한국 가족의 한 유형이 되고 있다.

이런 움직임들은 지역적 한계라든가 문화적 구속력을 넘어 일상적 기획을 새롭게 하려는 한국인들이 자신의 생활 세계를 전지구적으로 확장하고 있다는 의미다. 동시에 계층과 국적을 활용하여 자신들의 시장 능력과 사회적 지위를 극대화하려는 것으로도 이해될 수 있다. 글로벌라이제이션의 '현시'로서 동원한 단편적인 위의 사례들이 국민 국가의 경계 안에 귀착되어 있던 우리나라 국민 정체성의 견고함을 흔들고 있다.

국가의 경계가 마련해 준 습관화된 안락함은 겉으론 평화스러워 보이지만 지극히 폭력적인 현실을 만들어 왔다. 인종주의, 성차별주의, 자국민 우월주의에 입각한 국민 정체성 만들기 프로젝트에 많은 에너지가 투입되면서, 한국 '국민됨'의 고단함과 복잡함이 심각하게 인지되고 있다. '영토'에 기반을 둔 집단주의적 국민 정체성은 경제 규모를 확장하는 데 기여했지만 현실에 천착하여 자신의 개별성을 표현하고 타자를 존중하는 개인을 만들어 내는 데는 한계가 있었다. 한국인들의 글로벌 이동성은 일종의 '탈주'의 표현일 수 있다. 무엇보다 한국 사회는 알 수 없는 순간적 욕망에 몰려다니는 '떠 있는' 집단들은 양산했지만 문화적 차이를 존중하는 개별적 주체들은 만들어 내지 못했다. 이런 상황에서 우리는 영토 밖에서나 안에서나 '타자'와 교섭하는 문화적 능력을 갖추기 힘들었다. 이 때문에 글로벌 이동성이 만들어 내는 이질적인 문화 간의 문화 교차 지역에서 갈등, 두려움, 증오, 혐오 등의 심리적 불안이나 근거 없는 정복과 지배의 욕망을 갖게 된다. 역사적으로 습관화된 자문화 중심주의에서 벗어나, 이질적인 문화들과 '협상'하는 능력을 기르는 것이 시급한 때다.

글로벌 시대를 화두로 삼은 학자들은 종종 '예견자'가 된다. 그들은 거스를 수 없는 변화의 흐름을 예견하며, 그 흐름에 익숙해지라고 요구한다. '세계화'는 '문명 충돌론'에서부터 '다중의 저항성'을 강조하는 '제국' 같은 거대 담론으로 다가온다. 이 예견자들은 패놉티콘(원형 감옥)의 눈으로 세계 각지에서 일어나는 다양한 사건들을 증거로 들며 예언한다. 진보 성향의 학자들은 신자본주의 질서가 만들어낸 총체적인 삶의 '위기'에도 불구하고, 저항하지 않는 탈정치화된, 무력한 개인을 비판한다.

우리는 이 입장들 사이에서 급변하는 일상의 경험을 글로벌리즘과 연결시켜 설명할 수 있는 능력을 오히려 상실해 가고 있는 듯하다. 한국에서 글로벌이란 개념이 쉽게 '서구화'라든가 '종속화'와 동일시되거나 글로벌 스탠더드가 미국식 예의나 규범으로 이해되는 척박한 상황에 익숙한 사람들이 국제결혼을 해서 한국에 온 베트남 여성과 어떻게 만날 수 있을까? 한국 대중문화가 아시아 지역에서 누리는 인기를, 한국 문화의 본질적 우수성으로 이해하는 사람들은 글로벌 미디어 테크놀로지라는 구체적인 물적 조건의 변화를 애써 무시한다. 이제껏 우리가 이해할 수 있는 유일한 '세상'이 한국이라는 국민 국가 내부였다면, 지금부터는 국가는 작은 '로컬'이 되고, 로컬의 외부에는 서구가 아닌 다양한 로컬들이 존재할 뿐이다. 위계적이거나 포섭적이지 않은 방식으로 '경계'에 대한 개념을 설정해야 할 것 같다.

글로벌 시대를 다루는 문화 연구자들 또한 이질적인 경험을 만들어 내는 새로운 현장들을 따라가지만 관습적인 방식으로 해석할 수 없음을 쉽게 알아차린다. 글로벌 시대의 문화 연구는 '세계화'란 기호의 추상성과 거대함을 벗어나는 것에서 시작되어야 할 듯하다. 이 책은 한국 사회의 구체적인 '현장'이나 '현상'에서 글로벌의 의미를 사유하는 방법론에 근거를 두고 있다. 그런 방법론에 의해서만 '관점'이 명료해지고 실천이 구체화될 수 있기 때문이다.

그러나 글로벌에 관한 글쓰기는 그 자체에 '결함'을 내재하기 마련이다. 글로벌한 것에 대한 글쓰기는 파편적이며 주관적일 수밖에 없다. 글로벌이란 단어는 이미 그 자체에 범주와 경계를 설정하고 있지 않다. 바로 이 이유 때문에 글로벌리즘 연구의 대상은 연구자 개개인의 감성으로 포착해야 한다.

글로벌라이제이션은 '자본, 노동, 이미지'들이 국가의 경계를 넘어 이동하는 현상을 의미하지만, 이런 이동을 중재하고, 경험하고, 그 과정에서 의미를 만들어 내는 것은 바로 문화를 운반하는 '인간 행위자'다. 이질적인 문화들이 교류하고 충돌하는 문화 교차 지역에서 소위 '한국성', '한국인', '한국 문화'는 어떻게 정의되고 있을까? 한국인들은 타 문화권 사람들과 어떻게 협상을 벌여 나갈까? 나는 서울의 이산 동네, 다국적 기업, 신 국제 노동 분업 하의 여성 노동자, 이주 여성 엔터테이너, 2002 월드컵, 일본 대중문화 팬, 한류 등 한국의 문화 현장에서 그 답을 찾으려 했다.

나는 이 책에서 '문화 번역'을 지향했다. 문화 번역은 문화적 차이에 대한 의미 있는 해석을 만들어 내는 행위다. 전통적으로 문화인류학자들은 다른 사회의 사회적 실천을 기록하고, 그것을 자신이 속한 문화권의 사람들이 이해할 수 있는 '언어'로 번역해 왔다. 이때 타자의 문화는 문화인류학자들의 글을 통해 '보이게' 된다. 어떤 것을 보이게 만드는 과정은 창의적이지만 매우 주관적이고 폭력적이기도 하다. 문화인류학자는 감성, 지성, 관점에 따라 어떤 문화에 대해선 독해 능력이 전혀 없는 철저한 문맹자일 수도 있고,

어떤 부분에선 경계 지역에 있는 사람의 창의성을 발휘할 수도 있다. 그러므로 문화 번역자가 된다는 것은 불완전하지만 불가피한 창작의 행위자가 된다는 의미다. 특히 나는 타 문화가 아닌 한국을 현장으로 삼은 페미니스트 문화인류학자로서 남성 중심, 서구 중심, 엘리트 중심의 문화 권력에 정치적으로 개입하면서 한국 사회를 '번역'했다.

이 책은 크게 3부로 구성된다. 1부는 글로벌라이제이션을 사유하는 두 가지 방법론을 제안한다. 하나는 '우리 안의 다양성들'이란 개념이고 다른 하나는 '문화 번역'이다.

1장 「글로벌 도시, 서울」에서는 한국 사회의 외국인 마을이나 이산 동네를 체험하면서, 우리 안에 이미 들어와 있는 다양한 문화적 타자들의 삶에 어떻게 개입할 것인가를 사유하고자 한다. '우리 안의 다양성들'이란 인식론적 지도를 통해 주변을 바라보면, '글로벌'의 의미는 국가 경계 밖에 있는, 돈을 들여 포획해야 할 물신화된 대상이 더는 아니다. 이주 노동자를 포함한 외국인들을 같은 시공간에 사는 사람으로 바라볼 때 그들의 삶의 경험과 자원들을 '해석'할 수 있는 눈을 갖게 된다. 좋은 해석자가 되기 위해서는 성찰적인 '문화 번역자'가 되어야 한다. 서로 다른 상징체계를 지닌 문화들 간의 의미 있는 소통을 만들어 내는 문화 번역자는 때로는 권력 관계를 매개하고 강화하는 행위자가 될 수 있다는 사실을 기억하는 것이 중요하다.

2부는 글로벌 자본과 노동의 경합이 일어나는 글로벌 현장을 다룬다. 3장 「글로벌 사회는 새로운 신분제 사회인가?」에서는 글로벌라이제이션이 심화됨에 따라 계급 구조가 양극화되는 현상을 젠더 관점에서 분석한다. 글로벌 자본주의는 개인에게 다양한 가능성을 제공하기도 하지만, 이윤을 극대화하기 위해 젠더, 인종, 계급, 국적 등의 '차이'를 활용하는 경제 질서이며 이 과정에서 여성의 빈곤화와 이주의 '여성화' 현상이 심각해지고 있다.

글로벌 자본주의는 추상적인 경제 흐름이 아니며, 이질적인 문화 행위자들이 만나는 구체적인 문화 교차 지역에서 관철된다. 4장 「"네 문화의 옷을 벗어라"」는 전지구적 자본주의의 첨병이라는 다국적 기업을 문화 교차 지역으로 파악하여, 유동하는 자본과 로컬의 노동자들이 일상에서 어떤 '문화' 게임을 하는지를 보여 준다.

다국적 기업 중 흔히 '철새 기업'으로 불리는 중소 규모의 제조업체는 싼 노동력을 찾아 여기저기 이동하는 기업이다. 1970년대 이후 한국 사회는 외국 자본을 유치하기 위해 수출 자유 지역을 세우면서 신 국제 노동 분업의 생산지 역할을 하기 시작했다. 5장 「경계에 선 여성 노동자는 말할 수 있는가?」는 '철새 기업'의 성격을 지닌 미국계 전자 조립 공장에 취업한 한국 여성들의 노동 쟁의를 다룬다. 여성들은 시위 과정에서 민족, 계급, 젠더 등을 통해 구현되는 권력의 중층성을 경험하지만 이들의 투쟁을 재현하는 국내외 미디어와 엘리트들은 여성들의 '목소리'를 삭제해 버린다.

6장 「글로벌 '욕망' 산업과 이주 여성 엔터테이너」는 엔터테이너로 한국에 온 외국 여성들의 일 경험을 다룬다. 육아, 돌봄, 친밀성의 영역마저 급격히 상업화되는 현재, 섹슈얼리티와 오락을 매매하기 위해 이주하는 여성들은 한국식 접대 문화에 포섭당하고 저항한다.

위의 사례들은 문화 교차 지역이 좀 더 민주적이고 성찰적인 공간으로 만들어지기 위해서는 기존의 위계와 차별을 변화시켜 내려는 적극적 행위자들이 필요하다는 점을 보여 준다. 글로벌 정치학은 저기 경계 밖에 추상적으로 떠도는 '글로벌'이란 기호를 로컬에서 인지 가능한 '실천'으로 만들어 내는 일일 것이다.

3부는 '초국가적' 이미지의 흐름을 다룬다. 글로벌 시대는 경계를 넘어 끊임없이 유동하는 이미지와 욕망이 생성되는 시대다. 지역의 문화적 한계를 극복하고 새로운 정체성을 형성하려는 사람들은 유동하는 이미지를 적극적으로 소비한다. 문화 번역은 이런 이미지들이 특정한 사회 문화적 맥락에서 어떻게 생산되고 소비되는지, 이런 이미지를 소비하면서 만들어 내려는 정체성이 무엇인지를 해석하는 작업이다.

7장 「2002 월드컵의 '여성화'와 여성 '팬덤'」은 월드컵을 '문화적 이벤트'로 만든 여성들이 보여 준 축구와 축구 선수들에 대한 열광을 '여성들의 성애적 욕망과 신애국주의의 행복한 결합'으로 해석한다. 그러나 한국 여성들의 준비된 에너지와 능력이 공적 영역에서 제대로 발휘되지 못하고 '성적인 에너지'로 분출되는 현재의 상황은 한국 여성들의 '글로벌'이란 기호와 만나는 지점의 모순을 보여 준다.

8장 「일본 대중문화의 소비와 '팬덤'의 형성」은 지난 55년간 공식적 유입이 금지되었던 일본 대중문화가 한국 사회에서 수용되어 온 역사적 과정을 일본 대중문화 '팬'들의 경험을 통해 해석한다. 1970, 80년대는 일본 문화를 즐긴다는 것이 민족주의 정체성에 위반되는 부끄러운 행위로 인식되었지만, 또한 '희소성' 있는 문화를 즐긴다는 의미에서 계층적 특권 또는 문화적 우월성으로 인식되었다. 인터넷을 통해 시간적 차이 없이 일본 문화를 소비하는 현재는 '취향'이나 '정보 공유'의 일환으로 일본 문화를 소비하는 경향이 강하다. 그러나 자신을 일본 문화의 진정한 팬으로 규정하는 한국인들은 일본의 아티스트나 장르에 대한 충성도를 유지하면서 국가나 기업의 논리에 도전하는 결속체로서 동호회 문화를 만들어 내고 있다.

9장 「한류와 '친밀성'의 정치학」은 한국 대중문화, 특히 드라마를 소비하는 대만과 일본의 여성들이 만들어 내는 팬덤의 의미를 분석한다. 경제력을 갖춘 아시아 신중산층 여성들은 새로운 정체성을 열망하고 성찰하는 주체로 부상하기 시작했고, 이들은 이국적인 한국 대중문화의 소비를 통해 친밀성이나 섹슈얼리티의 문제를 '공론화'하고 있다. 아시아의 여성들이 만들어 내는 다양한 이동성들은 궁극적으로 아시아 지역의 문화 횡단적 소통 체제를 만들어 내는 데 기여한다.

아홉 편의 글이 모여 책으로 만들어지는 동안 인간적인 관대함과 통찰력으로 나를 격려해 준 분들에게 감사를 표하고 싶다. 우선 내가 가장 많은 시간을 보내는 일터의 사람들이다. 영문과 신경숙 교수는 바쁜 와중에도 따뜻하고 여유 있는 전화를 걸어 주는 몇 안 되는 동료 중 하나다. 문화학 협동과정을 함께 운영해 온 조한혜정, 나윤경 교수는 내게 독립적으로 사유할 수 있는 편안한 자리를 마련해 주었다. 민주적인 관계를 존중하는 사회학과 동료들 덕분에 번잡스러운 일상에도 불구하고 연구를 할 수 있었다. 특히 문화 연구와 여성학을 공부하는 학부와 대학원 학생들의 명랑함과 진지함은 나로 하여금 교육자로서 열정을 발휘할 수 있게 해 주었다. 페미니스트 대안 문화 공동체인 「또 하나의 문화」에서 많은 친구와 선배들의 도움을 받았다. 일일이 열거하긴 어렵지만 조형, 조은, 박혜란, 이상화, 조한혜정, 조옥라, 장필화, 안희옥, 김성례, 김은실, 김영옥, 이소희, 김소영에게 특히 감사한다. 그들은 여성의 지성, 성격, 취향이 어떻게 묘하게 결합하여 강력한 '매력'을 만들어 낼 수 있는지를 보여 준 사람들이다. 「또 하나의 문화」 출판사 유승희 사장한테서 2년 전 개인 저서를 만들자는 제안을 받았다. 지난 2년간 정신없는 친구를 참아 주며 출판을 이뤄 낸 무던하고 지성적인 친구 유승희에게 감사한다. 꼼꼼히 교정을 봐준 출판사의 이현정과 원고를 다듬고 자료를 정리해 준 이주영, 색인 작업을 도와준 이정란에게도 고마움을 전하고 싶다.

시끄럽게 떠들고 시시덕대며 자유롭게 비판하는 여성들이 아름다운 생명체라는 것을 일찌감치 깨닫게 해 준 나의 사랑하는 자매들과 어머니에게 특히 감사한다. 그들은 여전히 나의 세속사를 처리해 주며, 내가 온전하게 일하는 기쁨을 즐길 수 있도록 도와주고 있다. 가족과 기쁘게 만나는 자리에 더는 참여하지 못하는, 돌아가신 아버지에 대한 그리움도 여전하다.

2005년 11월

차례

책을 펴내며•5

1 글로벌 시대의 문화 번역

1. 글로벌 도시, 서울•19

이동하는 사람들 • 22 '우리 안의 다양성들' • 25 주변민의 자생적 공간 • 35 '개입'하는 한국인들 • 37 맺음말 • 44

2. 문화 번역•47

문화의 개념과 문화 번역 • 49 문화 번역의 정치학 : 차용과 창조 • 54 맺음말 • 61

2 전지구적 자본주의와 노동의 경합

3. 글로벌 사회는 새로운 신분제 사회인가?•65

신 국제적 노동 분업과 '제3세계 여성 하위 주체' • 68 국제 이주 노동과 서비스 계층의 '여성화' • 73 '보보스'와 '우편 주문 신부' • 77 글로벌 페미니스트 정치학의 전망 • 81 맺음말 • 86

4. "네 문화의 옷을 벗어라" • 87

기업 문화 연구에서 문화의 의미 • 89 문화 교차 지역, 다국적 기업 • 93 담론과 문화 재현의 영역, 다국적 기업 • 95 성과 계층 차별화의 기제, '다국적 기업' • 103 맺음말 • 113

5. 경계에 선 여성 노동자는 말할 수 있는가? • 116

'엄마 노동자' • 120 노동자 되기 • 124 폭력의 행위자인 노동자, 폭력의 희생자인 '부녀자' • 128 반미주의자인 한국 노동자, 국가적 영웅인 아줌마 노동자 • 134 전지구적 자본주의 회로 속의 여성 주체 • 142

6. 글로벌 '욕망' 산업과 이주 여성 엔터테이너•147
왜 이주하는가?: '이주 노동' 연구의 남성 중심성과 경제주의 • 153 한국 사회의 이주 '엔터테이너' 여성들의 일 경험 • 156 유순한 몸, 이동하는 몸, 처분되는 몸 • 164 글로벌 욕망 산업과 '한국식' 접대? • 170 맺음말 • 176

3 경계를 넘는 이미지와 욕망들

7. 2002 월드컵의 '여성화' 와 여성 '팬덤' •183
'오빠부대'와 '훈련된' 팬덤 • 185 축구의 '성애화' • 189 여성들의 성애적 욕망과 '신애국주의'의 행복한 결합 • 194 글로벌 시대의 '여성'이라는 기호 • 198

8. 일본 대중문화의 소비와 '팬덤' 의 형성•201
일본 대중문화의 한국 내 소비 과정: '표절', '혼종화', '팬덤'의 형성 • 205 일본 대중문화 소비의 역사적 경험들 • 211 '동시적' 일본 대중문화 소비 시대 • 226 맺음말 • 236

9. 한류와 '친밀성' 의 정치학•238
아시아의 근대성과 성별 불안정성 • 241 '대남자주의'에서 '신여성주의'로 • 245 「겨울 연가」와 여성 동맹, '커섹' • 252 도달 가능한, 소비 가능한 한국의 스타들: 메타 상품 '욘사마' • 257 이동하는 아시아의 여성과 문화 횡단적 '여성 담론'의 구축 • 262 맺음말 • 266

참고문헌•268
찾아보기•280

1 글로벌 시대의 문화 번역

1. 글로벌 도시, 서울

서울은 오랫동안 한국 정치권력의 중심지였으며 '단일 민족'의 신화로 점유된 공간이었다. 그런데 최근 서울은 다양한 문화적 체험을 제공하는 공간이 되고 있다. '겨울연가 투어'에 참여한 일본 여성에게 서울은 배우 배용준이 앉은 적이 있는 강남에 있는 한 식당의 테이블로 체험된다. 「아시아리포트」의 백인 저널리스트는 남대문 시장에서 발견한 돼지 머리를 전 세계 네트워크로 송출하면서 '아시아적 기이함'을 끊임없이 되풀이해 낸다. 목동의 출입국관리소 근처는 아시아에서 온 이주 노동자의 수를 압도하는 이삼십대 미국인, 호주인, 캐나다인 영어 강사들로 넘친다.

그러나 어떤 도시에서도 볼 수 없는 아름다운 경관이 있는 서울은 언제부터인가 내게 '도달할 수 없는 현실'로 비친다. 서울은 값비싼 공간이며, 장기적 관계를 맺기 어려운 '휘발성' 도시가 되었기 때문이다. 주인이 친절해서 눈여겨 두었던 카페를 다시 찾아가면, 골목을 서너 번 헤매면서 깨닫는 것이 있다. 그 자리에 새로운 업소가 들어섰거나 새로운 건물이 지어졌다는 것을 발견하는 것은 매우 흔한 일이다.

현재 서울의 풍광은 '한국식' 자본주의의 물질성과 투기성, 과시성이 조급한 형태로 혼재된 모습을 보여 주고 있다. 문화 연구자 홍성태(2004)는 "생존의 격전장이자 격렬한 투기의 대상으로 전락한" 서울을 애도한다. 그에게 서울은 사람을 위하지 않고 이기적 경쟁의 논리에 사로잡힌 '난민의 도시'다. 그는 세종로에서 식민과 독재의 자취들을 들추어내고, 판자촌 산이 하루아침에 아파트 산으로 탈바꿈하는 속도를 경계하며, 초고층 고밀도 아파트에서 공간의 '죽음'을 선언한다. 서울은 '폭압적 근대화'의 물리적 전시장이다. 서울은 '아시아적' 개발 국가들이 짧은 시간에 건설해 온 근대화의 물적 기반을 적나라하게 드러내고 있다. 내게 서울은 외부인에게 딱히 보여 줄 곳이 없는, 가끔은 그 복잡함에서 오는 지겨움 때문에 도망치고 싶은 장소다. 그러나 나는 이 도시에서 글로벌 문화 정치학의 의미를 발견해 내려고 한다. 이 글에서 나는 서울을 물리적인 행정 구역이라기보다는 한국을 상징하는 중심 이미지, 자본주의적 생산과 소비, 노동의 배열 양식을 규정하는 특수한 권력으로, 그리고 새로운 체험과 정체성들이 교섭하고 충돌하는 장소로 사유할 것이다. 이런 사유가 가능해진 것은 서울뿐만 아니라, 전국 곳곳에 자리잡은 다양한 이산 동네diasporic neighborhood 덕택이다.

디아스포라 또는 이산이라는 말은 원래 종교적, 정치적 이유 때문에 모국에서 추방되어 다른 곳에서 주변적인 존재로 살아가는 이주민들을 지칭하는 개념이었지만 최근에는 다양한 이유로 모국을 떠나 다양한 국가에서 살고 있는 커뮤니티를 의미한다(Cohen, 1997). 한국에 이주해 온 중국인이나 일본인 등은 모국과 연결망을 놓지 않은 채 정착지에서 자신들의 마을을 만들어 나갔다. 대표적으로 인천 북성동의 화교 마을, 부산의 텍사스촌, 서울의 이태원이나 동부이촌동의 일본인 마을 등은 이러한 이산 동네의 전형이다.

다음 지도에서 보는 것처럼 1990년대 이후 새로운 이산 동네들이 서울

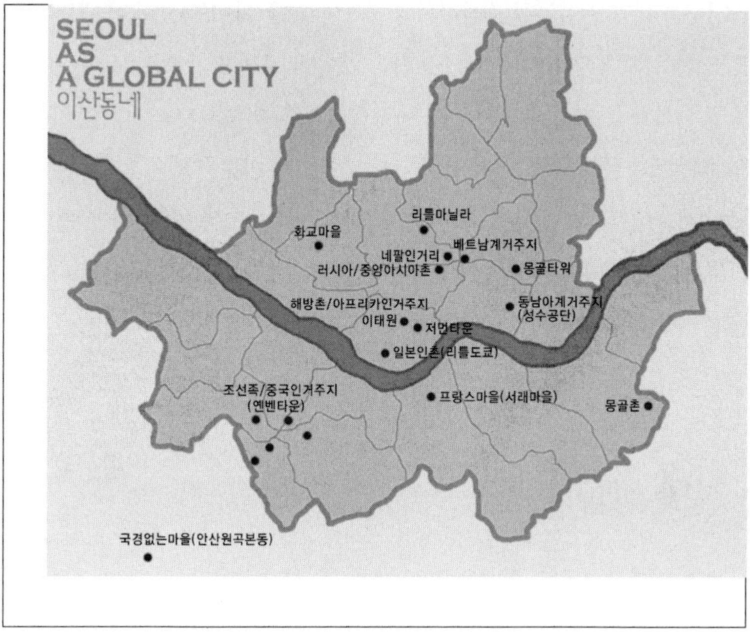

곳곳에 생겨나기 시작했다. 한국 사회의 글로벌라이제이션이 심화되면서 자본, 노동, 문화를 '운반'하는 사람들이 새로운 이산 동네들을 만들고 있다. 서울은 글로벌라이제이션을 사유하는 한국의 문화 연구자들에게 흥미로운 현장이 되고 있다. 문화 연구자는 문화 현장의 단순한 '해석자'가 아니라 문화 현장 곳곳에서 흘러넘치는 증후들을 읽고 의미 있는 지식으로 만들어 내는 '개입자'의 역할을 해야만 한다. 나는 서울이란 현장 속에서 다층적 의미를 발견하고 그것을 각자의 삶으로 각인해 가는 이주민들을 만나면서, '관여'의 지점을 발견하고자 한다. 서울을 글로벌 도시로 상상하게 해 주는 이산 동네와 공동체들을 통해 한국 사회의 문화 능력을 확장해 가는 것이 필요한 때다. 이런 관점에서 서울을 읽는다는 것은 서울에 대한 인식론적인 지도를 새롭게 그려 내는 행위다. 국가 권력과 단일 민족의 힘을 총체적으로 과시하는 척박한 자문화 중심주의의 공간이 아닌 '차이'가 만들어 내는 새로운 도전들에 대한 청취와 해석 능력을 만들어 가는 공간으로 보는 것이다. 한국 사회가 좀 더 성찰적인 문화 능력을 갖추기 위해서는 이질적인 차이들을 대면하고 협상해야 한다. 어떤 것도 제자리에 머물러 있지 않는 '휘발성' 도시 서울에서 우리는 문화적 '타자'들과 지속적이고 진지한 '관계'를 맺을 의미를 발견해야 한다. 나는 이 글에서 서울이란 도시를 '우리 안의 다양성들'diversities in us이란 개념으로 사유하고자 한다.

이동하는 사람들

사스키아 사센(1998)은 글로벌 도시global cities를 글로벌 경제 조직의 조정과 통제의 중심지, 금융과 서비스 활동의 생산지이며 혁신의 창출 지역으로 정의한다. 거시적인 세계 경제를 수행하는 장소인 글로벌 도시 뉴욕, 런던, 도쿄, 싱가포르, 홍콩 등은 외국인의 투자를 유치하고, 기업의 본사, 국제기구, 관광과 컨벤션(국제회의) 사업 등의 다양한 분야에서 활발한 경쟁을 벌인다. 글로벌 도시로 거듭나고 있는 서울은 주식 및 외환 거래를 통해 금융 자본을 회전시키고, 각종 국제회의를 주재하며, 이동하는 사람들을 위한 쇼핑, 오락, 음식을 제공한다. 최근 서울은 한국 드라마에 의해 유도된 상상력을 현실로 체험하려는 관광객이 몰려들면서 아시아인들의 '욕망하는 도시'가 되고 있다. 다양한 방식으로 포장되고 상품화된 서울은 한국의 행정 수도가 아닌 글로벌 도시의 위상을 획득하고 있다.

그러나 서울이 글로벌 도시의 위상에 걸맞은 문화적 개방성과 다양성을 지닌 공간인지는 여전히 의문스럽다. 한국에 부족한 노동력을 메우기 위해 유입한 이주 노동자의 수가 전체 인구의 1%를 넘자마자 한국 사회는 '이질적인 혼합'에 대한 두려움으로 이들을 '불법화', '망명객화', '무권리화' 해 버렸다. 2005년 현재 국내 체류 외국인은 약 80만 명으로 추산되지만, 이주 노동은 허용하되 정주는 불허하는 배타적인 정책은 견고하게 남아 있다.

글로벌 도시는 글로벌 흐름이 요구하는 사람들의 '이동'을 적극적으로 수용해야 한다. 글로벌 이동성은 특별한 종류의 이주민들을 만들어 낸다. 사센(1998; Sassen, 2002)은 글로벌 도시로 이주하는 외국인들은 계층적으로 차별화된 회로를 통해 이동한다는 점을 지적한다. 상층 회로는 글로벌 경제를 원활하게 하는 데 필요한 조정과 중재의 역할을 하러 이동하는 고소득 전문직 종사자들이 중심이 된다. 이들은 흔히 '데니즌'denizen이라 불리는 이주민들로 '특권화된 외국인들'이다. 이들은 다른 나라의 '시민'으로 이주 국가에서 영주권을 얻을 필요를 느끼지 않는다. 이들은 보통 다국적 기업에 속한 전문직 종사자, 매니저, 사업가들로서 기업에서 차량, 건강보험, 교육, 주택 등의 모든 혜택을 제공받는다. 다국적 기업은 진출한 국가의 복지 시스템을 '임대'해서 사용할 뿐이다(Cohen, 1997: 168).* 이들은 외국인이지만 '차별'을 직접 경험하지 않는다. 이들 대부분은 기업이 보장해 주는 안전망과 사회적 존중감을 즐기며 '글로벌 회사 시민'을 추구한다(Sklair, 2001). 이들은 진출국에서 자신과 가족의 재생산 노동(가사, 요리, 육아 등)을 수행할 값싼 인력을 '구매'한다.

사센이 개념화한 다른 한 흐름은 생존 회로survival circuits로 이동하는 사람들인데, 경제적, 사회적 생존을 위해 다른 나라로 이주하는 외국인과 여성들이

---

* 데니즌 개념은 학자마다 조금씩 다르게 정의한다. 예를 들어, 해머(Hammar, 1990)는 데니즌을 '의사 시민'quasi citizen으로 정의하면서 이주자들 중 다른 나라의 시민이지만 진출국에서 영주권과 복지 혜택을 받는 모든 외국인으로 설명한다.

다. 이들은 상층 회로 이동자들과 진출국의 고소득자들의 세련된 라이프스타일을 만들어 내는 데 필요한 모든 서비스 노동과 재생산 관련 일들을 수행한다. 경제적 빈곤에서 벗어나기 위해 새로운 기회를 찾아 본국을 떠난 이들은 진출국에서 '주변적 존재'로 살아간다. 이들 중 많은 사람은 소위 '불법' 이주 노동자이거나 어떤 방식의 권리도 부여받지 못하는 임시적 이주 노동자이다. 그러나 임시 체류자로 보일 뿐 대다수가 실제로는 진출국의 노동 부족을 '영원히' 메워 나가는 장기 체류자다.

마르티니엘로(Martiniello, 1994)는 부유한 유럽 사회의 주변적 존재로 살아가는 이런 종류의 이주자들을 '마지즌'margizen, 즉 주변민이라 부른다. 그러나 유럽의 이주 역사에서 소위 '주변민'들은 권리가 전혀 없는 이주자들이 아니다. 이들은 시민권과 법적 권리의 일부를 누리지만, 언제 어떤 식으로 추방당할지 모르는 예측할 수 없는 정책의 변화에 영향을 받는 사람들이다. 실제로 한국의 이주자들 대부분도 '출입국 관리법'이나 '외국 인력 고용 정책'이 임시방편으로 또는 제멋대로 적용되는 탓에 불안과 고립의 삶을 살아간다. 국민 국가는 자신의 영토 안에서 시민, 데니즌, 마지즌을 법적으로 구별하면서 인종 차별주의를 악화시키는 경향이 강하다(Castles & Davidson, 2000).

새롭게 글로벌 도시의 위상을 갖게 된 서울은 어떠한가? 우리 내부에도 한국 국적을 지닌 '순수한 한국인'과 특권적인 외국인인 데니즌, 공식적인 통로를 통해 한국에 입국했지만 여전히 불안한 일상을 살아가는 주변적인 존재인 주변민들이 공존한다. 또한 해머가 현대판 '노예'harlot로 명명했던 노예 노동과 같은 일을 수행하는 이주자들도 있다. 이들은 어떤 권리에도 접근하지 못하고 '불법'이나 '미등록'이란 범주에 묶여 불안하고 빈곤한 일상을 살아간다. 또한 마땅히 돌아갈 '희망 있는' 고향도 없다. 또한 한국에서 태어나 자라고 정당하게 세금을 내도 '영원한 외국인' 으로 취급되는 화교들이 존재한다.

글로벌 도시 서울은 상층 회로와 생존 회로를 통해 이동하는 많은 외국인들이 공존하고 있다. 1988년 올림픽 대회 이후 급격하게 늘어난 이주민들이 만들어 온 삶의 흔적은 서울을 '문화적으로' 변화시키고 있다. 이들은 서울 여기저기서 '마을' 을 만들고, 아이를 낳고, 학교를 다닌다. 그들 중 적지 않은 사람들이 관광객과 같이 피상적인 체류가 아닌 정주민의 위치에서 서울과 관계를 맺는다. 이들은 자신의 현재와 미래의 일부를 기획하는 삶의 공간으로 서울을 택하고, 법적인 지위나 권리와는 상관없이 소박한 일상을 살아간다. 인종과 종교적 다양성을 지닌 이들이 살고 있는 서울을 상상해 보면 평범해 보였던 공간도 새로운 의미로 다가온다. 그러므로 서울을 물리적인 지도가 아닌 문화 다양성의 인식론적 지도로 그려 보는 것cognitive mapping은 흥미로운 일이다. 이산 동네와 외국인 커뮤니티는 때로는 고립된 섬으로, 때로는 한국인을 위한 '외국 문화 체험장' 으로 존재하며 한국 사회 내부에서 '다양성' 을 만들어 나가고 있다. 또한 외국인들과 종교적으로, 사회적으로, 경제적으로, 감정적으로 밀접한 관계를 맺는 한국인들도 늘어나면서 글로벌 도시 서울이 서서히 형상화되고 있다.

'우리 안의 다양성들'

서울에서 외국인이 가장 많이 거주하는 곳은 8,852명이 거주하는 용산구라고 한다(장세훈·이유종, 2004). 또한 중소기업이 많이 몰려 있는 서울 영등포구(7,625명), 구로구(6,593명), 금천구(6,131명)에 외국인이 많이 거주하고 있다. 이러한 지역적 분포는 주로 서울 도심의 외교 공관 주변이나 중산층 거주 지역에는 상층 회로를 통해 이동하는 데니즌들이 거주하고, 집값이 저렴한 지역에는 생존 회로를 통해 이동한 이주자들이 살고 있는 현실을 보여 준다. 대림동의 중국인 마을에 사는 한 조선족 여성은 강남의 식당에 취업한 조선족이 많이 이용하는 지하철 2호선이 통과하는 지역 중 그래도 대림동이 집세가 싸서 살게 되었다고 했다. '외인촌', '외국인 마을' 로 불려 온 이산 동네는 한국의 역사 속에 깊이 자리 잡아 왔고, 주류 한국인 문화와 경계를 설정하면서 독특한 문화적 특성을 유지해 왔다. 이산 동네를 몇 개의 특징별로 구분해 보자.

문화 경계 지대frontier zone

서울에서 '이방인' 마을의 역사성을 갖고 있는 곳은 이태원이다. 이태원을 연구한 김은실(2004)은 이태원의 지역성을 '국민 국가가 외부 개입자와 협상을 통해 만들어 낸' 탈영토화된 공간으로 규정한다. 모든 공간을 표준화해 내며 근대적 통치 체제를 구축한 국민 국가의 권위가 이 지역에서는 다른 지역과 다르게 적용된다. 1960년대부터 이태원은 미군들이 한국 여성을 성적으로 소비하는 공간으로서, '명품' 짝퉁 제품의 생산 및 판매 기지로 외화를 벌어들이는 공간이었다. 그리고 최근에는 게이 남성들의 쾌락의 공간으로서 그 이국성과 이질성을 견지하고 있다. 김은실은 이태원이 지닌 이방성을 "한국 사회가 갖고 있지 않았던 것, 한국 사회에서는 하지 않거나 할 수 없는 것, 그리고 제공할 수 없는 것들을 소비하고 즐기면서" 일탈성, 불법성, 모조성이 허락되는 공간으로 해석했다.

우리에게 익숙한 이태원이 일종의 정치적, 경제적, 성적 '치외 법권' 지대로서 그 의미를 구축해 왔다면 최근 이태원에는 다양한 종족적 풍광이 등장

이태원에 있는 이슬람교도들을 위한 정육점.

하고 있다. 관광특구로 지정된 이태원의 상권을 활성화하기 위한 노력으로 쇼핑뿐만 아니라 유흥과 오락의 다국적화 현상이 뚜렷해지고 있다. 관광객의 다수를 이루는 일본 관광객을 위해 일본어로 간판을 바꾼 갈비집이나 '에스테틱'이라 불리는 미용 및 마사지 업소가 눈에 뜨인다. 뿐만 아니라 러시아인이나 중앙아시아인, 나이지리아인 등 특수한 민족 집단을 대상으로 한 술집이나 바 등이 늘어나면서, 거리는 '영어 제일주의'를 몰아내고 다언어적 풍광을 만들어 낸다. 또한 소비 자본주의의 요란한 물질성 가운데 이슬람교도 등을 위한 '할랄'Halal(피를 뺀 고기)을 파는 가게와 식당들이 속속 들어서고 있다. 파키스탄, 인도네시아, 중앙아시아 지역의 이슬람교도들은 고달픈 한국의 세속적 현실에서 자신들의 종교적 '영성'을 회복하기 위해 이태원의 이슬람중앙사원을 찾고, 주변의 가게에서 요리 재료를 구매한다.

이들은 이태원을 활보하면서 성과 속의 경계를 경험한다. 문화 다양성이란 의미가 유흥 산업의 다국적화라는 현실과 동일시되는 이태원의 변형 능력 안에서 이들은 어떻게 서울을 체험하는지가 궁금해진다. 이슬람중앙사원에서 이슬람으로 개종한 한국인들을 자주 만나게 된다. 이들 한국인 또한 1970~80년대 중동 지역의 이주 노동자로, 유학이나 사업차 이슬람 국가에 체류하다 개종한 사람들이다. 기도 공간의 남녀 분리 원칙을 고수하는 이슬람의 예법을 따르기 위해서 여성들은 복도 끝에 마련된 층계를 통해 기도실에 가게 되어 있다. 2층 여성 공간에서 내려다본 남성들의 예배는 국적은 달라도 종교적으로 '형제'임을 과시하는 남성들끼리의male homosocial 엄숙함으로 충만해 있다.

이태원에서 만난 외국인 중에는 유흥업소가 밀집되어 있는 소방서 거리에서 슈퍼마켓을 운영하는 두 명의 이주 여성들도 있었다. 몇 년간 한국에서 일해서 번 돈을 모아 함께 가게를 연 이 여성들은 유쾌하고 명쾌했고, 위생적인 환경 때문에 많은 사람들을 끌어 모았다. 그들이 구사하는 유창한 한국어와 가게에 진열된 다국적의 향신료는 능숙함과 이국적 신비함이라는 결합되기 어려운 정서를 '매력'으로 만들어 냈다.

국경 없는 마을

서울 근처에서 가장 큰 이방인 마을을 이루는 곳은 경기도 안산에 있는 원곡동이다. 지하철 4호선을 타고 안산에 내리면 길을 건너자마자 '이국적인' 풍광이 펼쳐진다. 안산시 원곡본동은 안산의 이태원이라 불리며 이주 노동자로 한국에 들어온 사람들의 집단적인 거주지로 유명하다. '국경 없는 마을'로 불리며 다민족, 다문화 지역으로 유명해진 원곡동은 1990년대 중반 이후 반월 시화공단이나 주변 지역에 취업한 이주 노동자들이 거주하기 시작하면서 주민의 80%가 외국인들로 채워졌다. 국적도 다양해서 중국, 파키스탄, 인도네시아, 방글라데시, 스리랑카, 필리핀, 몽골 등 15개국에서 온 4만 명이 마을을 이루며 살고 있지만 중국 국적의 이주민들이 다수를 이룬다. 이곳은 IMF 이후 공단을 떠난 한국인들 때문에 '침체'된 지역이었다가 외국인들의 거주 공간이 되면서 활기를 띄게 되었다고 한다. 이곳에서 살아온 이산민들은 실직과 '불법 체류', 임시 취직을 반복하여 한국에 정주한 외국인들이다. 아직도 새벽 인력 시장을 통해 일자리를 찾고 날품을 파는 사람들이 많다.

이들의 정주 역사가 오래되면서 이곳에서 결혼을 하고 아이를 낳는 이들도 많아졌다. 원곡동의 이주자 자녀를 연구한 설동훈·한건수·이란주(2003)에 의하면, 이주 노동자 자녀들에게 가장 절실한 행복 추구권은 '부모의 양육을 받을 권리'와 '교육을 받을 권리'다.* 실제로 우리나라에 취업한 이주자들은 가족 동반이 사실상 금지되므로, 이 아동들의 부모들은 '불법 체류자'가 대부분이다. 이 보고서에 의하면 아이를 본국에 남겨 놓고 한국에 온 이주자들은 브로커를 통해 아이들을 데려오기도 한다. 브로커는 자신의 아이처럼 동반 여권을 만들어 이들을 데려온다. 그러나 매일 일을 해야 먹고사는 이주자들은 아이를 돌볼 수 없기 때문에 아이를 낳자마자 대부분 본국의 친척에게 맡긴다고 한다. 현행법상 출생 신고 기간인 한 달 내에 본국으로 보내면 외국인 등록 절차와 범칙금을 부과 받지 않은 채 출국이 허용되기 때문에 아이들은 세상에 나오자마자 부모와 분리되어 먼 곳으로 보내진다. 아이는 '부모의 양육을 받을 권리' 자체를 처음부터 박탈당한다. 가족주의

* 2003년 5월 말 기준으로 국내 초중학교에 재학 중인 '불법 체류 외국인' 자녀 수는 205명이다. 이중 경기도 97명, 서울 93명, 인천 3명이고, 출신국별로는 몽골 160명, 중국 14명, 파키스탄 8명, 방글라데시 7명이라고 한다.

야말로 한국의 가장 중요한 정서적, 사회적 기반이지만 한국 사회의 이주 노동자 정책은 가족을 분리, 격리하는 데 앞장서고 있다.

내가 원곡동에서 만난 이주 노동자들은 미디어에서 재현되는 것처럼 '불쌍한' 또는 '위험한' 외국인이 아니라, 자녀들의 '한국어'와 '영어' 능력에 대해 걱정하고, 숙제를 봐 주지 못하는 것에 죄책감을 느끼고, 자녀가 학교에서 '왕따'당할까 걱정하는 부모의 모습이었다. 그러나 자녀를 키우는 이주민들의 가장 큰 걱정은 자신의 자녀를 받아 주는 학교를 찾아내는 것이다. 법률적으로 불법 체류자의 자녀도 일반 학교에 다닐 수 있지만, 학교장의 배려가 관건이기 때문이다. 한국 사회는 이 땅에서 태어나고 자란 아이들의 기본적인 생존권과 행복 추구권을 부여하는 데 인색하여 아동 보호를 위한 국제 협약을 '위반'하고 있기 때문에, 글로벌 스탠더드에 도달해야 한다는 국가적 외침은 공허하기만 하다. 원곡동에서 보육·방과 후 학교의 기능을 하는 「코시안의 집」에서 만난 중학생 철민이는 이주민의 자녀인데 매우 신이 나서 내게 동네 여기저기를 설명해 주었다. 그는 영어와 한국어 과외를 하러 오는 자원 봉사 대학생 언니에게 '실력 향상'을 인정받아 토요일 오후 1시간 게임을 할 수 있도록 허락을 받았다. 그의 밝음은 내게 큰 기쁨을 주었지만, 내가 그 아이의 미래에 기여할 수 있는 것이 너무 없다는 생각에 우울해졌다.

국경 없는 마을에는 '고시원'이 많은데, 싱글 노동자들은 혼자, 또는 몇몇이서 좁은 고시원 방에서 숙식을 해결하며 살고 있다. 이 동네 동사무소나 공공 기관에는 한국어, 영어, 중국어 등이 공존하고, 이 마을에 위치한 외환은행 고잔동 지점은 '돈'과 '행운'을 상징하는 빨간색으로 건물을 치장하는 등, 중국인 고객의 문화적 특성을 수용하고 있었다.

안산시에 외국인들이 많이 거주하게 된 것은 경제적 이유이지만, 1999

'국경 없는 마을'에 위치한 외환은행 고잔동 지점은 '돈'과 '행운'을 상징하는 빨간색으로 건물을 치장하는 등, 중국인 고객의 문화적 특성을 수용하고 있다.

년부터 이 동네가 '국경 없는 마을'로 불린 것은 「안산외국인노동자센터」와 동네 주민들의 의지와 소망이 담긴 문화적 운동의 결과다(박천응 편, 2002). 그들은 이주 노동자들을 위해 한국어 교실, 컴퓨터 교실과 한국 문화 체험 프로그램을 운영한다. 또한 한국 주민들과 외국인들의 '갈등'의 지점으로 떠오른 '쓰레기 종량제'에 대한 상호 오해를 불식하기 위해 함께 마을을 청소하는 이벤트를 벌이기도 했다. 쓰레기를 버리기 위해 돈을 지불하여 봉투를 구매하는 것은 많은 외국인들에게는 익숙하지 않은 규정이다. 그러므로 마을의 한국 주민들은 규정된 봉투가 아닌 '검은 봉투'에 쓰레기를 마구 버리는 것은 다 외국인들이고 이들이 마을을 더럽히고 제대로 질서를 지키지 않는다는 생각을 갖게 된다. 이런 일상적 몰이해 때문에 '마을 청소' 함께하기와 같은 이벤트를 만들어서 거주민 모두 이 동네가 위생적이고 깨끗하기를 바라는 데는 별 차이가 없음을 인식시킨다는 것이다(박천응 편, 2002).

내게도 원곡본동은 아주 가까운 지점에서 다문화를 체험할 수 있는 매력적인 장소였다. 파키스탄, 인도네시아 음식을 싼값에 먹을 수 있다는 장점 이외에도 중국 식품점에서 내가 무척 좋아하지만, 한국 사람 90%가 싫어한다는 '향차이'(한국 이름 고수)란 향 채소를 마음껏 구입할 수 있는 것도 신이 난다. 그러나 이산민 마을들에 각인된 '한국적 지역성'은 이러한 공간을 '낭만화' 할 수만은 없는 비평의 지점을 보여 준다. 원곡동 마을은 그 마을의 풍광에 '한국식 자본주의의 물질성'을 고스란히 재현하고 있다. 술집, 게임장, 노래방으로 빼곡한 마을의 거리들은 일터에서 '제 살 깎아 번 돈'을 한순간에 소비하게 만드는 유혹들로 넘친다. 생산 영역의 전근대적 착취와 소비적 물신주의의 일상화 속에서 이주민의 공공 영역이 구성되고 있는 점이 간과되어서는 안 된다. 또한 이곳 이주민들 중 남성이 80% 이상을 차지한다는 사실(박천응 편, 2002)은 여성 이주자나 여성 주민의 성적 대상화나 성적 위계를 강요당할 가능성을 높인다. 이산민 마을은 국경 없는 다문화주의를 지향하지만 여전히 남성적 공간일 수 있다.

재영토화된 '국적성'

소위 선진국이나 개발국에서 서울로 이주하는 사람들은 주로 외교관, 사업가, 언어 교사, 또는 글로벌 경제가 잘 수행될 수 있도록 조정과 통제를 담당하는 다국적 기업의 직원들이다. 이들 대부분은 기업이나 본국에서 다양한 혜택을 제공받기 때문에 현지인들과 생존을 위한 경쟁이나 협상을 벌일 필요가 없다. 그러므로 체류 기간과는 무관하게 한국어 구사 능력이 떨어지고 주로 자국어나 '영어'로 글로벌 커뮤니케이션을 수행한다. 이들은 자신들을 '외국인'으로 인식하며 한국인의 일상적 삶과는 구별되는 고유한 라이프스타일을 추구하는 경향이 강하다. 이를 위해서는 현지인과 공간적으로 격리되어야만 한다. 그들은 자신의 2세를 교육하기 위해, 본국의 교육제도를 그대로 들여와 학교를 만들고 서울이란 '탈영토화'된 공간에서 자신의 국적성을 새롭게 각인한다. 이런 이주자들은 자신의 문화를 이국땅에서 '재영토화'한다. 한남동의 독일 마을, 동부이촌동의 일본인 마을, 반포동의 프랑스 마을의 공통점은 상권이 발달되었지만 '유흥' 업소가 별로 없는 조용한 중산층 밀집 지역에 위치한다는 점이다. 한국의 언론에서는 종종 이 마을들을 세련미와 이국적 풍취를 느낄 수 있는 가볼 만한 '문화 명소'로 설명한다.

'리틀도쿄'라 불리며 약 2,000명의 일본인이 모여 산다는 동부이촌동은 인종적 동질성 때문에 외국인 마을 같은 느낌이 없다. 또한 일본인 마을을 구분하는 문화적 표식이 많이 드러나지 않는다. '外國人 RENT 日本語 相談 OK' 같은 부동산 중개업소나 여행사의 유리문에 붙어 있는 일본어 안내문이 그나마 '구별'을 만들어 낸다. 아침과 오후에 일본인 학교 버스를 타러 나와 있는 아이들을 배웅하는 엄마들의 낯익은 모습이나 다양한 일식집과 이자카야 풍의 선술집이 많다는 것이 그나마 일본인 마을의 풍광을 구성한다. 그래도 저녁 시간이 되서 일식집과 로바다야키의 붉은 등이 거리를 밝히면 일본적 풍광이 모습을 드러낸다. 일반적인 외견상의 동질성에도 불구하고 일본인 마을은 한국에서 가장 오래된 이산 동네의 하나로 '역사성'을 구축해 왔다. 이곳에는 1965년 한일 국교 정상화 이후 한국으로 건너 온 일본인들이 거주하기 시작했고, 1970년 이후 한국에 진출한 일본 회사의 주재원이나 대사관 직원들이 주로 거주한다. 이들은 약 5년 정도 한국에 머무르다 귀국한다고 한다. 일본인 마을이 우리나라의 가장 오래된 이산 동네임에도

서래마을 진입로에는 프랑스 국기를 형상화한 보도블록이 깔려 있다. 단색의 보도블록이 삼색으로 바뀌면 우리는 프랑스 마을에 들어선 것이다.

불구하고 그 '가시성'이 뚜렷하지 않은 것은 한국과 일본의 관계가 늘 예측할 수 없는 긴장과 갈등의 상황에 놓여 있었기 때문일 것이다. 정치적 논리와 시대적 상황 논리에 의해 일본과 일본인들에 대한 이미지가 자주 변화했던 상황 속에서 일상을 영위해야 하는 한국 속의 일본인들은 자신의 마을을 '탈일본화' 해 내야만 했을 것이다. 한국인들이 경험한 과거의 상흔을 불러일으키지 않기 위해 일본색을 탈색하여 한국 사회의 요란하지 않은 외국인 마을로 자리 잡게 된 것 같다.

서초구 반포4동 서래마을에 위치한 프랑스 마을은 1985년 당시 한남동에 있던 프랑스 학교가 이곳으로 옮겨오면서 상사 주재원과 외교관 가족 등 500명의 프랑스인들이 모이면서 생겨났다(장세훈·이유종, 2004). 이 외국인 마을을 구획하는 상징물은 보도블록에 새겨진 프랑스 국기다. 단색의 보도블록이 삼색으로 바뀌면 우리는 프랑스 마을에 들어선 것이다. 이 동네 위편의 경사진 곳은 몽마르트 언덕으로 명명되었고, 몽마르트란 찻집도 있고, 바게트를 굽는 빵집들과 와인 가게들이 있다. 프랑스 마을을 재현하는 한국의 언론들은 프랑스와 연결된 근거 없는 '낭만성'에 젖어 있다. 이 낭만성은 '이국풍'과 '최고급의 빌라' 등이라는 말과 연결된 계층적 여유에서 나온다.

주변민의 자생적 공간

"불법 체류 단속으로 거리 한산"이라는 표제어와 함께 미디어에 자주 등장하는 가리봉동 중국인 마을(『매일경제신문』 2005년 3월 31일)의 기원은 구로동의 쪽방이다. 구로공단이 디지털 단지로 바뀌면서 공단 근로자들이 거주하던 쪽방에 중국 조선족과 한족들이 살게 된 것이다. 가리봉동과 영등포 대림동의 중국인 마을은 중국 음식점, 중국 노래방, 국제전화방, 식료품점이 밀집한 곳으로 '옌벤거리'로 불리기도 한다(이남희, 2005). 2003년 실시된 고용 허가제 이후 한국을 떠난 많은 중국 동포들이 재외 동포의 지위를 얻어 대거 귀국한 이후 예전의 활기를 되찾고 있다. 중국인 마을이라 불리는 가리봉시장 어귀에서 한가롭게 앉아 담소를 나누는 중년의 한국 남자들은 나에게 이 동네의 '역사'를 경제적 관점에 입각해서 설명했다. 초창기에는 중국 사람들 덕분에 임대업으로 돈을 번 한국 사람들이 많았지만, 한국 사람의 명의를 빌어 집과 가게를 사는 중국인들이 많아졌기 때문에 한국 사람들이 '가난해지고 있다'는 논리였다. 함께 가리봉동을 방문했던 북한 출신 젊은이는 이곳은 '새터민'(탈북자로 불림)들이 주말에 찾아와 이산민의 시름을 달래는 장소라고 귀띔해 주었다. 그들에게 중국은 북한을 탈출하여 남한으로 올 때까지 온갖 인생 경험을 한 제2의 고향이며, 가리봉동의 중국인 마을은 북한에 대한 그리움을 대리 만족시켜 주는 장소이기도 하다.

이태원 근처의 해방촌도 일련의 이산 경험이 있는 사람들이 모여 사는 공간이다. 해방촌은 원래 6. 25 전쟁 중 월남한 피난민들이 정착한 '해방'의 공간이었는데 그 후 한국의 산업화 과정에서 도시로 몰려든 이농민들이 정착했다. 미8군 기지에 인접해 있기 때문에 미국에서 파견된 '군대 이주자'와 외국인 공관에서 가정부 등으로 일하는 필리핀 이주자들이 많이 거주한다. 다세대형 연립주택이 다닥다닥 붙어 있는 해방촌은 러시아나 아프리카에서 온 무역상이나 이주 노동자들을 위한 거주와 만남의 장소가 되고 있다.

러시아 상인들이 많이 몰리는 동대문운동장역 광희동 골목은 이주민들의 특성을 반영하듯 무역회사, 환전상, 여행사들이 밀집해 있고, 보따리 상인들을 위한 여관이 즐비하다. 이곳은 러시아 키릴 문자로 도배된 건물과 가게가 즐비하기 때문에 이곳을 거닐 땐 서울에 있으면서도 '낯선 곳에 떨어진 이방인' 같은 느낌이 들 정도다. 이 지역은 러시아 또는 중앙아시아촌으로 불린다. 구소련 붕괴 이후 경제적 위기를 이주라는 개인적 전략으로 극복하려는 다양한 러시아계 이주민들로 북적인다. 이들은 주로 동대문 시장에서 의류를 구입하여 본국에 파는 보따리상과 경기도 주변의 공장에서 일하는 노동자들이다. 이곳에선 한국인이 맛볼 기회가 매우 희소한 우즈베키스탄 음식을 단돈 4천 원에 먹을 수 있다. 우즈베키스탄이나 러시아, 몽골 식당과 카페들에선 기름진 고기 요리로 고단한 보따리 상인들과 노동자들의 심기를 달래 준다.

이 외에도 광희동의 몽골타운이나 혜화동의 필리핀장터 등은 주말마다 활기를 띄는 자생적 문화 공간이다. 가장 최근에 등장한 '이산 동네'는 동대문역 숭인동과 창신동 일대의 네팔거리다. 네팔은, 한국말이 서툴러서 '정신병자'로 감금 생활을 하다가 풀려난 네팔 여성 이주자 찬드라 쿠마리 구룽 씨에 대한 아픈 기억을 떠오르게 한다. 2000년쯤에 생긴 이 동네는 "영사관조차 없어, 살아남기 위해 재한 네팔 공동체를 만들어 부족별, 종교별로 그룹을 이뤄 서도 돕는" 과정에서 생겨났다고 한다(이남희, 2005).

많은 이산 동네는 실제로 '생존장'의 역할을 담당한다. 이산 동네는 한국에서의 불안정한 지위 때문에 정보 교환과 상호 부조가 필수적인 전략이 돼 버린 이주민들이 자생적으로 만든 공간이다. 그들이 만들어 낸 거리가 아무리 번쩍거려도 그 밑바닥에는 매일의 위급한 문제들을 처리하고 일자리를 마련해야 하는 긴박감이 서려 있다. 이 과정에서 감정과 정서를 공유하는 공동체의 역할이 중요했다. 이주민의 복지와 인권을 다루는 한국 내의 어떤 '공적 장치'도 마련돼 있지 않은 상황에서 이들은 공동체에서 이주의 애환을 공유하고, 생존을 위한 정보를 교환하면서 한국 속에 이산 동네를 만들어 갔다. 외국인들의 수가 증가하면서 다양한 사회적 연결망이 구성되고 서울도 다층적, 다문화적 지형을 그려 내고 있다.

'개입'하는 한국인들

인천에서 태어난 나는 어릴 때부터 의심과 냉대로 '외국인'을 대하는 법을 듣고 배우며 자랐다. 우리를 공산주의자한테서 구원해 준 영웅으로 간주되었다가 최근 철거 논란이 일고 있는 맥아더 장군의 동상이 있는 자유공원 아래에는 오랫동안 중국 화교들이 정착해서 살았다. 1883년 인천이 개항하면서 생긴 북성동의 중국인 거주지는 그곳의 유명한 중국 음식점 때문에 그나마 한국인들과 맥을 잇고 있었다. 그러나 내가 어린 시절 동네 사람들한테서 또는 학교에서 들은 얘기는 그곳 만두집의 만두가 맛있는 이유는 인육을 갈아서 만들었기 때문이라는 둥, 그곳에서 음식을 먹으면 문둥병에 걸린다는 둥, 그 동네 롤러스케이트장에 가면 화교 남자들에게 겁탈 당한다는 둥, 주로 흉흉한 소문들이었다. 우리 안에 들어온 외국인을 의심하고 두려워하는 감정을 어려서부터 자연스럽게 배워 왔다. 그곳에 있는 롤러스케이트장에 갈 때마다 경계를 넘어가는 불안을 느끼면서도 방해받지 않는다는 묘한 기쁨 때문에 두려움과 쾌락의 이중적 감정을 느낀 기억이 있다.

사실보다 더 현실감 있는 감정의 상상력 속에서 구축되어 온 외국인들에 대한 편견은 내 스스로가 타지에서 '외국인'이 되었을 때, '부당함'과 '진실'의 의미가 무엇인지 알게 되면서 조금씩 극복될 수 있었다. 또한 내게 그렇게 무서운 이미지로 다가온 '화교'들이 사실은 한국 사회에서 어떤 '권리'도 주어지지 않은 가장 오래된 외국인 소수자임을 알게 된 것도 나중의 일이다. 한국 속의 화교들은 영구적인 삶의 터전을 한국에 둔 이주자임에도 불구하고, 인간의 생애 전 영역에 걸쳐 연속적이며 지속적인 차별을 받아 왔다. 체류자격, 대학 입학, 직업 선택, 재산 및 토지 소유, 연금 및 복지 혜택 등 전 영역에 침투해 있는 화교 차별은 궁극적으로 화교 사회를 위축시키고 화교들이 한국을 떠나게 만들었다(설동훈·박경태·이란주, 2004).

일반적으로 외국인은 언어적 제약 때문에 성인의 몸과 어린아이의 감정과 지능을 가진 사람처럼 취급된다. 언어에 능통해도 피부색과 국적 등에 의해 '문명적 스펙트럼'의 위계 구조 내에서 차별적으로 배열된다. 외국인으로 살아간다는 것은 나를 반기지 않는 무관심한 사람들 사이에 서 있는 것이다. 외국인은 환영받지 않는 시선을 감당해야 한다. 현지인들의 무관심과 배타성은 '적대'와 '비난'의 감정으로 쉽게 바뀌기도 한다. 한국 사회의 이주자들은 우리의 삶에 기여하는 사람들이 아니라 우리의 일자리와 돈을 빼앗고 심지어 여기서 번 돈을 국외로 빼돌리는 탈취자로 이미지화된다. 현실적으로는 가장 무권력한 상태에 있는 이주자들이 우리들의 인식 속에서는 자원의 탈취자이며 삶의 위협자로 상상된다.

'단일 민족'으로 지역 차별을 가장 심각한 불평등으로 인식해 왔던 한국인들에게 외국인들의 존재는 새로운 도전이다. 대부분 외국인과 직접 대면할 필요가 없는 사람들에겐 이주 노동자는 미디어를 통해 표상되는 존재다. 이주 노동자의 인권 유린 상황을 다룬 사회 고발성 시사 프로그램이나 한때 유행했던 텔레비전 개그 프로그램이 만들어 낸 인물인 방글라데시인 '블랑카'나 「아시아, 아시아」라는 프로그램에서 재현된 이주 노동자들이 우리가 알고 있는 '평균적' 이주 노동자들이다. 한국 사회에서 가장 차별받는 외국인이 누구냐는 대답에 '방글라데시 사람들'이란 대답이 나올 만큼 미디어가 만들어 내는 영향력이 크다.*

소위 '평균적 한국인'들은 대중 매체를 통해 유색 인종의 외국인들과 관계 맺는 방식을 배워 나가고 있다. 일전에 한국에 온 인도 여성 교수와 동대문시장에 간 적이 있다. 그녀는 한국 돈과 인도 돈의 엄청난 가치 차이를 환기시키면서, 동대문시장 상인의 동정과 '이해'를 얻어 내는 데 성공했다. 정찰제라고 우기던 동대문시장 상인은 인도 사람이 한국에 와서 '고생'한다며, 소위 '제3세계 가격'the third world price으로 여성 교수에게 옷을 싸게 팔았다. 유색인종 타자의 어려움에 동정을 표하는 것이 가장 기본적인 '개입'의 방식인 듯하다.

평균적 한국인은 유색인을 어떻게 대우하는 것이 '윤리적으로 옳고' 한국

---

* 2005년 4~5월, 내가 가르치는 연세대학교 1,086명의 학생들을 대상으로 실시한 설문 조사에서 '한국에 체류 중인 외국인 중 가장 차별을 받고 있다고 생각되는 지역인'을 묻는 문항에 성별에 관계없이 '방글라데시'라는 대답이 30%로 가장 많은 대답을 얻었다.

의 이미지를 훼손하지 않는 방법인지를 알아 가고 있다. 평균적 한국인들은 유색인을 차별하고 싶은 즉각적이고 본능적인 감정을 억제하는 방법을 배우고 있지만, 그들과 지속적인 '관계'를 맺어 나가는 것이 무슨 의미인지에 대해서는 상상력을 갖고 있지 못한 듯하다. 한국을 '방문'한 유색인을 차별하지 말고, 외국인에게 친절해야 하는 것은 견고한 국민 국가의 국민으로서 부끄럽지 않은 일을 하는 것이다. 우리의 양심과 상식에 근거한 임시적인 친절 이상의 관계 맺기는 어떻게 이루어질 수 있을까?

우리가 이주자들과 장기적으로 관계할 필요성을 못 느끼는 것은 이들의 삶이 임시적일 거라는 전제를 갖기 때문이다. 임시적이므로 곧 사라질 것이니 깊은 배려를 하지 않아도 되고 그들의 저항에도 반응하지 않는다. 외국인은, 특히 이주 노동자들은 질문되지 않고 통과된다. 이런 경험들은 그들의 육체를 제약하고, 그들의 마음에 깊은 흔적을 남긴다. '생존 회로'로 이주하는 사람들은 어떤 면에서 끊임없이 이질적인 것과 타협을 벌여 나가야 하는 불편한 위치에 있다. 눈치 보는 위치, 불안정한 위치, 모욕당하고 있다는 느낌을 저항 없이 수용해야 하는 위치에 그저 머물러 있어야 한다. 돈을 벌기 위해 한국을 선택한 이주자들이기 때문에 이주 기간 동안 '무력한 위치'에 머물러도 된다고 생각하는 것은 '인권 침해'를 승인하는 것이다.

가장 중요한 것은 우리가 이들을 '보호'하는 것이 아니라 이들을 통해 우리가 새로운 교육을 받고 있다는 믿음을 갖는 것이다. 우리 역사에서 이렇게 다양한 외국인들의 존재를 목격하는 것도 처음 있는 일이다. 우리는 지금 익숙하지 않은 탓에 서투르고 불편하게 외국인들을 마주하지만, 이 과정을 '교육'의 경험으로 받아들여야 한다. 그들을 동시대의 같은 공간에 존재하는 사람으로 바라볼 때 그들의 삶의 경험과 자원들을 '해석'할 수 있는 눈을 갖게 된다.

SEOUL
AS
A GLOBAL CITY
외국인지원단체
의정부외국인근로자센터(의정부)
두레방(의정부)
아시아의친구들(고양시)
김포외국인근로자의집(김포시)
하남외국인노동자의집(하남)
성생원교회(남양주시마석)
샬롬의집(마석)
조선족복지선교센터
필리핀카톨릭센터
혜화동성당
라파엘클리닉
한국교회여성연합회 외국인여성노동자상담소
서울외국인노동자센터
외국인노동자대책협의회
이주여성인권센터/서울외국인노동자센터
외국인노동자의료공제회
외국인노동자인권문화센터
성동외국인근로자센터
천주교
서울대교구
외국인
노동자
상담소
이주노동자노동조합
선한이웃클리닉
여성교회이주노동자여성센터
러시아여성센터
서울외국인근로자선교회
외국인노동자인권을위한모임
동북아선교회
갈릴리교회(한국교회외국인노동자선교회)
외국인노동자의집
/중국동포의집
서울조선족교회
서울외국인교회
부천외국인노동자의집
서울외국인노동자의집
피난처
한국이주노동자인권센터(인천시)
재한외국인선교회(성남시)
주민교회
성남외국인노동자의집
/중국동포의집
안산외국인노동자센터(안산시원곡동)
갈릴레아 사목센터(안산시원곡동)
안양전진상복지관이주노동자의집/위홈

서울과 수도권에 위치한 외국인 지원 단체의 예

그런데 최근 몇 년 사이 이주민들과 적극적인 관계를 맺고 그들의 삶에 개입하려는 한국인들 덕분에 한국 사회의 문화 능력은 확장되고 있다. 2002년 말에는 약 36만 명의 외국인이 '산업연수생', '이주자', '불법 노동자'란 이름으로 살았다. 2004년에는 약 80만 명의 외국인이 한국에서 일하며 생활하고 있다. 외국인들에게 가해지는 다양한 인권 침해에 관심을 보이고 개입한 것은 주로 종교 단체들이었다. 성남의 「재한외국인선교회」, 성남의 「주민교회」, 마석의 「성생원교회」 등이 외국인 노동자들을 위한 예배를 시작했다. 1992년 5월부터 필리핀 사제들이 매주 일요일 오후 서울 「자양동성당」에서 타갈로그어로 미사를 올리기 시작했고, 여기저기 흩어져 일하던 수백

명의 필리핀인들이 이 미사에 참석했다. 이것이 '필리핀 공동체'를 만들게 하는 초석이 되었다(설동훈, 2003:21). 현재까지 필리핀인들은 매주 일요일 장터를 열어 물건을 교환, 매매하고, 음식을 함께 나누며 「혜화동성당」 부근을 임시적인 문화적 자율 공간으로 만든다. 종교 단체가 아니면서 외국인 노동자의 체불 임금, 산업 재해, 폭행 등의 문제를 해결하기 위해 생겨난 최초의 단체는 1992년에 결성된 「외국인 노동자 인권을 위한 모임」이다. 20년간 이주자들을 외면했던 한국 정부가 최근에 들어서야 그들의 인권과 복지 문제에 관심을 두기 시작했는데, 그 이전에 유일하게 이주자들의 삶에 개입한 것은 종교 단체와 NGO들이었다. 교회나 인권 단체는 외국인 노동자들에게 쉼터를 제공하고 일자리를 구해 주는 등의 활동을 통해 외국인들을 지원해 왔다. 이들 단체들은 외국인의 경제적 자립을 돕고 적응을 도와주는 한국어 교육 프로그램을 제공하거나 정신적, 심리적, 경제적 안정을 돕기 위한 상담 활동을 해 오고 있다.

이주자들 또한 '단일한' 이해관계를 가진 집단이 아니므로, 이들 내부에서 국적, 계급, 젠더, 종교, 커뮤니티 유무 등에 따라 정착 과정과 취업, 결혼, 육아, 교육의 다양한 부분에서 다양한 차별을 경험한다. 이의 해결 또한 전문적인 지식과 지원을 요구하기 때문에 NGO들도 전문화되고 있다. 이주자들의 산업 재해나 건강 문제에 관여하는 「외국인노동자의료공제회」, 여성 이주자의 모성 보호부터 한글 교육, 작업장에서의 차별 등의 문제에 전문적인 지원을 하는 동대문의 「이주여성인권센터」와 폭력에 시달리는 여성들에게 '쉼터'를 제공하는 「이주여성쉼터 위홈」 등이 활발한 활동을 벌이고 있다.

한국에 온 이주자들은 도움만 받는 수동적 위치에서 벗어나 글로벌 사회를 구성하는 한국 사회의 자격 있는 구성원으로서, 자신이 운반해 온 다양한 문화들을 한국 사회에 소개하면서 한국 사회를 '풍요롭게' 하고 있다. 최근

몇 년간 국적이나 이주 노동과 관련한 우리나라 법이 급격하게 바뀌고 있는 것도 강제 추방이나 인권 유린에 맞서 이주자들이 정치적 운동을 벌인 '결과'이며, 이들이 장기적인 전망으로 한국 사회에 정착하기를 원하는 욕구를 표현한 덕택이다.

이주 노동자뿐만 아니라 개발국에서 온 데니즌들의 문화적 격리를 염려하는 한국인들의 노력도 눈에 띈다. 프랑스 마을, 일본 마을, 독일인 마을 등의 선진국 이주자들도 한국 현지인들과 적극적인 교류를 통해 한국에서의 삶을 문화적 다양성을 체험하는 기회로 만들어 내려는 움직임을 보이고 있다. 예를 들어, 프랑스인 거주 지역인 서래마을을 관할하는 서초구청에서는 프랑스인들에게 불어로 한국 역사를 소개하는 강좌를 개설한다고 한다(『문화일보』 2004년 10월 1일).

이주 노동자 공동체들도 자신들이 임시로 정착한 한국 사회와 의미 있는 관계를 만들어 가기 위한 다양한 시도를 벌이고 있다. 일례로 2004년 6월 13일 필리핀 독립 기념 이주 노동자 대회에서는 필리핀 이주 노동자들의 인권을 위해 헌신한 한국 경찰, 종교 단체, NGO 관련자들에게 표창상이 수여됐다. 필리핀대사관과 이주 노동자들이 함께 모여 마련한 이 잔치에서는 한국에서 나름대로 초국적(트랜스내셔널) 정체성을 만들어 나가려는 필리핀 이주자들의 자신감이 돋보였다. 실제로 이주민에 의해 만들어진 이산 마을을 국가를 횡단하는 '초국가적 마을'transnational village로 정의한 레비트(Levitt, 2001)는 이 마을은 단순히 자신의 고국과의 연결성을 강화하는 향수적이며 귀환적 성격을 지닌 것이 아니라 고국과 수용국 사이를 매개하면서, 단일한 귀속성을 초월하는 성격을 지닌다고 한다. 즉 이주자들은 자신의 열정과 충성도를 다양하게 사용하면서 본국과 수용국의 정치학에 개입하는 등, 새로운 트랜스내셔널한 공공 영역을 구성해 낸다. 이주자들과 현지인

지난 20년간 이주자들의 삶에 개입한 것은 종교 단체와 NGO였다. 2004년 6월 13일 필리핀 독립 기념 이주 노동자 대회에서는 필리핀 이주 노동자들의 인권을 위해 헌신한 한국 경찰, 종교 단체, NGO 관련자들에게 표창상이 수여됐다.

들이 상호 개입하면서 만들어지는 글로벌 시민권의 모습을 서울에서 기대해 본다.

맺음말

이주의 역사는 국가법의 영향을 받지만 법의 의해서만 구성되지 않는다. 거래 비용도 없고 투자할 여유도 없는 중하층의 이주자들은 경제적 문화적 생존과 꿈을 위해 국경법을 위반하거나 이용하면서 위험스러운 이주를 감행해 왔다. 이들에게 붙여진 '이름'이 어떻든지, 이주 노동자들은 한국인들과 똑같이 먹고 자고, 일하고, 아이를 기르고 커뮤니티에 참여하는 등 사회적 관계를 맺는 모든 삶의 행위들을 하고 있다. '비윤리적'인 것은 법을 어기며 이동하는 사람들이 아니라, 인간적인 삶을 살지 못하게 하는 법 자체일 수 있다. 서울이 자국의 이해관계를 확장하기 위해 글로벌 시대의 이동성을 수용해야 한다면, 인권과 문화 다양성을 옹호하는 글로벌 스탠더드를 지향하는 도시로 바뀌어야 한다.

현재 우리나라는 전문직에 종사하는 외국인에게는 국적 취득의 문호를 개방하지만, 소위 '유색 인종'으로 공장이나 서비스 영역으로 이주하는 사람들에게는 정착의 가능성 자체를 배제하고 있다. '단신 이주 single migration 노동자'의 지위만을 허용하고 가족을 구성할 권리와 정주할 권리를 차단하는 것은 자민족 중심주의의 배타적인 국가가 취하는 매우 비윤리적인 선택이다. 이 척박한 이주의 공간에서도 이주자들은 변화에 적극적으로 대응하고 이주지인 서울에서 마을을 만들며 새로운 삶을 모색하는 능동적인 행위자가 되고 있다.

글로벌 도시 서울은 이제 한국 민족주의의 견고한 상징으로서가 아닌, 경쟁하고 각축하는 이질적인 문화적 요소들을 수용하는 곳으로 새롭게 형성되고 있다. 서울이란 익숙한 공간을 문화적 '차이들'과 다양한 협상을 벌여 나가야 할 공간으로 상상해야 할 것 같다. '우리 안의 다양성들'이란 인식은 미국식 영어를 익히고 해외에 진출하는 것으로 상상되는 척박한 글로벌리즘을 극복하고 로컬 안에서 다문화 해독 능력multicultural literacy을 길러 나가는 것을 의미한다. 글로벌 시대를 살아간다는 것은 모든 삶은 연결되어 있다는 상호 개입의 상상력으로 '타자'와 만나는 것이고, 이를 통해 확장적인 자아를 구성하려고 애쓰는 일이다. 인간이 국민 정체성이란 한 가지 범주로 구성되지 않는다고 할 때, 각각의 범주들이 어디서 어떻게 작동하는지를 성찰할 능력이 요구되는 시대다. 글로벌 시대의 문화 번역은 외국인/유색인종/이주 노동자 같은 주변적인 주체의 경험을 소통 가능한 언설로 만들어 우리 사회의 문화 능력을 확장시키는 데 기여하는 일이다.

2. 문화 번역

근대적 성찰의 비판적 작업

근대 역사는 '경계'를 통해 삶의 질서와 의미 체계들을 구성해 왔다. 서구/비서구, 동양/서양, 여성/남성, 부르주아/프롤레타리아, 백인/유색인 등의 이항 대립적 위계질서를 기반으로 구성된 범주들은 '차이'와 '차별'을 통해서 근대적인 자아 정체성의 기반을 마련한다. 이런 의미에서 근대 역사는 타자의 '차용'appropriation이라는 일련의 과정을 수반한다(Kuhiwozak, 1995: 118). 근대적인 역사적 과정에서 확고하게 구획된 모든 경계들이 그 견고성을 잃고 있는 현재, 문화 연구의 한 방법론으로 문화 번역에 대한 관심이 높아지고 있다. 문화 연구에서 '번역'과 '횡단'에 대한 관심이 고양되고 있는 것은 이론적으로는 탈식민주의 비평과 비판 인류학이 고무한 부분도 있지만, 우리 삶의 현실적인 조건들이 빠르게 변화하고 있다는 사실과도 관련이 있다. 시간, 공간, 국가적 경계들을 넘나드는 초국적 흐름들이 활발해지는 전지구적 자본주의 질서 하에서 이질적인 상징체계들 간의 '교섭' 필요성이 증대되고 있고, 또한 근대적 주체를 구성하던 많은 지식과 전제들이 설명력을 잃어

■ 이 글은 『문화과학』 27호(2001)에 실린 글을 수정한 것이다.

가고 있는 상황과도 관련이 있다.

문화 번역은 한 언어를 다른 언어로 대치하는 일반적인 '번역'과는 다른 것으로, 타자의 언어, 행동 양식, 가치관 등에 내재화된 문화적 의미를 파악하여 '맥락'에 맞게 의미를 만들어 내는 행위다. 그러므로 문화 번역은 번역이 이루어지는 특정 시공간적 맥락과 문화 번역의 행위자가 누구인지에 따라 두 문화적 행위자 간의 평등한 관계를 만들어 내기도 하고 위계적인 관계를 고착시키기도 한다. 이러한 문화 번역을 역사적으로 추동해 온 힘들은 무엇인가? 그 힘들을 분석하는 것은 '문화'의 개념과 방법론을 정의해 온 근대적 지식 체계를 비판적으로 검토하는 것이며, 이를 통해 새로운 이론적 연구 주제로서 문화 번역의 영역을 확장하는 작업이다.

문화 번역은 문화적 접경지대가 급속하게 확장되고 있는 현재의 글로벌 사회에서 각별한 의미를 가진다. 이질적인 것들이 교류하고 교차되는 문화적 접경지대는 견고한 경계 안에서 자신의 정체성을 형성해 온 사람들에게 '접경지대 히스테리'borderlands hysteria를 불러일으키기도 하지만 다른 한편으로는 보이지 않고 말해지지 못한 의미들이 새롭게 드러나는 창조의 공간이 된다. 문화적 접경지대는 새로운 방식의 글쓰기와 번역을 통한 '변형'의 공간으로서, 문화 번역의 정치적 의미를 부각시키며, 번역자의 행위성과 번역 효과 등을 주목하게 만든다. 하지만 문화 번역을 새로운 문화 연구의 현장으로 자리 매기기 위해서는 '번역'의 기존 의미에 부착된 많은 전제들을 심문할 필요가 있다. 이 글의 목적은 문화 번역이 근대를 성찰하는 비판적 도구로서 어떤 의미를 지니고 있는지 살피는 것이다. 타자와 평등한 대화적 관계dia-logical relations를 이루어 내야 한다는 '소통'의 이상에 도달하기 위해서는 문화 번역을 둘러싼 다양한 권력 메커니즘을 분석할 필요가 있다.

문화의 개념과 문화 번역

전통적으로 문화 인류학은 시간과 문화적 차이로 구획된 경계를 횡단하여 상호 이해를 추구한다는 의미에서 '번역의 예술' 임을 주장한다. 인류학자가 생산하는 민족지ethnography는 바로 이런 번역의 결과물로 이해되어 왔다. 고전적인 문화 인류학에서 원전에 해당하는 타 문화를 다루는 문화 번역자인 서구 인류학자의 모습은 이렇게 상상되었다.

> 옛날 옛적에 '고독한 민족지학자'는 '그의 원주민'을 찾아 석양 속으로 말을 타고 떠났다. 그는 많은 시련을 겪고 아주 먼 나라에서 원하던 대상을 만났다. 그곳에서 '현지 조사'라는 궁극적인 시련을 감내하면서 통과의례를 치러 냈다. '자료'를 수집한 뒤에 '고독한 민족지학자'는 본국으로 돌아와서 '그 문화'에 대한 '참된' 설명을 써 냈다(로살도, 2000: 70).*

고독한 민족지학자를 번역자로, 그의 원주민을 번역의 원전으로, 현지 조사를 이중 언어 사전을 뒤적이며 원전의 언어에 상응하는 번역의 언어를 찾아 고심하는 과정으로, '그 문화'에 대한 '참된 설명'을 '번역된 텍스트'로 대치해도 별 문제가 없어 보인다. 문화 번역자로서의 인류학자의 이미지를 지배했던 이런 수사는 인류학이, 특히 서구 인류학이 타자의 '문화'를 어떻

---

* 이 이미지는 인류학이 독립된 분과 학문으로 확립된 19세기에 등장한 것은 아니다. 서구의 중세부터 있었던 '호모 비아토르'Homo viator의 이미지는 타자와 접촉하는 서구인들이 타자의 문화를 차용해 온 방식의 전형성을 보여 준다. 호모 비아토르는 먼 곳으로 순례를 떠나 신기하고 특이한 이야기, 에로틱한 모험담, 위험했던 사건들에 관한 이야기를 가득 안고 다시 집으로 돌아오는 서구의 여행자를 의미했다(Palsson, 1994).

게 정의해 왔는가를 보여 준다. 타 문화는 '저기 바깥'에 놓여 있는 대상으로 인식되었고, 그 문화는 시간성을 상실한 채 정지된 상태로 보였다. 문화에 대한 고전적인 인류학적 사고는 타자의 문화를 기술할 때 '현재 시제'를 사용했는데, 이는 타자의 문화에서 행위자의 관점을 배제했을 뿐 아니라, 이러한 글쓰기를 통해 인류학자는 그 집단의 문화적 본질성에 대한 지적 독점권을 확보하고 싶어 했다. 흔히 '민족지적 현재'ethnographic present라고 불리는 이런 글쓰기 방식은 당시 인류학에서 다루던 '문화'의 중심 개념인 구조, 관례, 규범 등에 대한 관심을 반영한 것으로서, 한 집단의 구성원이면 항상 동일한 방식으로 동일한 행위를 반복한다는 가정 하에, 타자의 삶 자체를 '표준화' 해서 기술하는 글쓰기 방식이다(로살도, 2000: 89). 특정 문화권에서 다양한 사람들에 의해 실천되는 구체적이고 일상적인 삶들은 결국 그 문화의 본질에 대한 일반화를 도출하기 위해서만 사용될 뿐이었다. 모든 문화적인 세부 사항들은 '마치 프로그램화된 문화적 절차인 양 묘사'되며, 관찰자로서의 문화인류학자는 이것을 투명하게 전달하는 중재자로 자신의 위치를 규정해 왔다. 이렇게 대상과 거리를 유지해야 진정한 객관적 사실에 도달한다는 근대적 지식 체계의 신념은 번역의 행위에 관여하는 '권력'을 간과해 왔다. 어떤 문화 번역자도 자신의 문화에서 자유로울 수 없고, 두 문화 간의 '거래의 조건들'에 관여하는 권력에 초연할 수 없다.

고전적인 방식의 문화 번역 작업의 문제는 우선 '문화 횡단'의 필수적인 요건인 문화들의 동시대성을 거부했다는 점이다(Fabian, 1983). 문화의 복잡성을 이해하기 위해서는 문화란 잘 짜인 망이라기보다는 이성, 감정과 충동을 가진 인간들이 경험하고 실천하며, 바꾸어 놓는 과정으로 파악하는 것이 필요하다. 이미 규율화된 질문들로는 타자의 문화에 대한 심층적인 이론이 생산될 수 없었고, 타자들은 늘 시간이 정지된 상태로 '분석되기를' 기다리는 수동적인 대상으로 위치가 정해졌다. 이렇게 타자, 주로 비서구의 문화를 불변하는 실체로 보는 '몰시간성의 환상'이라는 인류학적 수사학은 결국 '타자의 발견'을 주도한 식민지 시대의 권력을 집행하는 데 필수적인 '시공간적 거리 두기' allochronic distancing의 인식론으로 이어진다(Fabian, 1983: 32-38). '시공간적 거리 두기'는 타자를 자아와는 다른 시간, 공간적 지점에 둠으로써, 둘 간의 메울 수 없는 '문명적 격차'를 상정하는 것이다. 타자에게 동시대성을 거부하는 이러한 인식론은 제국주의적 법질서, 종교, 생활양식 등이 '계몽'과 '문명화' 사업이란 이름으로 피식민지인들에게 이식돼야 한다는 정당성을 제공해 주었다. 그들이 사용한 문화적 힘의 근거는 근대-전통, 문명-야만, 진보-정체 등의 이분법적 도식 하에 타자에 대한 '백인의 의무' white man's burden를 강조하는 것이었고, 이런 의미에서 제국주의적 권력이 집행될 수 있는 '문화적 근거'를 제공했다. 동시에 타자들은 바로 이러한 이유 때문에 서구가 잃어버린 것을 간직하고 있는 동경과 향수의 대상으로 미화되었고, 옛 조상들의 원시적 상태를 보여 주는 박물관의 전시물로 인식되었다(Corbey, 1997). 또한 자신들을 '문명화된' 관찰자의 입장에 놓은 문화 번역자들은 타자의 문화를 지나치게 이국적인 것으로 독해하는 경향을 보였다(Palsson, 1994). 이런 경향은 현재에도 문화 번역의 한 형태로 지속되고 있으며, 시간성이 배제된 타자는 동일한 공간과 동일한 시점에서 의사소통을 할 수 있는 또 다른 주체로 상정되지 못하고 있다.

제국주의적 욕망의 산물인 문화 진화론적 시각을 비판하고 등장한 문화상대주의 관점 역시 여전히 서구의 문화적 정체성이 필연적으로 비서구 타자들과의 역사적 관계를 통해 형성되어 왔다는 사실을 간과하는 경향이 있었다(Wolf, 1982). 즉, 각각의 문화들이 분리되어 있고 동등한 가치를 가진다는 문화 상대주의 관점은 각 문화가 구성되는 과정에서 주고받은 영향이나 접합articulation을 놓치기 쉽게 만든다. 과도한 문화 상대주의 관점은 이런 점에서 식민 제국이 행사한 권력을 통해 '변형' 되어 온 비서구 타자, 비서구 타자가 제국의 정체성을 형성하는 데 관여했던 힘 등을 간과하고 있을 뿐 아니라, 문화적 총체라는 단위에 주목함으로써 문화 단위 간에 이루어지는 무수한 교차점이나 접경지대를 소홀히 다루었다.

로살도에 따르면, "고독한 민족지학자가 그의 후계자들에게 물려준 성스러운 꾸러미 속에는 제국주의와의 공모, 객관주의에 대한 헌신, 기념비주의에 대한 신념 등이 포함되어 있었다"(2000: 72). 서구의 문화 번역자는 이런 유산들의 수혜자로서 절대적인 신뢰를 받았다. 문화 번역자는 변화하는 문화적 현실을 얼마나 잘 파악하고 있느냐가 아니라, 그들이 쓰는 수사적 관행으로 권위적인 객관성을 확보해 왔다. 특히 "이론들은 부침이 있지만 훌륭한 민족지 혹은 번역 작품은 시대를 초월한 영원한 성취로 남아 있다"는 기념비주의 신념은 문화가 번역되는 '맥락' 에 대한 관심보다는 "타자의 문화적 정수를 밝혀냈다"는 자부심으로 들뜨게 했다. 이 기념비주의 신념은 오랫동안 텍스트 번역을 지배했다. "번역은 투명함의 시학the poetics of transparence에 근거하여 가장 상응하는 의미를 만들어 내는 것"이라는 주장은 번역자를 중립적이고 초월적인 매개자로 상정한다(Godard, 1990: 91).

이러한 주류의 이론들은 최근 두 방향에서 도전받고 있다. 하나는 번역의 투명성에 대한 강조가 원전 텍스트의 문화적 흔적들을 없애 버리고 번역자의 성찰을 배제한다는 점이다.* 또한 번역이 특정한 맥락에서 일어나는 사

---

* 1980년대 인류학 안에서는 '텍스트로서의 민족지' 를 표방하는 연구물들이 나왔고, 실험적 글쓰기로 인류학 내부에서 제기된 윤리적이고 방법론적인 문제들을 해결하려고 했다. 탈식민주의나 페미니즘의 영향으로 문화 자체가 역사적, 정치적 과정을 통해 구성된 것이라는 인식이 확대되었고, 문화 자체가 분석과 비판의 대상이 되었다. 문화를 자연적이고 보편적인 것으로

건이나 행위라는 점이 간과되면서, 번역자가 원전을 '읽고' 그것을 '다시 쓰는' 과정에서 진행되는 '수행성'이 지워진다는 점이다.* 번역은 암호를 푸는 해석적 행위decoding와 새롭게 의미를 만들어 내는re-encoding 행위를 포함하는 개념이지, 코드와 코드를 횡단하거나 초월하는 행위transcoding를 의미하는 것은 아니다. 즉 초월적인 관찰자가 중립적인 언어를 통해 의미의 상호교환을 이루어 낸다는 것은 가능하지 않다는 인식이 생겨났으며, 시학, 서사분석, 이야기story-telling 등을 포함하여 다양한 문학적 기법들이 '번역'에도 폭넓게 활용되고 있다.

그러므로 문화적 텍스트(원전)와 문화적 텍스트(번역된 텍스트) 간의 상호텍스트성intertextuality의 강조는 두 개의 다른 상징과 의미 체계의 관계를 만들어 주는 것이 된다. 그러나 번역자가 두 가지 상징체계를 조정, 조작하는 측면이 바로 문화 번역의 정치학이 개입되는 부분이다. 문화 번역의 정치학은 번역을 통해 기존의 정치적 질서에 편입하는 것을 용이하게 하거나, 번역된 텍스트의 대상 집단의 '읽는 효과'를 통해 새로운 정치적 지평을 만들어 내는 행위를 포함한다.

취급하거나 문화의 순기능과 역기능을 논의함으로써, 문화를 맥락에서 벗어난 추상적인 실체로 다루는 것 등에 대한 인류학 내부의 자성적인 비판이 거세게 일어났다(Palsson, 1994: 6).

* 20세기를 지배한 번역 이론은 번역은 복사a copy이며 창조적인 발화utterance가 아니라는 것이었다. 이런 의미에서 번역자는 기계적으로 언어를 옮기는 사람으로, 보이지 않는 손으로, 원전에 대해 '종'의 위치로 개념화되었다(Palsson, 1994: 91).

문화 번역의 정치학 : 차용과 창조

문화 번역자가 '적극적인 읽기와 쓰기를 하는 자'로 정의된다는 점은 우리에게 번역 행위와 관련된 정치학에 관심을 갖게 한다. 문화 번역자의 관점은 현상을 관찰하고 분석하는 과정에서 영향을 끼치기 때문에 지식과 권력은 서로 연계된다. 그러므로 문화 번역자는 특정한 입장과 관점을 가지는 '위치에 있는' 또는 '입장을 갖는' 주체positioned subject로 설정된다(로살도, 2000). 문화 번역자는 자신의 연령, 성별, 성적 지향성, 계급, 인종, 정치적 성향이나 이해관계에 따라 어떤 문화적 현상에는 관심을 기울이지만 다른 것에는 완벽하게 무지할 수 있다. 그러므로 문화 번역자는 '초월적인 관찰자'나 '엄밀한 문화 연구가'가 아니라, 특정한 방식으로 문화화된 한 명의 행위자다.

인류학자들에게 현지 조사는 다른 문화와 교섭함으로써 자신들의 위치를 새롭게 만들어 나가는 과정을 의미하며, 이는 일련의 예측할 수 없는 일에 대한 '해석'의 과정을 수반한다. 텍스트의 번역자도 텍스트를 구성하는 다양하고 중층적인 의미 체계를 완벽하게 파악할 수 없기 때문에, 번역자의 관심, 정치적 입장이나 지식 정도에 따라 번역되는 의미들은 많은 차이를 갖게 되고 모든 번역은 이런 의미에서 부분적이고 편파적일 뿐 아니라, 의도적이다. 모든 개인은 초월적인 자아를 구성할 수 없다는 점 때문에 문화 번역자의 위치에 있다. 문화 번역자는 문화의 교차로에서 문화 흐름을 매개하는 행위자다. 그러므로 문화 번역자의 자아는 다중적인 정체성이 교차하는 지점이며, 권력의 문제를 인식하는 것은 필수적이다. 즉 그들의 번역 행위는 '인지적인 동시에 감성적이고, 윤리적인' 속성을 담고 있다. 최근의 탈식민적 문화 비평과 페미니즘은 '문화 횡단'과 '문화 번역'에 대한 분석의 지점들을 발전시켜 왔다.* 식민지 지배 과정에서 필수적으로 진행되는

동양의 신비주의에 대한 서구의 갈구와 타고르 자신이 서구 세계를 향해 '유혹적인' 동양으로 보이고 싶은 욕망은 타고르를, 서구의 기독교적 교화를 동양의 신비주의적 방식으로 실현하는 현자로 자리 매겼다.

'번역'은 힘이 있는 쪽에 의한 일반적인 변형 과정일 뿐 아니라, '양가성'이 가능한 지점이다. 페미니즘은 근대의 기획에서 강조되는 '범주화'와 '동질성'을 해체하면서 대안적 의미를 생산해 내는 데 기여하고 있다. 이러한 분석틀은 문화 번역 과정에 개입되는 차용, 모방, 다중성의 개념을 발전시키면서 문화와 권력에 대한 이해를 확대시켜 준다.

차용과 모방

셍굽타는 비서구인으로 최초로 노벨상을 탄 인도 시인 타고르Tagore가 벵골어로 쓰인 원전을 어떻게 에드워드 시대 영국 영어로 전치하면서 원전의 톤과 이미지, 어휘들을 변화시켰는지를 보여 주고 있다(Sengupta, 1995: 56-63). 시인 스스로 번역한 타고르의 시는 식민주의자가 동양의 타자를 바라보

---

* 최근 인류학에서는 대화식 편집 dialogical editing이라 하여 인류학자가 민족지를 완성하기 전에 연구 참여자에게 일종의 '검증'을 받는 방식의 방법론을 제시하여, 인류학자와 현지인 사이의 권력 관계에 대한 성찰성을 강조하고 있다.

던 전형성에 부합하면서, 식민주의자의 문화적 가치와 힘이 얼마나 번역자의 태도에 영향을 주고 있는가를 보여 준다. '번역된 텍스트'가 된 그의 시는 벵골 사회에선 '아방가르드' 시인으로 통했던 타고르를 동양의 성인이며 위대한 예언자로 바꾸어 놓았다. 이것은 타고르 자신이 문화 번역자로서 갖고 있던 정치학을 잘 보여 준다. 동양의 신비주의에 대한 서구의 갈구와 타고르 자신이 서구 세계를 향해 '유혹적인' 동양으로 보이고 싶은 욕망은 타고르를, 서구의 기독교적 교화를 동양의 신비주의적 방식으로 실현하는 현자로 자리 매겼다.* 이러한 상호적 차용은 식민지 시대에 정치적 효과를 발휘했을 뿐 아니라, 후에 식민지에서 독립한 아시아의 많은 나라들에서 타고르가 아시아인의 자부심을 세워준 인물로 상징화되면서 '셀프오리엔탈리즘'self-orientalism의 전형이 만들어지는 데도 효과를 발휘했다.

타고르의 시에 대한 서구의 열망은 바로 자기 자신이 파괴했던 것을 갈망하는 '제국주의적 향수'로 이해될 수도 있다. 또한 타고르는 영국 식민 권력의 문명화 사업이 생산한 '검은 원숭이'를 의미할 수도 있다. 검은 원숭이**는 식민 권력의 불안을 가중시켰던 영국식 교육을 받은 인도 지식인들을 상징하며, 이들은 백인 지배자를 '모방'함으로써, 그들과 흡사해지거나 그들보다 우수한 능력을 보였고, 급기야 백인 지배자와 대등한 위상과 권리를 요구하기도 했다(이옥순, 1999: 52). 문화 번역자로서 이 인도 지식인들은 이

---

* 생굽타는 타고르의 시에 대한 서구의 열정은 당시 서구의 시대적 맥락에서 오는 동양에 대한 신비주의적 감정에 기인했다고 본다. 바로 이런 점 때문에 타고르의 시는 후에 서구의 문학자들에게 곧 잊혀졌는데, 1차 세계 대전 이후 시에 대한 서구의 미학적 이데올로기가 급격하게 변화된 사실과 관련이 있음을 지적한다.

** 검은 원숭이는 영국의 시인이며 『정글북』의 자자인 키플링이 붙인 경멸적인 용어로, 끊임없는 모방을 통해 식민 권력자를 닮아 가는 인도 지식인들을 의미했다.

질적인 문화의 '차용'을 넘어 '혼종'을 상징하며 식민 지배자의 정체성을 위협했다(바바, 2002). 즉, 피지배자이면서도 지배자의 시선과 욕망을 담지하고 꿰뚫는 '문명화된 인도인들'은 한편으로는 제국의 문명화 사업이 성공하고 있음을 보여 주지만, 동시에 제국주의 지배자와 거의 동일시되면서 지배자 정체성을 위협하고, 불안하게 만들었다. '혼종성'의 개념은 식민 담론의 불완전함과 '미끄러짐'을 상징하면서, 탈식민지 이론의 주요 개념으로 등장한다.

바바의 탈식민 전략은 "식민지 지식을 일방적이고 의도적인 권력 의지"(무어-길버트, 2001: 275)로 파악하기보다는 피식민 주체가 경험하는 '분열된 시간성'을 통해 근대성의 기획에서 드러나지 못했던 사회적 모순, 정치적 정체성, 혼종화 과정에서 발생하는 문화적 발화 양식을 드러내는 것으로 보고 있다(같은 책, 292). 강내희는 신식민지 지식인들의 주체를 구성하는 흉내 내기, 잡종적 성격 또한 서구에 합류하고픈 욕망과 패러디를 통해 서구를 비판하는 양면성을 보여 주고 있다고 주장한다(강내희, 2001: 173-216).

실제로 문화 횡단이라는 번역 작업을 하다 보면 식민 권력이 철저하게 관철되지 못했다는 점뿐만 아니라, 식민 권력의 '이식'을 통해 일방적으로 피식민지의 문화가 변용되거나 종속된 것은 아니라는 점이 드러난다(크라니어스커스, 2001: 315-332). 스페인에게 정복당한 타갈로그인들의 기독교 개종 과정을 역사적으로 고찰한 라파엘은 이 점을 잘 보여 준다. 스페인 선교사들은 신의 구원 개념을 번역하기 위해, 오히려 지역의 고유한 토착 언어를 다시 부활시켜야 했으며, 피식민지인들은 두 상징체계 간의 번역 불가능성 때문에 설교를 잘 이해하지도 못했고 낚시를 하듯fishing 순간순간 단어를 건져 냈으며 해석 과정에서도 자유로웠다(Rafael, 1988). 이 상황은 결국 식민 제국의 언어적, 정치적 권력을 불안하게 했다. 이 상황에서 문화 횡단은 "종속적 주변적 집단이 지배적 또는 메트로폴리스 문화에 의해 그들에게 전해진 재료들을 선별해서 그로부터 뭔가 창안해 내는 접촉 지역의 현상"으로 규정될 수 있다(크라니어스커스, 2001: 318). 그러므로 문화 접촉 지역은 심리적 불안과 두려움, 혐오감을 일으키기도 하지만 한 문화권에서 가능하지 않은 새로운 창조가 이루어지는 열린 공간이기도 한다.

최근 글로벌 자본주의가 심화되는 상황에서 문화 번역의 문제는 문화와 경제의 불가분한 관계를 설명하는 분석틀로 활용된다. 예를 들어 일본 만화에서 중세 유럽과 바이킹의 문화적 이미지들이 '맥락'이나 '역사성'에서 벗어나, 상품적 가치를 만들어 내는 데 차용되는 현상이나(Stefansson, 1933), 다국적 기업의 노사 관계에서 이질적인 문화와 계층성을 중재하는 고학력 사무직 직원의 '번역자'로서의 위치에 대한 비판적 분석(이 책 4장 「"네 문화의 옷을 벗어라"」)이 그것이다.

여성 번역자: 에스페란자 정체성의 출현

문화 번역은 인간에게 감정을 불러일으키는 일종의 문화적 힘으로 작동된다. 젠더와 섹슈얼리티의 상징은 바로 이런 문화적 힘의 가장 주요한 원천이 되어 왔다. 젠더와 섹슈얼리티의 상징은 식민과 피식민, 전통과 현대, 민족과 민족, 인종 간 대립, 집단 간, 국가 간의 교차가 이루어지는 지점에서 이러한 문화 횡단의 과정을 이해하기 위해 동원되는 문화적 힘으로 작동되어 왔다. 이런 점에서 멕시코 역사에서 자주 인용되는 여성인 '라 말린체'La Malinche의 예를 들어보자. 라틴계 치카노 문학과 역사적 서사는 '번역' 과정에 작동되는 가부장적 권력과 그 해체의 과정을 잘 보여 주고 있다(로살도, 2000, 235-254). 멕시코 영웅 서사의 전형은 전적으로 남성 영웅 서사였다. 이때 '차이'로 구별되는 여성의 위치는 모호하게 남게 된다. 백인들의 제국

이질적이고 적대적인 문화 사이에서 지배-피지배 관계를 매개하고 성적인 교환을
만들어 내는 여성인 라 말린체는 멕시코 역사의 가부장적 상상력 속에서
여성 '번역자'와 '반역자'를 동일한 의미로 해석하는 역사적 상징으로 남게 된다.
◀ ⓒ 호세 클레멘테 오로스코, 「코르테스와 말린체」, 1926.
▶ ⓒ 로사리오 마르카르트, 「라 말린체」, 1992.

주의적 권력에 맞서는 멕시코 남성들은, 실질적인 힘이 부족한 상태에서, 신화적인 힘을 통해서만 저항적인 주체로 설 수 있었고, 이를 위해 남성 영웅 서사는 원초적 가부장제를 복원시킴으로써 저항적 힘을 만들어 나간다. 비하는 멕시코 남성들의 역사적 상상력 속에 나타나는 대표적인 여성의 이미지의 하나로 라 말린체를 들고 있다(Behar, 1993). 라 말린체는 인디언 여성으로 멕시코 역사에서 '반역자'의 상징이다. 스페인에서 온 정복자 코르테스는 말을 통역해 줄 수 있는 사람이 필요했고, 이때 젊고 영리한 라 말린체는 피지배 여성으로 '번역자'의 역할을 수행했다. 남성 영웅 서사를 중심으로 구성된 멕시코 역사는 코르테스의 통역자이며 나중에 연인이 된 라 말린체를 민족을 배반한 '반역자'로 고착화한다. 즉, 적대적인 남성 집단의 경계에 선 '번역자'translater 여성은 곧 '반역자'traitor다. 이질적이고 적대적인 문화 사이에서 지배-피지배 관계를 매개하고 성적인 교환을 만들어 낸 여성인 라 말린체는 그 후 멕시코 역사의 가부장적 상상력 속에서 여성 '번역자'와 '반역자'를 동일한 의미로 해석하게 하는 역사적 상징으로 남게 된다. 라 말린체로 상징되는 여성은 외부 세력의 영향에 쉽게 동화되고 오염되기 쉬운 존재로 이미지화되면서 가부장적 상상력의 기초를 제공해 왔다. 결국 통합된 주체로서 자신을 설정한 멕시코 남성 영웅의 서사들은 문화적 경계에 선 여성과 그들의 성적 오염을 연결하면서 멕시코 역사를 남성 영웅사로 '번역'해 왔으며, 여성성, 섹슈얼리티, 번역과 반역 사이의 의미 있는 상징체계를 구축해 왔다.

그러나 최근에 등장한 치카노 문학(남미에서 스페인어로 쓰인 문학 작품)은 폐쇄적이고 닫힌 가부장제를 조롱하고, 새로운 치카노 정체성인 '에스페란자'의 출현을 환영한다. 에스페란자Esperanza 또는 메스티자Mestiza는 여러 문화와 언어가 교차하는 접경지대에 위치하는 여성들이다. 이는 멕시코계 사람들이 이민과 이주를 통해 글로벌 자본주의 질서 안으로 빠르게 편입되고 있는 현재 상황을 설명해 주는 다중적 주체들이다. 이는 실질적인 이주에 의해 새로운 공간에 위치하는 여성 주체뿐만 아니라, 전통적 가부장제와 제국주의적 가부장제 등의 다양한 권력 관계에 저항하는 상징적 여성 주체를 상정하기도 한다. 그들이 문화적 경계borderlands에서 행하는 문화 번역의 글쓰기들은 최근 여성주의 이론과 탈식민지 이론의 발전에 자극을 주고 있다. 문화들을 매개하고 문화들이 부여하는 무게와 의미들을 내부에서 해석하고 통합하는 다중적 주체인 에스페란자들의 등장은(로살도, 2000: 236-237)

여성 문화 번역자를 '반역자'의 지위에서 '근대적 억압의 해방자'의 지위로 격상해 내고 있다.

그들은 대안적인 문화 공간을 제시하고 이질적인 요소들로 구성된 세계를 체험하고 이와 타협하는 새로운 주체들의 출현을 암시하고 있다. 그러나 이런 다중적 주체는 문화 다원주의가 주장하는 정치적 위치가 없는 주체가 아니라, 주변화된 타자의 특수하고도 복잡한 역사적 정체성을 지시한다(Anzaldua, 1987). 에스페란자는 '욕망과 위협의 세계', '싹터 오르는 섹슈얼리티와 위험한 남성적 폭력의 세계', '물질의 유혹과 글로벌 자본주의 하에서 착취되는 몸'에서 자신의 길을 찾아가는 것을 대표하고 있고, 이미 제1세계의 주변부와 제3세계 여성들의 변화하는 삶의 조건도 이러한 다중적인 경계의 기반 위에서 구성되고 있다. 여성주의 담론에서 문화 번역은 이런 의미에서 재생산이 아닌 새로운 생산으로 이해되고 있다(Simon, 1996). 단일한 의미와 진리를 만들어 낸다는 모든 가정들은 유보되고, 번역은 수행성을 통한 변형으로 이해되고, 다중적 여성 주체들의 발화는 근대성의 경계들을 해체하는 문화 비판으로 인식되고 있다.

맺음말

번역 작업은, 그것이 체험되는 타자의 문화든 문학 작품 등의 텍스트나 영화 등의 비주얼 이미지를 대상으로 하든 중립적이거나 순수하지 않다. 이런 점에서 문화 번역은 윤리적인 문제로 인식된다. 오역, 농담을 이해하지 못한 것, 언어의 이중적 의미를 간파하지 못한 것 등이 문화 번역에서 흔히 일어나지만, 이것이 단순한 의사소통상의 혼돈이라기보다는 체계적으로 형성되어 온 권력의 작용일 수 있다. '문화'는 시대마다 상황마다 다른 의미로 이해되고, 그 정의의 모호함과 중층성은 문화라는 개념 자체가 역사성을 갖고 '구성'되고 있음을 보여 준다. 탈식민지 지형에서 이루어지는 문화 번역은 로살도가 지적했듯이 다양한 이질성과 정체성 간의 '상관된 지식'을 구성하는 행위다.* 상관된 지식이 생산되기 위해서는 유동하는 공간과 교차하는 다양한 경계들에 대한 열린 눈이 필요하고, 급격한 문화적 동요와 이질성이 돌출하는 상황에 적극적으로 개입할 수 있는 문화 번역자의 정치적 감각이 요구된다. 이동성이 증가하는 글로벌 시대의 문화 번역자는 타문화를 전달하는 운반자가 아니라 이질적인 타자들 간의 교섭과 개입을 가능하게 하는 정치적 중재자가 되어야 한다.

---

* "예전에는 차이에 대한 연구가, 비가시적인 채로 남아 있는 '자아'와 대조해 정의되었던 것에 비해 이제는 사회적으로 명확한 정체성 사이에서 드러나는 유사성과 차이 간의 놀이가 된다. '그들'은 우리를 어떻게 바라보는가? '그들'과 '우리' 양자 모두가 '문화의 해석' 과정에 적극적으로 개입해 끌고 당기는 상관적 이해의 형식을 띠게 된다. 이러한 의미에서 결국 문화 번역은 '상관된 지식'relational knowledge을 만들어 내는 과정이다(로살도, 2000: 320).

2 전지구적 자본주의와 노동의 경합

3. 글로벌 사회는 새로운 신분제 사회인가?

전지구적 자본주의의 확산과 '성별화된 계급'의 출현

지속되는 경제 위기와 구조 조정은 정부의 구호로 외쳐지던 '세계화'가 얼마나 한국인들의 일상적 삶에 영향을 미치고 있는지를 깨닫게 하는 계기였다. IMF 금융 위기 초기에 우리는 한국 사회의 신용 등급에 관한 국제적 평가를 매일 전해 들어야 했고, 그것의 변화에 따라 삶의 희망과 우울함이 교차하는 경험을 했다. 이 과정에서 우리는 금융 자본주의의 전지구적 확산을 목격함과 동시에, 세계화라는 거대 담론이 추상적인 것이 아니라 우리의 일상을 급진적으로 변화시키는 것임을 인식하게 되었다. 세계적 석학이라고 불리는 몇몇 서구 남성 지식인들의 소위 '대大 예측'이 한국의 주요 언론과 사회과학 담론을 장식했고,* 노동의 미래에 대한 암울한 예견들이 우리를 우울

■ 이 글은 『진보평론』, 7호(2001)에 실린 것을 수정한 것이다.

* 예를 들어 새뮤엘 헌팅턴 Samuel Huntington은 세계화를 서구 대 나머지 문명권의 대립으로 그리면서, 서구 문명과 유교와 이슬람 문명 간의 문화 투쟁을 예견한 바 있다. 이산 지식인 diasporic intellectuals인 프란시스 후쿠야마 Francis Fukuyama는 모든 나라들이 궁극적으로 자유주의적 자본주의를 향한 단일한 경로를 밟게 될 것이라고 주장하면서, '역사의 종말' 논의를 이끌어 냈다. 바버 Barber는 맥도널드로 대표되는 미국식 자본주의의 확산과 지하드 Jihard로 상징되는 종교 근본주의의 확산을 세계화의 보편적 흐름으로 규정한다. 링(Ling, 1997) 참조.

하게 했다. 산업 자본주의적 근대화로는 국가 경제력을 강화할 수 없다는 위기의식이 생기면서, 고부가 가치 문화 산업과 정보 산업에 대한 관심이 증폭했다. '여성'은 문화적 감수성이 있는 존재로 인지되면서 여성성은 세계화 시대의 새로운 기호로 등장했다.

사실 21세기가 여성의 시대가 될 것이라는 예견은 새로운 밀레니엄을 맞이하는 희망으로 여성들을 들뜨게 했던 것도 사실이다. 정보화 시대에는 이제까지 산업 사회에서 '여성적'이라고 규정되고 제대로 평가받지 못했던 감성과 상상력이 주요한 노동의 자질이 되면서, 여성들은 경제적 자율성과 사회적 권력을 획득하여 성별 위계의 해체를 경험하게 될 것이라고 했다. 하지만 지속되는 경제 침체는 많은 여성을 일터 밖으로 몰아냈고, 여전히 많은 여성들이 생계를 위해 성차별적인 모욕과 억압을 감내하며 일하고 있다. 만성적인 실업의 인간적 희생 비용이라 여겨지는 가정 해체, 알코올 남용, 범죄, 폭력은 가뜩이나 살기 피곤한 한국 사회를 더욱더 과도한 긴장 상태로 밀어 넣고 있다. 여성들은 실업자나 불완전한 노동자로서 개인적인 '무기력'을 경험할 뿐 아니라 배우자나 가족 구성원이 당한 실업이 야기하는 정신적 문제들의 일차 피해자와 희생자가 되고 있다. 우리는 한국 사회의 일상적 삶의 질을 한국의 정치 경제학적 맥락 안에서만 파악할 수 없고 세계화라는 거센 물결과의 연관성을 이해해야 한다는 점을 절실하게 깨닫고 있다.

그런데 활발하게 일고 있는 세계화에 대한 논의에서 '성별'gender을 분석적 범주로 다루는 논의는 많지 않다.* 신자유주의라는 새로운 경제 질서가 한국 여성의 노동 조건을 어떻게 변화시키고 있는지에 대한 연구물은 많지만

---

* 이화여대 여성학과 석사, 박사 학위 논문 중 글로벌라이제이션과 여성 노동의 문제를 여성주의 관점에서 분석한 논문들이 있다. 이숙진(2000), 윤경자(2000) 등이 그 예다.

'과정'으로서, 또한 '이데올로기'로서 세계화가 어떻게 '성별 이데올로기'를 내재화하거나 강화하는지에 대한 연구는 많지 않은 편이다. 이런 '분석적 불균형'을 시정하기 위해,* 이 글은 성별을 분석 범주로 사용하여 세계화의 흐름을 비판적으로 검토하고자 한다. 세계화에 대한 페미니즘적 비평은 글로벌라이제이션 자체가 '성별화된 과정'이며, 또한 그 영향력은 성별에 따라 다르게 나타나고 있다는 점을 지적하고 있다.** '세계화'가 구체적으로 여성과 어떤 관계를 맺어 왔고, 소위 여성적이라 규정되는 성향이나 섹슈얼리티가 어떻게 재규정되며 '전지구적 자본'과 결합되고 있는지를 이해하기 위해, 현재 진행되는 세계화의 '성별적' 과정을 분석하는 일은 필수적이다.

세계화는 사실 '중립적'이거나 '보편적'인 흐름이라기보다는 지역, 성, 계급, 인종, 국적 등 기존의 사회적 경계들과 접맥하면서, 다양한 흐름을 구성하며 진행되고 있다. 전지구적 자본주의는 성별이라는 권력 관계는 물론이고, 인종, 계급 등 기존의 위계질서를 충분히 활용하면서, 초과 이윤을 통한 자기 확대를 하고 있다. 이런 의미에서 성별이나 인종적 이미지를 포함한 문화적 상징체계와 경제 문제는 점점 분리될 수 없는 문제가 되고 있다. 전지구적 자본주의는 새로운 경제 질서의 확장이며, 이것을 가능하게 하는 문화 이데올로기들을 끊임없이 활용해야만 한다. 그러므로 우리 각자가 위치한 성적, 계급적, 인종적 또는 정치적 입장과 관점에 따라 세계화를 보는 시각이 다를 수밖에 없다. 이 글에서는 어떻게 세계화 과정 자체가 남성 중심적 경제 질서와 이데올로기를 그대로 유지 또는 확장하면서, '성별화된 계급'gendered class을 새롭게 생산해 왔는지를 다룬다.

---

* 링은 아시아 여성에 대한 연구는 지역적이고 젠더적 관점에서 전지구화를 검토하면서 글로벌라이제이션 논의에 대한 '분석적 불균형'을 교정해야 한다고 주장한다(Ling, 1997).

** Enloe(1989), Ling(1997), Pettman(1999), Lim et al.(1999) 참조.

성별화된 계급이란 여성성이라는 생물학적, 문화적 성별성이 권력과 자원을 차별적으로 분배하는 기제로 활용되면서 전지구적 자본주의 질서 안에 편입된 여성 하위 주체를 의미한다. 이 글에서는 제2차 세계 대전 이후 자본의 세계적 이동과 새로운 국제 노동 분업이 일어나는 시점 이후에, ① 신 국제 노동 분업과 '제3세계 여성 하위 주체', ② 국제적 이주 노동과 서비스 계급의 여성화, ③ 몸의 상품화에 대한 논의를 중심으로 글로벌라이제이션과 젠더의 관계를 분석한다. 또한 성적 차이가 세계 자본주의의 확대, 재생산을 만들어 내는 주요한 기제로 작동하고 있는 시점에서 '글로벌 페미니즘 정치학'의 지형을 제시하고자 한다.

신 국제 노동 분업과 '제3세계 여성 하위 주체'

경제적 측면에서 '세계화'는 '생산, 노동, 시장의 지구적 변화'를 의미한다. 20세기 후반에 등장한 다국적 기업은 '유연성'을 자본 축적 전략의 중심으로 활용하여, 정치적 비용을 최소화하고 이익을 최대화할 수 있는 곳이면 어디나 자본을 이동하는 생산 시스템이다. 2차 세계 대전 이후, 특히 1970년대 이후에는 '신 국제 노동 분업'이라는 형태로 생산의 전지구화가 급속하게 진행된다. 자본은 싼 노동력을 활용하기 위해 여러 나라에 공장을 세우고, 다양한 국가의 국민들을 노동자로 고용하게 된다. 이와 같은 '생산의 세계화'는 '노동의 여성화'라는 획기적인 변화를 일으켰다. 즉 다양한 지역과 국가의 여성들이 의류, 신발, 전자 제품, 장난감을 만드는 세계적 조립 라인의 단순직 임금 노동자로 대규모로 편입되면서, 수출 주도적인 제조업 분야의 여성 프롤레타리아가 형성된다. 사실 여성들은 글로벌 산업화 이전, 일찍부터 세계 자본주의 경제 체제에 편입되어 왔다. 식민지에서 해방된 후, 소위 제3세계는 서구의 정치적이고 직접적인 지배에서 벗어났지만, 원조나 '경제적인 투자'를 얻어 내느라 새로운 경제적 종속성을 경험하게 된다. 서구 자본은 구 식민지 국가의 값싼 노동력과 풍부한 자원을 활용하기 위해 '환금작물'을 대규모로 경작한다. 플랜테이션 농업 노동자로 동원된 남성들이 집을 떠나 있는 동안 여성들은 생계를 위한 경작을 하거나 가내 생산을 통해 가계 부양자의 역할을 했다. 여성들이 스스로 생계를 해결하고 아이들을 먹여 살렸기 때문에 외국 자본은 동원된 남성 노동자들을 아주 싼값에 부릴 수 있었다. 이렇게 남성을 보조하거나, 남성과 맺은 관계를 통해 국제 자본과 연관되던 여성들이, 신 국제 분업 하에서는 글로벌 자본과 직접적인 노사 관계를 형성하게 된 것이다.

새로운 국제 노동 분업을 통한 자본주의 경제의 확대는 남성들에게 한정되었던 일자리에 여성들을 대거 흡수함으로써 노동 비용을 크게 떨어뜨렸으며, 제3세계 여성들은 저임금의 제조업 분야에 대규모로 진출하게 된다. 우리나라를 비롯해서 아시아와 라틴 아메리카의 여러 나라에 수출 자유 지역이 세워지고, 각 나라는 외국 자본을 유치하기 위해, 세금 감면, 노동자에 대한 법적 보호 폐지, 노동조합 금지 등의 '유인책'을 경쟁적으로 활용한다. 즉 여성들은 집을 떠나오거나, 도시에서 일자리를 얻게 됨으로써, 전통적인 관습과 제약으로부터 해방된 면이 있었지만, 임금과 고용 조건에 대한 어떤 요구도 할 수 없게 된다. 이는 수출을 증대하려는 정부와 기업들이 여성 노동을 '임시적'인 것으로 간주하여 국제노동기구 협약상의 노동자 보호 의무를 이행하지 않게 되기 때문이다(바네트·캐버나, 1994). 또한 정규 노동자의 기득권을 유지하려는 남성 중심의 노동조합도 여성노동자들에게 동등한 지위를 부여하는 것을 거부했다.

글로벌 공장의 확산은 노동력의 여성화를 급속하게 초래했다. 이는 아시아 지역에 진출한 다국적 기업에 고용된 노동력의 80~90%가 여성이라는 사실에서도 잘 드러난다(Matsui, 1999: 175). 이러한 새로운 국제 노동 분업은 저임금 개발도상국 여성들의 섬세한 손놀림에 의존하는 조립과 단순 가공을 통한 새로운 국제적 하청 형태의 생산 방식이며, 이런 의미에서 여성 노동과 다국적 기업은 불가분의 관계를 맺고 있다. 다국적 기업과 여성 노동자에 대한 많은 사례 연구들(이 책 4장 「"네 문화의 옷을 벗어라"」, 5장 「경계에 선 여성 노동자는 말할 수 있는가?」 참조)은 모순적인 입장을 보여 주고 있다. 다국적 기업은 가난과 전통적 억압에 시달리던 젊은 여성들에게 일자리를 마련해 줌으로써, 경제적 기여를 통해, 여성들의 가족 내 지위를 향상시켰다. 반면에 다국적 기업은 여성의 임금 수준을 최대한 낮추기 위해 오히려 전통이나 관습이란 이름으로 행해지는 그 국가의 성차별주의를 최대한 활용했기 때문에 여성의 지위 향상에는 별다른 도움을 주지 못했다는 것이다.*

신 국제 분업은 실제로 노동 억압과 성 억압을 필수적인 작동 원리로 활용한다. 그러므로 여성 노동자들은 글로벌 산업화의 가장 중요한 공헌자인 동시에 가장 큰 피해자가 되고 있다. "세금 면제, 파업 금지"No Taxes, No Strikes로 대표되는 제3세계의 외국 자본 유인 전략은 실제로는 '성별' 이미지를 적극 활용했다. 외자 유치를 위해, 개발도상국의 정부는 행정이나 도로 등 사회 제반 시설의 취약성을 만회하고자, 자국 여성들의 온순하고 성적인 이미지를 선전해 왔다. 이런 점에서 여성들은 토착 엘리트 남성과 외국 자본가 남성들 사이에 거래 대상이 되고 있으며, 자국의 경제적 근대화를 위해 싼값으로

* 1980년대와 1990년대 인류학과 여성학 분야의 많은 논문들이 이 문제를 다루었다. 이 논쟁을 담고 있는 대표적인 책으로는 Nash & Fernandez-Kelly(1983)가 있다.

거래되어야 할 상품으로 취급되었다(김현미, 1996: 184). 글로벌 생산 체제는 이렇게 글로벌 산업 자본가와 제3세계 여성 노동자 계급의 형성을 초래하고, 이 둘의 크나큰 권력 차이를 형성하고 유지하기 위해 자국의 정부가 중간자의 역할을 하는 거대한 공모 구조인 셈이다.

그런데 최근 신 국제 분업은 서구의 자본과 비서구의 싼 노동력이라는 관계에서 벗어나 더욱 복잡한 양상을 드러내고 있다. 데이비드 하비(1994)가 지적한 것처럼 신 국제 분업은 서구나 아시아의 경제 부국 내부에도 초기 산업화 형태의 열악한 영세 사업장sweatshop의 확산을 가져오고 있다. 노동 착취적이며 영세적인 제조업 분야는 제3세계에서 유입된 많은 이주 노동자들을 고용하며, 국제적이며 국내적인 하청 체제를 지속시키고 있다. 이민자와 이주 노동자들은 수용국의 예측할 수 없는 이민 정책과 인종 차별주의의 부상으로 불안한 지위로 살아가고 있으며,* '불법 이민자'라는 낙인은 그들이 노동권의 문제를 제기하는 것 자체를 불가능하게 만든다. 이제는 자본이 국경을 넘어 이동할 필요도 없이 자국 내에서 하청을 통해 섬유, 의류, 장난감 등을 싼값에 만들어 낸다. 여성들은 또한 이러한 열악한 노동을 담당하는 다수로 존재한다.

---

* 과거 20년간 미국에 유입된 이주 노동자의 성격과 수는 미국 사회의 구조 조정과 인력 충원에 대한 요구에 의해 변화해 왔다. 대규모로 현금 작물을 재배하는 미국의 농업 회사들은 지역 내 멕시코인들과 입국 등록된 멕시코계 이민자들을 고용하기보다는, 멕시코계 불법 이민 노동자를 적극적으로 찾아 나섰다. 이는 그들이 더 고분고분하고 임금이 싸다는 믿음 때문이었다. 1986년에 제정된 '이민 통제에 대한 개혁법안(ICRA)'에 따라 입국 등록된 노동자들을 분할했는데, 한편으로는 불법 이주자들에게 '특별 사면'을 해 주고, 다른 한편으로는 밀입국 노동자를 고용한 사업주들에게 벌금을 부과했다. 이 법안은 신축적으로 이민 인력을 조정하는 데 목적을 두고 있지만, 이민 노동자들에 대한 미국 내 인종주의적 혐오를 낳게 했다. 자세한 논의는 무디(1999: 231-294) 참조.

국제적인 노동 분업과 신자유주의 경제 질서는 제3세계 여성 프롤레타리아의 형성과 더불어, 파트타임 노동과 비정규직 분야에서 여성의 비율을 급속하게 증가시키고 있다.* 세계화는 자유로운 자본의 이동을 보장함으로써, 노동에 대한 자본의 협상력을 크게 증진시켰다. 세계화가 진전될수록 노동력의 유연화는 가속이 붙고, 여성들은 이 유연 생산 체제에 친화적인 것으로 규정된다. 신자유주의 경제 질서는 이미 국내 노동 시장에서 '이차적', '주변적', '보조적' 노동력으로 규정되어 적절한 법적 보호와 보상을 받지 못하는 여성들의 상황을 더욱 심각하게 만든다. 우리나라에서 최근 여성들의 신규 고용은 대부분 노동법 조항이 적용되기 어려운 임시직, 시간제 노동, 자영업 등에서 이루어지며, 여성 노동자의 조직률은 급격히 하락하고 있다. 여성들의 삶의 조건은 더욱 유동적이고 예측 불가능해졌다. 적어도 정규직에 부여되는 모든 혜택 — 주택 자금 보조, 건강 보험, 휴가 등 — 덕분에 노동자가 회사에 대한 충성심과 애정을 갖고 일터와 결속할 수 있었다면, 현재의 신자유주의적 노동 조건은 많은 인간을 '일회용품'처럼 취급하면서 노동자가 자기 일에 대해 매우 '피상적'인 이해만을 가진 채, 끊임없는 직업 이동을 경험하게 만든다(세넷, 2002). 유연 생산 방식과 '적기 납품식 생산 방식'Just in Time production은 그때그때 쓰고 책임질 필요 없는 노동력만을 요구하면서 인간의 사물화를 가속하고 있다. 이러한 생산 조건에서 유연화된 노동력의 일차 대상인 여성들이 일을 통해 사회적 정체성을 획득하고 자부심을 갖는 것이 더욱 어려워지고 있다.

* 무디(1999), 조순경(1998), 엘슨 외(1998) 참조.

국제 이주 노동과 서비스 계층의 '여성화'

최근 눈에 띄는 세계화의 흐름은 소비 부분에 외국 자본의 투자가 늘어나고, 국경을 넘는 이주 노동자 수가 급증하고 있다는 점이다. 국제 이주 노동은 역사가 오래되었다. 아메리카 대륙으로 끌려 간 아프리카 원주민의 '노예' 노동도 강압적 이주 노동의 한 형태이며, 19세기와 20세기에 걸쳐 식민지 종주국의 농업 노동자로 전락한 피식민국인의 노동도 국제 이주 노동의 한 형태였다. 국제 이주 노동은 '인종적' 특색에 의해 그들의 노동력의 값어치를 판단하는 인종 차별적 생산 시스템의 성격을 강하게 유지해 왔다. 뉴욕을 비롯한 대도시에서 라틴 아메리카계 청소부나 인도나 파키스탄 출신의 운전기사를 만나는 것이 아주 흔한 일이 되고 있는 것처럼, 특정 지역 출신들이 특정 분야의 노동에 유입되고 있다.*

그런데 최근 급격히 증가하는 국제 이주 노동은 두 가지 측면에서 '성별적' 특성을 지닌다. 인간의 노동을 대체하는 전자 장치와 기계 등의 등장으로 판매업을 비롯한 서비스 업종의 노동자가 사라지리라는 예상(리프킨, 1996)과는 달리, 국제 이주 노동에서는 특정 서비스 노동자가 증가하고 있고, 여기서 여성이 이주자의 다수를 차지하고 있다. 국제 이주 노동의 '여성화'는 1980년대 이후 등장한 새로운 흐름이며, 가사 노동을 비롯한 감정 노동 영역이 급속하게 상품화되고 있음을 보여 준다. 소위 '여성 하인 계급'female servant class이라 불리는 이러한 가사 서비스 노동자들의 등장은 글로벌라이제이션의 결과로 권력과 돈과 지위가 누구에게 집중되며, 인간들은 어떤 방식으로

---

* 1970년대 중동 지역의 건설 노동자의 다수를 차지한 것이 한국 남성 노동자였다면 1980년대에는 더 싼 임금으로 일하는 필리핀 남성이 건설 노동자의 전형이 되고 있다. 이러한 국제 이주 노동과 남성적 정체성의 관계를 분석한 글로는 Margold(1995) 참조.

분화될 것인지를 극명하게 보여 주고 있다.

신자유주의 경제의 확산은 '이주의 여성화'와 밀접한 관련을 맺는다. 신자유주의는 고부가 가치 이윤이 창출되는 영역에만 투자한다는 경제 논리이므로, 기존에 육아나 보육, 교육, 노인 돌보기 등에 쓰이던 공공 복지 예산이 크게 삭감되고, 기업도 직원에게 베풀던 각종 특별 수당을 줄여 나갔다. 여성, 남성 모두 공적인 영역에 나간 서구 중산층에 경우, 이러한 '돌봄의 공동화'를 해결하기 위해 다른 나라 여성의 노동력을 사용해야만 했다 (Ehrenreich & Hochschild, 2002).

미국의 사회학자이며 여성학자인 사스키아 사센은 『글로벌라이제이션과 불만족들』Globalization and Its Discontents에서 서비스 분야의 이주 노동자의 증가는 새로운 계층 분화가 일어나고 있음을 보여 준다고 주장한다(Sassen, 1998). 세계화는 서비스 또는 '접대' 노동을 통해 생계를 영위하는 광범위한 노동자 계급serving class과 그들의 서비스와 '접대'를 받고 돈을 지불하는 소수의 부유 계급served class이라는 계급의 이분화를 만들고 있다는 것이다. 금융 자본주의와 정보 관련 산업의 확산으로 어마어마한 고수익을 올리는 '신귀족' 계층과 다국적 기업에서 일하는 고소득층의 수가 많아지고, 이들은 많은 수의 저임금 노동자들을 고용할 수 있는 경제력을 갖게 된다.

다양한 인간의 서비스를 돈을 주고 사서 즐기는 계급은 전 세계의 대도시에 거주하며 자신의 욕망과 정서의 만족을 얻기 위해 많은 수의 국내외 노동자를 고용한다. 이러한 계급의 이분화는 한 지역에서 일어나는 계급 분화가 아니라, 지역과 국경을 넘어서 진행되는 국제적인 계급 분화다. 주로 국경을 넘는 여성들은 자국에서의 가난과 생계 책임 때문에 노동권이 전혀 보장되지 않는 이주 노동을 감행하면서 서구와 아시아의 메트로폴리탄 지역으로 몰리고 있다. 생계를 위해 자국의 정부에 의존하기보다는, 알선 업체에 큰돈을 지불하면서 외국의 고용주를 직접 찾아 나서고 있는 셈이다. 다국적 자본의 유치를 통한 고용 효과를 크게 기대할 수 없는 지역의 만성적인 실업과 가난을 해결하고자 진출국 정부가 이러한 국제 이주 노동을 장려하는 예도 많다. 이들이 본국으로 송금하는 외화는 다른 어떤 경제 활동보다 국가의 경제력을 강화하기 때문이다.

또한 소비와 가사 노동 영역의 취업 확대는 전 세계적인 생산 자동화로 제조업 분야의 일자리가 대폭 감소하고 있다는 사실과 관련이 있다. 이주 노동자들은 다른 인종의 아이를 돌보고, 집안을 청소하고, 음식을 만든다. 즉 이제까지 '사적'인 영역으로 간주되었던 가사 노동과 섹슈얼리티 영역도 돈으로 매개되는 주요한 경제 영역이 되고 있다. 이러한 접대 계층 중 여성의 수는 압도적이며, 그 규모는 계속 확대될 전망이다. 우리가 이미 알고 있듯이, 해마다 필리핀의 여성 몇 천 명이 미국이나 홍콩 중상층의 가정부로 일하기 위해 국경을 넘는다.* 인도네시아 여성 수만여 명은 사우디아라비아 중상층의 아기를 키우고, 음식을 만들고, 때로는 성적 서비스를 강제로 제공하며 외화를 본국으로 송출하고 있다.** 필리핀과 러시아 여성들은 일본을 비롯해 한국 남성과 미국 주둔군의 기분을 북돋워 주는 '연예인'으로 오지만, 곧장 매매춘 영역으로 흡수된다(이 책 6장 「글로벌 '욕망' 산업과 이주 여성 엔터테이너」 참조).*** 가정부로 취업하고 있는 필리핀, 스리랑카, 인도네시아 여

---

* 홍콩에 있는 필리핀 여성 노동자 중 98%가 가정부로 일하고 있고, 싱가포르에서 일하고 있는 외국인 가정부의 60%가 필리핀 여성이다(Tolentino, 1999: 51).

** 동남아시아 국가들의 이주 노동의 송출과 수용 규모와 분야에 대해서는, 아지자 카심(Kassim, 1998: 67-102)의 글에 잘 나타나 있다.

*** 백재희(2000)는 한국에 '연예인' 비자로 들어와 주로 미군기지 근처에서 일하고 있는 필리핀 이주 노동 여성들을 심층 면접하여 이들의 정체성을 탐구한 논문을 썼다.

성들이 모두 그 나라의 하층 계급 여성은 아니다. 상당한 교육을 받은 여성들도 있는데, 본국에서 취업 기회를 얻지 못해 이주 노동을 하는 예다. 글로벌 시대에 많은 아시아 여성들이 겪는 삶의 딜레마는 바로 교육을 받아 전통적인 가사 영역에서 벗어날 수 있는 능력이 생겼지만, 국제적인 이주 노동을 통해서만 일자리를 얻을 수 있기 때문에 다시 전통적인 가사 영역의 일을 할 수밖에 없다는 점이다.

문제는 이주 노동자에 대한 '편견'과 '차별'이 이들을 단순히 잘 다스려서 부려먹을 수 있는 하인이라는 위치에 붙박아 놓는다는 점이다. 그들은 이주 노동자이면서, 동시에 신실하고 영리한 딸이며, 지혜로운 어머니며 또한 다양한 욕망과 삶의 열정을 가진 인간이다. 하지만 국경을 넘자마자 이들의 다중적 정체성은 인정받지 못하고, 계층적, 인종적 차별과 성 차별의 대상이 된다. 홍콩에서 반무이banmui 즉 필리핀 여성이란 단어가 가정부와 하인이란 말과 동일한 의미로 쓰이는 것은 인종과 국적이 이미 이들의 위치를 열등한 방식으로 고정하고 있음을 보여 준다(Constable, 1997).

또한 소비 자본주의의 전지구적 확산은 국가의 1인당 생계비 수준에 어울리지 않는 거대한 쇼핑몰의 확산을 가져오고 있다. IMF 경제 위기로 큰 고통을 받았던 인도네시아의 자카르타를 거닐다 보면 신축 중인 거대한 외국자본의 쇼핑몰이 굶주림에 지쳐 구걸을 하는 어린이만큼이나 쉽게 눈에 들어온다. 일을 찾아 이주를 하지 않더라도 현재 많은 여성들은 부유한 계층의 구미를 맞추는 소비 영역에 고용되어 있다. 부유한 사람들만을 위해 만들어진 최고급 상품이 전시된 쇼핑몰에서 자신의 일 년 임금에 맞먹는 한 벌의 옷을 팔기 위해, 찬사와 감탄으로 구매자의 계층적 자족감을 부추기는 것, 부유층과 신귀족층이 이용하는 호텔·사우나·레스토랑·골프장·카지노·매매춘 업소 등 모든 곳에서 행해지는 복종적인 언어와 몸짓 등등. 새로운 신분제 사회가 도래하고 있다는 불길한 예감은 여기서 그치지 않을 것 같다. '서비스 노동' 영역은 이미 '여성적인' 일로 간주되고 왔고 여성은 서비스를 제공하고 남성은 서비스를 받는 자라는 생각이 팽배한 우리나라에서 소비의 세계화가 가속되면 여성이 '접대' 계층의 다수가 될 것이 분명하다. 이런 계급의 성적 이분화가 여성 노동의 양상을 더욱 왜곡할 것임은 자명하다.

'보보스'와 '우편 주문 신부'

신 국제 노동 분업에서 전지구적 자본과 지역 노동을 매개하는 것이 '국가'라면, 최근의 세계화는 자유 시장 메커니즘을 통한 '탈규제화'란 특징을 지닌다. 신자유주의 경제 논리는 '개인적 선택'이란 이름 하에, 능력주의에 입각한 자유와 선택을 강조함으로써, 글로벌라이제이션이 얼마나 구조적으로 폭력적인 시스템인가를 은폐한다. 자유 시장 경제 사회는 기술 발달에 힘입어 이전까지 '매매'될 수 없다고 여겼던 많은 것을 상품화하고 있다. 예를 들어 장기와 피, 출산 능력을 포함한 인간의 몸과 모든 이들이 공유하던 자연 환경, 정보, 종교, 아이디어 등도 팔고 살 수 있는 자원이 되었고, 여성의 섹슈얼리티는 이중에서도 가장 큰 이익을 내는 생산물로 이해되고 있다(Matsui, 1999: 176). 산업 자본주의 사회가 인간을 소수의 자본가와 중간 경영자, 그리고 다수의 노동자로 분리해 왔다면, 현재 진행 중인 광범위한 세계화는 인간을 소수의 '아이디어형' 고소득자와 다수의 유연화된 노동자로 분리하고 있다.

지식 정보화 산업을 주도하며 아이디어와 기술 개발로 고소득을 얻는 집단에서 지적 소유권과 개인의 재산권이 큰 관심사가 되는 것은 당연한 일이다. 이와 동시에 소위 전 세계의 하층 여성이나 특별한 경제적 기반이 없는 소녀들과 어린이들은 '몸'을 도구로 자본주의적 이윤 게임에 편입되고 있다. 많은 십대 여성과 어린이들이 다양한 삶의 기회를 너무 일찍 박탈당한 채, 성 산업에 동원되고 있고, 결혼한 여성들도 집안의 생계를 위해 국경을 넘고 있다. 이런 의미에서 세계화는 아이디어와 기술 자원을 부의 축적 수단으로 삼고 있는 서구와 라틴 아메리카, 아시아의 대도시에 거주하는 '보보스'라는 신종 계층과 '몸'을 매매해 생계를 유지하는 여성 하위 주체를 탄생시키고 있다.* '몸'을 경제적 생존을 위한 원천으로 활용하는 여성의 수가 늘고 있고, 여성의 몸과 섹슈얼리티가 국제 비즈니스의 주요 거래 품목이 되고 있다. 여성의 몸은 종교적 근본주의, 전통적 가부장제, 자본주의 이윤 생산의 원천 등 다양한 권력이 경합하는 장소가 되어 왔지만, 여성의 성애화 sexualization의 전지구적 상품화는 여성을 몸 그 자체로 환원시키고 있다. 이러한 여성 몸의 상품화는 인터넷 등을 통해 빠르게 유포되는 포르노그래피부터 매매춘, 우편 주문 신부新婦 등 다양한 영역에서 이루어진다.

흔히 여성의 몸의 상품화를 문제 삼는 것에 대해 많은 이들은 여성들이 자신의 섹시함을 자원으로 '선택'하는 것이기 때문에 여성의 자발성 여부에만 관심을 갖는다. 그러나 이미 잘 알려진 바와 같이 '섹슈얼리티의 매매춘화'는 구조적이고 체계적인 억압과 유인에 근거하는 경우가 많다. 태국의 매매춘 산업은 역사적, 종교적 전통과 함께, 국제 정치 경제학에서 태국이 차지하는 위치와 정부의 근대화 정책상 대규모로 육성된 것이다.** 최근에

---

* 데이비드 브룩스(2000)는 부르주아와 보헤미안을 합성한 '보보스'라는 신조어를 통해, 한 발은 창의성의 보헤미안 세상에 있고, 다른 한 발은 야망과 세속적 성공의 부르주아 영토에 있는 '백인 남성 신 귀족층'의 등장을 설명한다.

** 1960년대 태국에는 매매춘 산업의 붐이 일어났는데, 베트남 전쟁 등으로 인도차이나 지역

성적, 정서적 결합으로 이상화되어 왔던 '결혼'도 국제적 비즈니스가 되었다. 이주 노동이 엄격히 제한된 상태에서 '결혼'이 합법적 방식으로 국경을 넘는 방책으로 활용되고 있다. 위 사진은 국제결혼 중매 광고 현수막(ⓒ그늭), 아래는 인터넷 중매 사이트.

에 배치된 미군 병사들을 위해 파타야 등 많은 지역에서 휴식과 휴양을 위한 매매춘 산업이 활발해졌다. 또한 1970년대 말 농업 생산의 위기가 닥치자 태국 정부는 경제 발전 계획을 관광 산업으로 전환했다. 태국의 '인간 자원 발전' 계획은 농촌 지역의 가난한 여성들을 도시로 이주하여 매매춘 산업에 종사하도록 이끌었다. 매춘은 공장 노동보다 4배 정도의 수입을 보장하기 때문에 도시 지역으로 이주했던 많은 공장 여성 노동자들이 매매춘으로 유입되었다. 배리(1995), 사타-아난드(1996) 참조.

는 성적, 정서적 결합으로 이상화되던 '결혼' 도 국제적 비즈니스가 되었는데, 국제결혼과 우편 주문 신부 사업의 확대가 그 예다. 물론 다양한 형태의 국제결혼이 있지만, 최근에는 이주 노동의 성격을 띤 국제결혼이 두드러진다. 이러한 결혼은 가난한 나라의 여성들이 좀 더 부유한 나라의 남성들과 결합하는 형태인데, 이주 노동이 엄격히 제한된 상태에서 '결혼' 이 합법적인 방식으로 국경을 넘는 방책으로 활용되기도 한다.*

'우편 주문 신부' mail-order bride 사업은 이성애적 성적 결합이라는 결혼 제도가 인종 차별주의와 여성 몸의 상품화 등과 결합한 예다. 우편 주문 신부 사업은 여성의 몸을 구매할 수 있는 상품으로 다룬다. 한 남성이 카탈로그에서 자신의 기호에 맞는 여성을 택하면, 이 여성은 국경을 넘어 즉각 배달된다. 여성들은 대부분 아시아인이고, 그들을 '주문' 하는 남성들은 독일을 비롯한 서구 남성이 많다. 카탈로그에서 아시아 여성은 서구 남성뿐만 아니라 일본과 아시아 남성들을 위해 이국적인 섹스를 제공하는 섹스 기계로 재현되고, 하녀로서 충성을 다짐하는 것으로 선전된다. 우편 주문 신부 사업은 구매자로서 서구 남성의 자아를 부추기기 위해 종종 드세고 여성 해방 의식에 가득 찬 서구 여성과 '온순하고' '복종적이며' '성적으로 매력적인여성을 대비하면서, 아시아 여성에 대한 편파적인 이미지를 부추긴다.**

인터넷이나 비디오를 통한 포르노그래피의 글로벌화는 실질적으로 여

---

* 홍기혜(2000)는 국제결혼을 통한 '이주' 의 문제와 조선족 여성의 경험을 잘 다루고 있다.

** "우편 주문 신부 사업을 하는 업체 중 하나인 선샤인 인터내셔널 광고 겉표지에는 잠재적인 고객을 위해 이렇게 쓰여 있다. 아시아 여성은 아름다움과 여성다움, 전통적 가치를 지키고 늘 사랑하는 성품을 지닌 것으로 유명하다. 그들은 진실하고 충직하고 헌신적이며 결혼의 영속성과 행복한 가정을 믿는다. … 아메리칸-아시안 월드와이드 서비스사가 잠재적인 남성 고객에게 행한 조사에서 '당신은 여성 해방을 믿는가' 하는 질문에 100%가 '아니다' 라고 대답했다" (Tolentino, 1999: 62).

성에 대한 폭력이 문화 산업으로 포장되어 전 세계로 수출되는 것이다. 여성 몸의 상품화가 점점 '정상적'인 일로 간주되면서, 이러한 성의 상품화에 동원되는 폭력, 억압, 인권 등의 문제는 묻히고 있다. 인터넷에서 포르노그래피 사이트를 클릭하는 사람들에게 포르노를 보고 즐기는 행위는 인터넷 오락의 종류를 선택하는 일처럼 간단하고 정상적인 일이 되고 있다. 여성의 성애화와 매매춘의 정상화는 매매춘을 사회적 사실로 보기보다는 여성의 본질적인 섹슈얼리티로 간주하면서 여성을 '몸'으로 축소시키고, 여성 일반을 성 계급화하는 계급적 조건을 설정한다(배리, 2002). 요컨대, 여성 섹슈얼리티의 매매춘화는 일부 여성에 대한 억압이 아니라 전반적인 여성 억압의 '조건'이 되고 있다.

글로벌 페미니스트 정치학의 전망

이제까지 페미니즘은 전지구적 자본주의의 하위로 통합되면서 성적, 인종적, 계급적 억압을 받고 있는 여성 하위 주체의 문제를 꾸준하게 제기해 왔다. 세계화는 여성 모두에게 동일한 방식으로 영향을 미치는 것은 아니며, 여성의 계층적, 인종적, 국적에 따라 세계화와 맺는 관계는 다를 수밖에 없다. 페미니스트들도 개별 국가에서 저마다 다른 경험을 한다는 한계 때문에 국제적 연대를 위해 한 목소리를 내는 것이 쉽지 않다. 그러나 세계화를 통해 새롭게 생성되는 '성별화된 계층'의 문제는 그 해결을 위한 다양한 연대를 모색하게 한다.

세계화의 주요 행위자로서 여성은 세계화 과정의 가장 혜택 받은 수혜자가 되기도 한다. 즉 이제까지 여성들을 얽매었던 남성 중심적 민족, 국가,

전통 개념에서 탈피하여, 경제적 자립 기회를 확대해 주기도 한다. 특히 글로벌 스탠더드라는 변화의 흐름 속에서 자리 잡게 된 '능력주의'는 고학력, 중산층 여성들에게는 더 공평하게 자원에 접근할 수 있는 가능성을 보장해 주기도 한다. 이러한 흐름에도 불구하고, 세계화는 기존의 성 차별을 더욱 강화하거나 정상화한다. 하지만, 한국의 국내 정치학에서 '여성'의 문제는 시민권과 노동권의 중심 의제에서 자주 배제되었고, 기껏해야 특별한 '보호'가 필요한 주변적인 문제로 취급되어 왔다. 노동의 위기를 걱정하는 노조를 비롯한 진보적인 진영에서조차도 신자유주의적 구조 조정의 가장 심각한 피해자인 여성의 문제를 간과해 왔고, 여성과 이주 노동자들과 국제적 연대를 모색하기보다는 이들이 어떻게 노동자 계급 내부의 분절과 분열을 일으키는지에 대한 분석에 관심을 기울여 왔다.

다른 한편, 시민운동에서 설정하고 있는 '시민' 개념 역시 종종 전면적인 권리를 행사할 수 있는 개별적인 남성으로 상정된 예가 많고, 여성과 주변인들이 '축적된 차별' 때문에 '시민'으로조차 인정받지 못한다는 점을 간과하는 것이 다반사다. 자국 내부에서 '여성주의' 정치학을 위해 연대할 수 있는 진영이 상대적으로 부족하다는 점과 현재 성적 차별과 폭력의 문제가 전지구적 차원의 문제라는 생각은 페미니스트들을 점점 더 국제적인 연대의 장으로 불러 모으고 있다. 실제로 세계화는 많은 부정적인 측면에도 불구하고 국가의 경계를 넘어 다양한 운동 세력들이 '연대'할 수 있는 발판을 마련해 주고 있는 것 또한 사실이다. 여성과 소수자의 권리를 국제적 차원에서 보호하기 위해, 최근 국경을 넘는 여성주의자들의 연대가 활발해지고 있다.

글로벌 페미니스트 정치학은 특히 두 가지 측면에서 새로운 연대의 가능성을 모색하고 있다. 하나는 기존의 '시민권' 개념을 확장하거나 새롭게 해석하는 작업을 통해, 변화하는 글로벌 상황에 대처하는 것이다. 다른 하나는 국제적인 연대를 통해, 양성 평등의 기준을 만들어 지역 정부에 압력을 행사하는 것이다. '시민권' 개념의 확장은 한편으로는 이제까지 주권 국가의 정통성을 수호하기 위해 편협하게 정의된 시민권의 개념이 변화하는 세계인의 노동 현실을 전혀 고려하고 있지 않다는 비판에서 나온다. 사실 불법과 합법이라는 구분 자체가 수용국 정부와 자본가의 이해에 의해 좌우되어 왔고, 많은 이주 노동자들은 실제로 이러한 경계를 끊임없이 오가며 생활하고 있다. 단순히 인권과 보호의 차원을 넘어서는 재구성된 '권리' 개념으로 이들의 노동권과 인격권을 보호해야 한다는 주장이 제기되고, 이를 위해 여성주의자들이 연대하고 있다. 전통적인 '시민권' 개념은 공적 영역과 사적 영역의 이분화를 근거로 하여 여성과 사적인 문제들을 배제해 왔다. 그러나 확산되고 있는 신자유주의 시장 질서는 모든 사적인 영역과 개인이 소유하고 있다고 간주되었던 몸과 섹슈얼리티마저 매매가 가능한 상품으로 만들고 있다. 그러므로 글로벌 시민으로서 여성의 권리를 주장하는 것은 '사적인 것은 정치적이다'라는 페미니즘의 모토를 전지구적으로 확산하는 것이다. 이는 페미니스트들의 국제적 연대를 통해 '가족 영역'을 국제법상의 주요한 영역으로 확장한 국제 인권 규약에서도 잘 드러난다. 또한 여성 몸의 상품화와 국제적 매매춘에 저항하는 「여성매매반대연합」The Coalition Against Trafficking Women 등 다양한 국제적 연대체가 구성되어 활발한 활동을 벌이고 있다. 이주자 여성들도 무력하고 복종적이기보다는 스스로 자신의 '권리'를 보호하기 위해 조직화를 꾀하고 있다. 홍콩에서 가정부로 일하는 필리핀 여성들은 필리핀 정부나 홍콩 정부가 보장해 주려 하지 않는 자신들의 노동권을 획득하고자 「필리핀 이주 노동자를 위한 사명」The Mission for Filipino Migrant Workers을 결성하여, 최소한의 노동권을 인정받고 있다(Constable, 1997).

국제적인 연대와 함께 여전히 '국가'는 글로벌 여성주의 정치학의 주요

「여성매매반대연합」은 여성 몸의 상품화와 국제적 매매춘에 저항하는 국제 연대다.

협상과 투쟁의 대상이 되고 있다. 사실 서구와 '제3세계'의 근대화 과정은 강력한 국가를 만들기 위해 남성적 권력을 강화하는 것이었고 이런 점 때문에, 국가는 여전히 의심스러운 존재다. 그러나 페미니스트들은 한편으로 국가의 가부장적 성향에 대해 비판하면서도, 여성들의 시민권을 확보하기 위해 국가와 끊임없이 협상을 벌여 왔다. 또한 글로벌 권력에 대한 막연한 두려움과 정확하게 설명할 수 없는 글로벌 권력의 모호성 때문에, 그리고 효과적인 여성주의 정치학을 위해서는 투쟁과 협상의 대상을 구체화해야만 하기 때문에, 여성주의 운동은 추상적인 글로벌 권력보다는 좀 더 구체성이 있는 국가를 대상으로 투쟁을 벌이고 있다(Pettman, 1999). 특히 세계화의 이데올로기인 탈규제화는 개별 국가에게 역할을 변화시킬 것을 요구하기 시작했다. 이에 국가는 자발적이든 타율적이든 소외 계층에 대한 의무들을

「아시아 외국인노동자연합」은 2002년 1월 5일, 「홍콩 해외여자가정부 고용협회」에서 외국인 가정부 최저임금을 대폭 인하한 것에 항의하는 대규모 시위를 벌였다.
ⓒ수요저널

포기하고 있다.

세계화의 진전으로 과거 국가가 가지고 있던 시장 통제의 기능은 많이 약해졌지만, 국가의 조정자 역할은 더욱 절실하게 요구되고 있다. 여전히 국가와 지역 정부는 세계화 과정에서 소외되는 계층과 손실을 입은 계층에게 소득 재분배와 사회 보험으로 자유 시장 경제의 약점과 실패를 보완해 주는 기능을 하도록 요구받고 있다(김선욱, 2000). 페미니스트 글로벌 정치학은 개별 국가와 정부를 대상으로 한 여성 운동과 더불어 세계적인 여성 연대를 통한 각종 차별 규약의 철폐나 국제기구를 통한 압력 등을 통해 '지구적 지역'glocal 정치학을 실현시키고 있다.

맺음말

세계화가 새로운 신분제 사회를 만들어 내고 있는가에 대한 문제는 우리에게 '성별' 권력이 어떻게 작동하고 있는지에 대한 분석을 이끌어 낸다. 세계화가 진전될수록 이미 존재하던 서구와 아시아 선진국과 그 외의 나라들 사이에 경제적, 문화적 격차는 더욱 커지지만, 이제 국가와 민족이라는 경계를 넘어 새로운 계층 분화가 심화되고 있다. 전지구적으로 이루어지고 있는 계층 분화의 과정에는 '성별'이라는 요소가 주요한 차별 기제로 작동한다. 근대화가 남성 중심적 관점에서 이루어져 온 것과 마찬가지로, 세계화는 여성의 몸에 경제적 가치를 부여하여, 여성이 남성과 국가, 국제 경제를 위해 무엇을 할 수 있는가를 통해 그 여성적 가치를 판단하는 초super남성적 시스템이다. 그러나 세계화에 관한 담론은 젠더 관점을 무화해 왔다는 점에서 '배제 서사'Narrative of Eviction였다(Sassen, 1999). 이러한 글로벌라이제이션의 상황에서 여성주의 운동은 인종과 국가의 경계를 넘는 국제적 연대 운동으로 주목받고 있고, 기존의 글로벌 질서에 대항하는 도덕적 규범을 제시할 수 있는 운동으로 이해되고 있다(스피베이, 2000).

4. "네 문화의 옷을 벗어라"

새로운 문화 지평으로서의 다국적 기업 연구

제2차 대전 이후 등장한 다국적 기업은 전지구적 자본주의의 첨병 역할을 하며 급속히 확장되고 있다. 다국적 기업은 국경에 구애받지 않는 자유로운 자본의 흐름을 보장하는 새로운 경제 양식이다. 소위 제3세계로 진출한 다국적 기업은, 서구의 식민지 지배에서 벗어나 국가의 정체성과 국경의 개념을 강화하려는 그들 나라의 근대화 과정과 맞물리며 존재해 왔다. 식민지 지배에서 독립한 제3세계에서 다국적 기업의 진출은 한편으로는 근대화의 희망찬 약속을 다른 한편으로는 외국 자본 침투에 대한 저항과 두려움을 낳았다.

다국적 기업의 문화를 읽는다는 것은 두 개 이상의 다른 국적, 문화권의 사람들이 기업의 장에서 만날 때, 그들 사이의 상호 작용을 인류학적 문화 분석의 틀로 자리 잡는 것이다. 이는 다국적 기업을 단순히 경제적 법칙에 따라 운영되는 '외부의 강요'라고 보기보다는, 월경越境의 공간이 정체성, 문화, 권력의 상호 관계를 이해하는 데 어떤 문화 비평의 관점을 제공해 주는지

■ 이 글은 『비교문화연구』, 3호(1997)에 실린 글을 수정한 것이다.

이해하려는 것이다. 문화 비평의 주요 관심은 첫째, 경제적 보편 원리로 대표되는 서구 자본주의 체제와 문화적 특수성으로 이미지화되는 비서구 사회의 이분법적 사고틀이 가진 '전제'들이 어떻게 21세기 다국적 기업의 맥락에서 '문화'라는 것을 규정하는가에 관한 것이고, 둘째로는 다양하고 모순된 관점과 실천이 오가는 문화 교차 지역border-crossing space에서 생성되는 '지식'이 어떤 문화적 정체성을 형성해 가는가를 해석하는 문제다.

이 글은 세 부분으로 구성된다. 첫째, 기존의 기업 문화 연구에서 논의된 '문화'에 대한 관점을 비판적으로 분석하고 다국적 기업의 상황에서 '문화'는 어떻게 이해될 수 있는지를 논의한다. 둘째로는 다국적 기업에 대한 거대 담론과 개별 기업에서 이루어지는 일상적 담론에 집중하면서, 성, 계층, 국적, 인종 차이에서 생기는 문화적 차이에 대한 강조와 이미지화가 어떻게 타자화의 논리를 강화하며 노동 통제를 이루어 가는가를 분석한다. 문화적 차이가 정의되고 협상되는 맥락을 분석함으로써, 문화가 지배와 저항이라는 의미적 실천의 모티브가 됨을 분석한다. 마지막으로, 글로벌 시대의 대표적인 문화 교차 지역인 다국적 기업에서 자본과 노동 간의 좀 더 평등한 관계를 설정하기 위해서는 기업에서도 '다문화주의'의 진정한 의미를 이해해야만 함을 주장한다. 논의의 경험 사례는 1992년과 1993년 사이에 행해진 미국계와 일본계 사무직과 생산직 다국적 기업의 경영자들과 한국인 고용자를 대상으로 한 인터뷰 자료를 참조했다. 자료가 가지는 한계 때문에 이 글은 1990년대 초반의 미국과 일본계 다국적 기업과 한국인 현지 노동자들의 상호 작용에 초점을 맞춘다.

기업 문화 연구에서 문화의 의미

기업에서 '문화' 개념이 등장한 것은 과학적, 합리적 경영의 모체가 된 미국식 테일러리즘에 대해 의문을 제기하면서부터다. 전후 경제적 우위를 독점한 미국의 경영 방식은 가장 진보된 형태의 경영 기법으로 인정되었다. 이러한 미국식 경영의 우위와 그것의 보편적 적용 가능성에 대한 믿음은 '보편주의'universalism라 불렸다(이관희 편, 1989). 미국식 경영의 보편주의는 각국 기업의 역사적 경험이 다름에도 불구하고 근대화가 진행될수록 결국 미국식 경영으로 수렴되거나 진화된다는 신념이었다. 기업 연구에서 '문화' 개념이 등장하는 것은 미국식 경영으로 수렴될 수 없는 기업의 다양성을 설명하는 분석틀로서 '문화적 차이'가 강조되면서다.

기업 문화가 새로운 관심으로 대두되는 배경은 주로 다음 두 가지로 설명된다. 첫째는 기업체를 연구하는 경영학의 학문적 경향이 점차 학제 간 연구interdisciplinary가 되면서, 문화를 전문적으로 연구하는 '인류학'의 관점이 적극적으로 차용되기 시작한다(이학종, 1993). 다른 주요한 배경은 전후 일본의 경제적 급부상에 대한 서구 학계의 관심에서 찾을 수 있다. 1970년대 이후의 계속적인 경제적 호황과 일본의 경제 부흥을 설명하는 해석 틀로서 '문화적 특수성' 개념이 기업 연구에 등장한다. 서구식, 즉 보편적 경영의 개념으로는 이해되기 어려운 '공동체 의식과 집단주의 문화'와 노동자 관리 방식이 바로 일본식 경영의 특징으로, 대단한 관심을 불러일으킨다. 예를 들어, 일본식 경영의 정수를 설명하는 문화 핵심 또는 일본인의 정체성에 대한 연구는 '사무라이 정신', '무가武家 사상', '오야붕-꼬붕 관계', '이에ie,家 체제와 오야카다-고카다oyakata-kokata 관계'(Cole, 1979), '일본제일'(Vogel, 1979) 등 수많은 대표적 상징들을 통해 '일본 문화'와 경영의 적합성을 분석했다. 서구인의 눈에 '일본의 변칙'Japanese Anomaly이라 불리는 독특한 일본식 노동 관행은 경제 원리로는 이해되지 않는 일본 고유의 '문화적' 특색이다. 이때 일본식 기업 연구와 결합된 '문화'는 이성과 서구식 합리주의적 사고로는 이해하기 어려운 그 어떤 것을 담지하는 것으로 개념화된다. 마찬가지로, 한국의 기업 문화에 대한 연구도 '유교식 권위주의'와 '가족주의'가 주요한 문화 상징으로 나타난다.* 실제로 기업 문화를 연구하는 학자들 사이에서 문화는 경제에 반대되는 개념으로 이해된다. "경제가 주로 합리적, 규범적, 객관적으로 시스템을 구성하고 있는 데 비하여, 문화는 비합리적, 규범적, 주관적으로 문제를 구축하는 데 관여한다"(이기을, 1988: 32)는 말에서도 나타나듯, 문화와 경제는 인간 행위를 다른 방식으로 규정하는 것처럼 흔히 인식된다. 문화는 종종 행동 양식이나 가치관만을 다루는 개별적 영역으로 취급되어, 경제와 문화가 어떻게 복잡하게 상호 작용하면서 인간의 노동을 조직하고 재생산하는지에 대한 심층적 연구가 이루어지지 않은 형편이다.

기업 문화 연구의 경향에 대해, 이관희는 문화의 역사성을 보지 못하고 문화적 본질을 가정함으로써, "내부적 다양성과 역사적 이질성을 제거해 버린다"고 지적한다(1989: 14). 그럼에도 불구하고 기업 문화 연구에서 보편적으로 받아들이는 문화 개념은 아직 본질적인 그 무엇이라는 믿음이 팽배하다. 실제로 경영학에서 기업 문화를 연구하는 학자들 사이에 '문화'는 '사회를 구성하는 사람들 사이의 공통적 신념과 가치관, 행동 양식' 이상의 의미

---

* 이러한 문화 개념의 도입은 자본주의 생산 체제에 국한된 것은 아니었다. 중국의 공산주의적 생산 체계와 노사 관계를 설명하는 데도 '신전통주의'neo-traditionalism (Walder,1986) 개념을 도입하여, 중국 작업장의 권위주의를 중국 특유의 문화적 모델로 설명한다. 월더는 신전통주의는 전근대를 지칭하는 것이 아니라 전통의 근대적 표현이라고 주장한다. 즉, 고유문화의 지속적인 영향력이 강조된다.

를 지니고 있지 않다. 문화에 대한 지나친 강조는 문화적 특성과 경제적 이해 관계의 접목이라는 견해 이상으로 확장되어, 전수되어 내려온 '민족 문화'와 기업 문화의 관계를 밝히려는 시도로 이어지기도 한다. "기업 문화가 강하면 강할수록 사회는 건전하게 운영되어" 민족 문화가 발전되고 민족 문화가 강하면 기업도 강해진다(이기을, 1988)는 민족주의적 기업 문화관은 기업의 홍보 전략에도 자주 이용된다.

또한 문화는 경영 관리 방식을 결정하므로 각국의 기업의 경영 관리 방식을 이해하기 위해서는 우선 문화적 차이를 알아야 한다고 주장되어 왔다. "영리 조직의 경쟁력 유지에 긍정적으로 작용하는 사회 문화적, 심리적 요소는 무엇이든 기업 문화라고 본다"(최석신, 1996: 107)는 말처럼, 기업을 연구하는 학자들 사이에서 '문화'는 경제 발전을 촉진 또는 저해하는 원인과 그에 따른 전략적 선택 사항이나 '처방' 전으로 개념화된다. 이런 문화 개념은 1960, 70년대를 지배했던 근대화 이론에 기반을 둔 문화 연구와 다를 바가 없다.

요약하면, 국제적 맥락에서 기업 문화를 설명하는 데 자주 등장하는 '일본적' 또는 '한국적'이란 말은 이해하기 어려운 특수한 문화적 차이를 암시하면서 소위 '보편적'인 것으로 간주되는 '서구적', '미국식'과 차별성을 드러낸다. 경영 방식의 차이는 문화적 차이와 동일시되고, 문화는 때때로 기업의 예측하지 못한 성공이나 급격한 쇠퇴를 분석하는 주요 설명 기제로 자리 잡게 된다. 또한 기업 문화는 생산 양식과 그에 다른 인간 노동 조직의 형태의 급격한 변화에도 불구하고 지속적으로 영향력을 발휘하는 고유문화의 존재를 증명하는 진열장으로 이해되기도 한다. 이윤 추구의 경제적 원리와 인간 사고 체제로서 운용되는 문화적 원리는 서로 모순되는 것처럼 보이지만, 결국 과학적 합리주의도 문화적 영향력에서 자유로울 수 없다는 것을 보여 준다.

이런 맥락에서 문화를 주요 연구 영역으로 삼은 인류학자들은 기업의 영역으로 초대된다. 하지만 (기업의 기대에 의해) 그들이 다뤄야만 하는 것은 문화 비평이나 갈등이 빠진 '오리엔탈라이징' 또는 '옥시덴탈라이징'과 '이국적 신비화'로서의 문화 연구이며 경영 전략을 가능케 할 때에만 효과적 지식으로 인정된다. 고든은 일본식 경영의 독특함은 초역사적으로 전수되어 온 일본 문화가 기업 문화를 형성하거나 기업 문화에 반영되어 생긴 것이라기보다는 특정 산업화 단계에서 노동력을 확보하기 위해 선택된 것이라고 주장한다. 즉 노동과 자본의 힘겨루기의 산물이거나, 극히 일부의 숙련 노동자들이나 대기업에만 나타나는 부분적 현상이라는 설명이 새롭게 등장하고 있다(Gordon, 1991). 자넬리와 임(Janelli & Yim, 1993)의 한국 대기업에 대한 민족지적 연구도 기업 문화의 일반적 기술보다는 구성원의 다중적이며 상호 경쟁적인 이해관계와 정체성 형성, 그들의 저항 방식에 주의를 기울인다. 그럼에도 불구하고 기업과 문화의 상관관계를 연구하는 인류학자들은 특정 문화적 현상을 대표적 문화 본질로 단순화할 수밖에 없는 위험한 문화 재현에 참여해 왔다.

21세기 전지구적 자본주의화의 첨병인 다국적 기업 문화를 연구하는 데는 기존의 기업 문화 연구의 '문화' 개념을 적용하기에는 큰 무리가 있다. 기업 문화 연구의 사례로 종종 등장하는 IBM, 탄뎀Tandem, 미쯔이, 미쓰시다, 도요타, 삼성 등의 기업은 '다국적화'한 지 오래며, 이런 기업의 경영 방식이 진출국에서 어떻게 작동되는지에 대한 연구는 많지 않다. 현재의 글로벌 자본주의 사회에서 문화인류학자는 어떤 방식으로 기업 문화를 연구하면서 문화 개념을 확장시킬 수 있을까가 이 글의 문제의식이다.

문화 교차 지역, 다국적 기업

21세기 자본주의는 국경을 자유롭게 넘나드는 자본의 유동이 전지구적으로 실현되고 있다는 특징을 지닌다. 자본의 이동과 아울러, 노동은 여전히 법적 규제를 받고 있기는 하지만 유동적인 이동을 통해 국가 간의 노동 부족과 과잉을 조절하며 새로운 국제 분업을 이루어 냈다. 추상적인 차원에서 이야기되는 세계화가 구체적으로 어떠한 과정을 통해 경험적인 차원에서 실현되고 있는지를 이해하기 위한 사례로서 다국적 기업은 문화를 '문제시' 하는 인류학자들에게는 새로운 현장이 될 수 있다. 다국적 기업은 다양한 문화권의 사람들 사이에 직접적인 교류가 일어나는 문화 교차 지역으로서 일상적 실천이나 갈등 상황을 관찰할 수 있는 구체적인 현장이다. 다국적 기업을 문화 교차 지역 개념으로 이해한다고 할 때 문화를 개념화하고 있는 방식은 어떤 것인가? 이 글은 단편적으로 관찰된 사례를 중심으로 다국적 상황에서 '문화' 이해의 지평을 그려 내고자 한다. 이러한 지평은 두 개 이상의 문화권의 사람들이 만나서 이루어 내는 문화 갈등의 경험적 현상부터 그러한 현상이 일어나는 권력의 문제와 담론 과정에서 생겨나는 다양한 정체성까지 확장된다. 이때, 정체성은 고정되고 본질적인 자기 확인이라기보다는 외부의 제도적, 관습적 조건들의 영향을 받는다(이동연, 1997). 전지구화 과정에서 새롭게 규정되고 의미를 일으키는 개인 행위자의 사회적 조건을 이해함으로써, 행위자의 정체성을 규정해 온 성차,gender 민족이나 자국 내의 계층적 위치 등이 단일 국가라는 경계를 넘어 작동될 때 어떻게 새롭게 규정적인 힘을 갖게 되는가를 해석한다.

문화 현상이 끊임없이 변화하듯, 우리가 인식하는 문제의 틀에 의해 문화 개념도 변화한다. 전지구화는 우리에게 "개인 또는 집단적 자아와 타자의 의미를 규정해 주는 조건들이 한없이 복잡해지고 있다는 입장"(로버트슨, 1996: 514)을 설명해 주는 맥락이며, 문화는 타자성을 설명하는 개념으로 부상된다. 급속한 문화 교차가 이루어지는 전지구적 자본주의 체제에서는, 한 지역의 '박제화된' 문화적 특수성을 알아낸 것에 만족하기보다는 문화라는 개념이 돌출하며 정의되는 순간의 권력관계에 간섭할 수 있어야만 한다. 이윤 추구를 목표로 운영되는 다국적 기업은 가장 빠른 시간 내에 문화권이 다른 사람들끼리의 문화적 타협을 이루어 나가야 한다는 점에서 갈등과 편입의 양상을 관찰하기 좋은 현장이다. 즉 다국적 기업은 어떤 특정한 시기의 서구식 자본주의(급격히 부상하고 있는 한국을 비롯한 아시아의 다국적 기업도 포함된다)의 한 형태이며, 이런 의미에서, 다국적 기업도 독특한 역사적 구조물이며 '생산 체계이고 권력과 상징화의 총체'(Escobar, 1988)로 이해될 수 있다. 인류학적 논의에서 아직 검증되지 않은 문제들은, 첫째로 경제적 보편성의 법칙으로 대표되는 서구 자본주의 체제와, 문화적 특수성이 강조되는 비서구 사회라는 이분법적 접근이 21세기 다국적 기업의 맥락에서 어떤 식으로 상충하고 조정되어 가는가였다.

또한 다국적 기업의 단편적 사례들은 전지구적 상호 의존성이 심화되면서 등장한 '글로벌 스탠더드'라는 새로운 담론 속에서 우리가 간과하게 될지도 모를 '권력'의 문제를 시사한다. 글로벌 스탠더드라는 새로운 기준은 현지인의 문화를 '비정상적'이거나 '결핍된' 어떤 것으로 규정하는 경향이 있다. 동시에 다국적 기업은 끊임없이 자신을 '현지화' 해야 한다는 압력을 받는다. 이런 상황에서 '현지화'는 단순히 현지인들의 문화적 관습의 일부를 '존중'한다는 선언에 머무르는 데서부터 현지 문화를 경영 방식에 수용한 '토착화'까지 다양한 형태를 추구한다. 또는 구체적인 물적 조건의 변화 없이 기업의 정책으로 다양성 존중과 '다문화주의'를 내세우기도 한다. 실제로 다국적 기업에서 일어나는 문화 교차는 평등한 상태에서 이루어지지 않으며 '문화적 차이'는 종종 위계화를 만드는 주요한 기제로 활용된다. 즉 기업 내의 문화 교차는 서로 다른 문화간의 평등적 교환을 의미하기보다는 "중층화되고, 상호 절합된 차이와 모순의 이질적 형태"의 문제들로 보아야 함을 의미한다(이동연, 1997: 29). 자본-노동이라는 두 이질적인 집단 사이의 의사소통의 가능성은 물적 조건에 의존하지만 이 둘 사이의 협상과 경합은 문화적 차이에 기인한 것으로 담론화된다.* 노동에 대한 정치적, 경제적인 우위의 확보라는 자본의 거친 게임은 종종 문화를 활용한 담론을 통해 이루어진다.

담론과 문화 재현의 영역, 다국적 기업

1960년대 중반부터 본격화된 다국적 기업의 한국 진출은 한국 경제의 대외 개방의 첫 신호가 되었다. 그 후로 40년이 지난 지금까지, 언론을 장식한 다국적 기업에 대한 기대와 우려의 시선은 크게 변화하지 않았다. 1965년에 『대한일보』는 곧 현실화될 외국 은행과 보험사의 한국 진출에 대해 우리 기업은 "온상 속에 자라 온 화초의 성격을 띠고 있기 때문에 경쟁에서 참패할

---

* 국내 기업에 고용된 방글라데시 노동자에 대한 이욱정(1994)의 민족지는 국가 간의 위계화의 역사적 경험이 상대적으로 부족했던 한국과 방글라데시의 노동자들이 생산 현장에서 직접 대면할 때 개념화해 내는 '문화적 특성'를 분석한 것이다. 전지구적 자본주의 하에서의 '계급적' 위계화를 동반하는 이주 노동자와 현지 노동자들 간의 '차이'가 어떤 방식으로 타자의 문화적 특성을 이미지화하고 도덕적 우월성을 확보하는 담론을 생산하면서 협상을 이뤄 가고 일상적 삶을 유지시키는지를 해석한다. 결국 이러한 과정은 저임금과 차별적 노동 통제를 도덕적으로 정당화하는 '정치 경제학'적 효과를 가진다.

것이다"는 우려를 보이면서 '대처할 묘안'을 찾아야 한다고 주장한다. 1991년『한겨레신문』의 기사는 "외국 기업 사활 걸고 '토착화' 주력"이라는 기사 제목과 함께, 다국적 기업의 한국 사원은 이러한 전략에 흡수되어 외국 자본의 꼭두각시 노릇을 하고 있는 것으로 그린다. 국민 경제의 종속성을 막아야 한다는 주장이다. '침투'와 '잠식', '단물만 빼고 철수' 등의 표현으로 이미지화되는 다국적 기업은, 한편 종종 한국 경제를 살리는 첨병으로 지위가 격상된다. 다국적 기업의 대규모 철수는 국가 경제의 심각한 위기와 동일시되고, 해외 자본 유치를 위하여 법적 규제를 완화하고 전면적 개방을 해야 한다는 목소리가 높아진다. 한국인 노동자들도 너무 무리한 요구를 하거나 한국적 관행을 고집하지 말아야 한다고 설득한다. 한편으로는 우리나라 내부의 산업 공동화 현상을 우려하면서도, 해외에 경쟁적으로 진출하고 있는 한국 기업들에 대한 민족적 응원의 열기는 대단하다.

경쟁적으로 각축하는 이런 사회적 담론들은 많은 경우 취사선택되어, 이해가 다른 정치 세력의 힘겨룸에 동원되기도 한다. 한국에서 다국적 기업의 논의는 노동 착취, 불평등한 거래, 종속화를 강조하는 '민족 담론'과 경제학적 필연을 주장하는 '발전 담론'의 양축을 오가며 진행되었다. 특히 국민 정체성을 끊임없이 강조함으로써 정치적 지배를 해 온 한국 상황에서 '국가 경계를 해체하자'는 다국적 자본은 한국인의 강력한 민족주의적 정체성과 갈등한다. 다른 한편에서 한국인의 행동은 종종, '국제화 시대에 걸맞지 않은 코리안 스타일'로 언어화된다. 실제로 다국적 기업은 학력, 인맥, 지역성 등의 위계 구조가 개인의 능력을 가리는 한국 사회의 연고 중심주의 문화의 폐해에서 개인을 해방시키고 있다. 즉 개인의 성취를 생산성과 직결시키기 때문에 능력 있는 노동자를 길러 내기도 한다.

미국계 다국적 기업으로 최고의 명성을 가진 컴퓨터 회사I기업의 한 한국

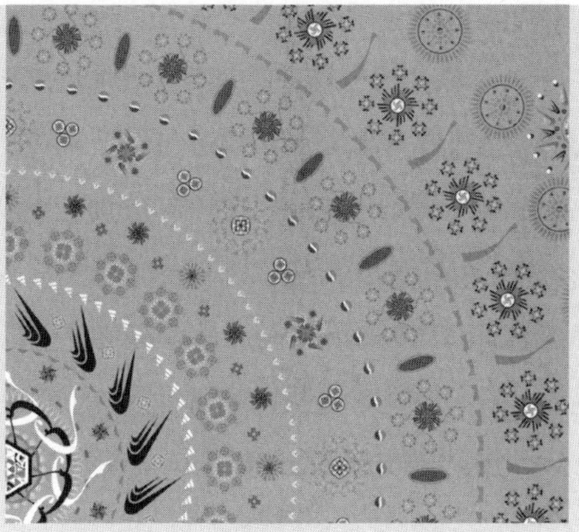

ⓒ조나단 반브룩,
「전지전능 기업상표
만다라: 세속적 욕망을
넘어서 2」(2003)의 일부분.

인 남성 K씨는 이러한 담론들이 형성하는 주체의 성격을 단편적으로 보여 준다. 그는 "돈이라도 많이 벌어 보자"는 생각으로 어려운 면접에 통과하고 입사 3년째를 맞이했다. 그는 "역시 나처럼 관료적, 집단적 분위기를 싫어하는 사람에게는 잘 맞는 직장이고 개인을 존중해 주고 발전시켜 준다"고 하며 상당한 만족도를 나타냈다. 하지만 그는 싱가포르에 연수를 가서 심각하게 자신의 정체성을 의심하게 되었는데, 그것은 싱가포르 시가지에 '대문짝만하게 붙은 한국 S전자 홍보 간판' 때문이었다. "나는 소위 매판 자본의 앞잡이 시다 노릇 하느라 싱가포르에 왔는데, S기업 사람들은 해외에 나와 그 간판을 보고 얼마나 뿌듯하고 자기가 하는 일에 자부심을 갖게 될까?" 하는 생각이 자신을 무척 힘 빠지게 했다고 말한다. "내가 이렇게 일해도 무슨 소용이 있겠어요? 자부심이 없는데"라는 말을 덧붙였다. 민족 자부심과 남성성의 강한 결속을 이뤄 놓은 우리 사회에서 외국 기업을 위해 일한다는 것은 일종의 '결핍'감을 가져왔다는 이야기다.

다국적 기업의 대서사가 나와 타자 간의 경계 짓기와 허물기의 각축적 담론들을 통해 구성되고 있다면, 다국적 기업의 일상은 어떠한 경계 짓기와 허물기로 초국적 자본의 흐름을 원활하게 하고 있을까? 일부의 다국적 기업은 본국의 경영 방식을 고수하며, 현지인들에게 새로운 자기규정의 사고틀을 마련해 준다. 이러한 규정화의 과정은 우선 현지인과 진출국의 문화적 차이와 민족성의 차이를 가시화하고 고정화해 버리는 것으로 시작된다. 미국 기업의 한국 지사에 파견된 외국인 사장들은 부임한 지 얼마 지나지 않은 시기에도 '한국적'인 것이 무엇인지에 대한 명확한 규정을 내리는 예가 많다고 한다. 한국 직원들은 이러한 외부 관찰자가 규정하는 '한국적 특성'을 인지하도록 요구받는다. 미국계 은행에 근무하는 중견 간부 L씨는 미국적인 것과 한국적인 것의 차이를 다음과 같이 설명한다.

> 저기 좀 보라. 내가 자리를 비우니까 벌써 들썩들썩하고, 막 돌아다니지 않는가? 미국에서는 윗사람이 자리를 비우든 안 비우든 차이가 별로 안 나는데 한국에서는 상사가 자리를 비우면, 영락없이 흐지부지하고 해이해진다. 한국 사람은 자율성이 너무 없다.

미국계 컴퓨터 회사에서 홍보를 담당하는 한국인 K씨는 종종 한국인이 의사 표현이 없어서 불안하고 신뢰감이 안 든다는 말을 미국인 이사로부터 자주 듣는다고 한다.

> 그는 자기 의견을 들어주고, 노no라고 말해 주는 사람을 원한다. 때때로 마케팅 프로모션을 할 때 한국인 직원들은 '그것은 한국적인 방법이 아니다. 한국에서는 적용될 수 없다'고만 하지 정확한 이유를 말하지 않는다고 불만이 많다. 미국인들

> 은 반응이 없는 것을 제일 싫어하기 때문에 영어에 익숙하지 않은 사람이나 '서구적 사고'가 불가능한 사람은 우리 회사에 적응 못한다.

외국인 회사에 오래 다닌 L씨는 자신도 젊어서 노조 한답시고, 회사와 많이 싸웠는데 지금 돌아보니 우물 안 개구리였던 것 같다는 생각을 했다.

> 그래서 난 지금 후배들에게 '한국 것'에 너무 고집하지 말고 '합리적'으로 생각하라고 한다. 나는 그들이 영어도 배우고, 유학도 간다면 적극적으로 밀어 준다. 한국 기업처럼 자기 회사에 붙잡아 두고 일 시키지 않는다.

단편적으로 제시된 앞의 사례들은 다국적 기업이라는 21세기의 특수한 경제 형태가 어떤 방식으로 현지와 본국의 문화적 차이를 형상화해 가는가와 그런 공간에서 생활하는 사람들이 얼마나 자연스럽게 일상에서 그 차이를 우열 개념으로 내재해 가고 있는가를 암시해 주고 있다. 다국적 기업이 본국의 경제적 이윤을 보장하기 위해 새로운 노사 관행을 현지에 적용하는데, 문화적 차이는 — 노사 사이의 법적 계약 관계와 더불어 — 거래 조건처럼 이해되고 있다. 보편적으로 모두가 공유하는 문화라는 허구가 점점 사라져 가는 21세기의 다문화적 상황에서 어떠한 특성들이 특정 사회의 고유문화로 규정되는가는 그러한 규정이 이루어지는 권력관계에 초점을 맞추어야 한다. 실제로 다국적 기업의 상황에서, 투자국의 간부는 해외로 파견되기 전, '문화 충격을 완화'한다는 목적으로, 요점 정리 식으로 현지 문화를 배운다. 이때 주입되는 현지 문화의 개념은, 많은 경우 노동 관리를 좀더 수월하게 하기 위해 선택된, 이윤 추구를 위해 알아두어야 할 현지의 노사 문화 행태나 관습에 관한 것들이다.

다국적 기업의 상황에서 현지인들의 '문화적 특수성'이 언설화되는 맥락은 현지인들은 특수한 이해를 가진, 그러므로 합리적 노사 계약에 의한 경제적 협상이 어려운 집단임을 부각시킬 때다. 최근 한국계 기업들이 진출한 지역에서 일어난 '문화 갈등'과 현지인과의 마찰에 대한 기사들도 현지인의 문화적 특성들을 가시화하는 데 집중한다.

> 중국에 진출한 기업의 한 한국인 관리자는 "여기 노동자는 게으르다. 아직 돈맛을 몰라서 새마을 운동부터 시켜야겠다"고 하고, 인도네시아에 진출한 한 한국 기업의 관리자는 "행동이 느리다고 고함을 지르거나 손찌검을 했다가는 남방계 특유의 감정이 폭발, 큰일이 날 수도 있다"고 노사 관리에 신중성을 기할 것을 당부하고 있다(『서울경제』, 1989년 8월 20일).

특히 노사 분쟁의 상황에서 '한국적', '중국적' 또는 '인도네시아적' 문화의 특질이라고 정의되는 문화 특징들은, 현지 사원들이 무리한 요구를 하고 있다고 설명하거나 투자국의 경제적 이익을 보호하기 위해, 혹은 자신들의 경영 방식이 합리적이었다는 것을 부각하기 위해 거론된다. 이때 현지인의 문화는 글로벌 경제를 추동하는 보편적 합리성의 반명제antithesis로 개념화된다. 필자가 연구한 미국계 다국적 기업의 미국인 관리자는 '한국식' 노조는 결국 글로벌 스탠더드에 도달하지 못한 한국의 후진성을 보여 주는 것이라고 설명한다.

> 한국에서는 기업의 역사가 짧고 시장 경제에 아직 익숙지 않아 노조가 너무 세다. 미국에서 노조는 노조원들의 이익을 반영하며 회사와 합리적인 선에서 타협한다. 한국의 노조는 심지어는 자신들의 영역이 아닌 인사나 고용의 문제에까지 관여하

려 한다. 그렇다면 경영자가 왜 필요한가? 미국은 노조가 자꾸 없어지는 추세다. 이것은 미국인들이 국제 경쟁력 확보와 경제 활성화를 위해서 한 선택이다. 다시행착오를 거쳐서 나온 최상의 결정이다.

즉 현지 사원들의 계층적, 경제적 요구는 경제적 합리성에 대한 이해 부족에서 비롯된 것으로 평가된다. 글로벌 경쟁력을 확보하기 위해서는 익숙한 자기 문화의 옷을 벗어야 한다는 주장이다.

현지 사원들도 종종 문화적 게임에 참여하게 된다. 그들은 자신들의 경제적 이익과 생존권을 위해 다국적 기업의 '토착화'를 요구하며 자신들의 문화적 특수성을 존중해 주기를 요구한다. 우리 문화를 이해하고, 우리의 요구를 들어 달라는 주장이다. 여기에서 문화는, 불공정한 계약 관계에 놓여, 제도적 권력을 갖고 있지 못한 사람들의 유일한 '조정의 조건'으로 개념화된다. 이들도 특정한 방식으로 '한국적인 것'을 새롭게 개념화하거나 자신들의 요구를 관철하는 데 문화를 이용한다. 즉 타 문화권의 사람들과의 갈등이 야기될 때, 그것의 주요 동인이 '문화적 차이'에서 비롯된 것이 아니더라도 문화라는 — 막연하지만 설명하기 쉬운 — 자원을 동원하는 방식으로 협상을 벌인다. 즉 문화는 동질적인 집단 내에서조차 단일한 형태로 개념화되지 않다가도, 어느 순간에 '본질적인' 개념으로 정의될 수 있는 습관화된 실천의 모티브가 된다.*

---

* 여기서 문화는 조지프 라츠(1996)가 '도덕적 지식'이라고 정의한 개념과 유사한 맥락을 가진다. 그에 의하면 도덕적 지식이란, "특정한 의미에서 실체적인 것이다. 즉 그것은 우리의 실천 속에서 구현되며 습관화에 의해 획득된다. 미리 무엇을 해야 할지 알 수 없는 경우에도 우리는 가끔 어떤 행동이 요구되는 상황에 직면하면 무엇을 해야 할지 알게 되는 경우가 있다"(385). 도덕적 지식이 추상적인 인식으로 존재하다가 어느 상황이 되면 구체성을 지니며, 실천적 차원

다문화 상황에서 이질적인 집단들 사이에 벌어지는 저항과 포섭의 행위는 종종 '문화' 게임을 통해 이루어진다. 결국 월러스타인이 지적한 대로 문화를 정의하는 일 자체가 "본질적으로 경계선 규정의 문제 — 압제의 범위와 압제에 대항하는 방식의 범위 — 로 정치적일 수밖에 없다"(1996: 502). 중요한 것은 왜 특정한 지점에서 이러한 경계 짓기의 행위가 일어나느냐이며, 결국 '자의적'으로 해석된 '우리'와 '타자'의 문화는 정치적으로 순수하지 않다는 점이다.

문화가 분쟁을 조정하는 자원으로 적극적으로 동원되는 예는 노사간의 긴장이 고조될 때다. 폭발적으로 일어난 노동 운동의 역사적 맥락은 다국적 기업의 상황에서도 예외 없이 노사간의 긴장을 야기했다. 1980년대 후반과 1990년대에 걸쳐 일어난 한국 내 다국적 기업의 분쟁 상태에서, 외국 관리자들은 기업의 '현지화'와 '토착화'를 강조했다. 그들은 한국 전통 문화를 박제된 상태로 전시하거나, 한국 사원들에게 판소리 공연이나 민속 공연 관람을 권장하거나, 야유회를 통해 한국의 가족주의 문화를 실현하겠다는 의사를 표명한다. 이는 한국 사원들이 경제적 합리성의 논리로는 통제할 수 없는 집단적이고, 감정적이며, 비이성적인 성향을 지니고 있다는 전제에 기인한다. 한국 노동자와 교섭할 수 있는 유일한 길은 그들의 '감정'을 다스리는 소위 '문화' 전략을 통해서다. 그러나 이러한 의례적 행위로서 문화 전략은 상호 개입과 신뢰에 기반을 둔 자본-노동 관계를 구축하는 데 궁극적으로 실패한다.

에서 불러 일으켜지는 점에서 문화와 유사하다.

성과 계층 차별화의 기제, '다국적 기업'

다국적 기업은 "자본의 국경이 없기 때문에 노사 관계에서 국적이 중요치 않다"(Banaji and Hensman, 1990)는 대의명분을 내세운다. 그러나 실제로 두 나라 사이의 힘의 불균형이 다국적 기업의 운영을 용이하게 하기 때문에, 현지인의 저항 담론은 '민족 감정'을 담고 있다. 다국적 자본은 실제로 국가의 위계 관계를 이용하여, 값싼 노동과 자원을 공급받아 왔다. 이런 생산 구조를 유지하기 위해서는 자본은 국경을 해체하며 자유로운 흐름을 보장받아야 하지만 노동은 특정 국가 내에 머물러야 한다. 이런 의미에서 다국적 기업의 노동 통제는 기본적으로 현지 노동자들의 국민 정체성에 부착된 모든 연상적 감정, 이미지, 욕망 구조를 변화시켜야 함을 의미하기도 한다. 다국적 기업은 인터넷 등 글로벌 미디어에 의존하며 많은 일을 하게 되고, '탈국경화' 된 의사소통에 기반을 둔 유연성을 요구한다. 동일 기업에 속하지만 서로 다른 지역에서 일하는 사람들끼리 의견을 주고받는다는 사실 자체가 현지인들로 하여금 글로벌한 주체로 거듭나고 있다는 느낌을 준다. 그들은 로컬의 특수한 시공간에 구애받지 않고 동시적이고 즉각적인 소통을 하도록 훈련된다.

> 나는 아침에 나오면 거의 점심 먹을 때까지는 전자 메일을 체크한다. 우리 회사 직원들은 다 그런 편이다. 한번에 수십 통의 메일이 오는데, 다 읽고 내가 특별히 응답해야 될 것만 하는 데도 시간이 걸린다. 우리 회사가 있는 독일이라든지 네덜란드에서 나와 비슷한 일을 하고 있는 사람들과 얘기하다 보면 정말 우리 회사가 다국적 기업이구나 하는 생각이 많이 든다. 전자 메일에 빨리 빨리 응답 못하면, 일을 안 하고 있는 것 같고, 나도 내가 보낸 메일에 응답이 곧 안 오면, 일을 제대로

못하는 사람이구나 하는 생각을 한다. 배우는 점도 많지만 일이 많다. 영어가 익숙지 않으면, 아무래도 인터넷을 덜 하게 될 것 같다(미국계 기업 한국인 남성).

여기서 일부 현지인들은 전지구적인 의사소통의 네트워크를 통해 코스모폴리탄적 평등성을 획득하기도 한다. 전지구적으로 확장된 소통 네트워크가 다양한 나라의 직원들 사이에 '연대'의 가능성을 높이는 데는 한계가 있다. 여전히 국적은 개인의 임금 수준을 결정하고 노동 강도나 자율권의 정도를 가늠하는 기준이 되지만, 이런 위계 구조는 종종 질문되지 않고 당연한 것으로 받아들여진다. 또한 회사와 사원 간의 철저하게 개별화된 임금 협상 방식이나, 사원들 간의 경쟁 체제 때문에 서로의 임금에 대해 묻지 않고, 일에서 오는 불만을 표현하거나 공유하지 않는 원칙이 자리 잡게 된다. 흔히 개인주의 문화란 이름으로 통칭되는 다국적 기업의 문화는 동료와의 소통 부재와 성취주의에 입각한 '협업' 능력의 상실을 초래한다. 다국적 기업에서 문제가 발생하면 불만을 가진 개인이 회사를 그만두고 현장을 떠나는 것이 유일한 해결책이다.

다국적 기업의 현지인들 내부에도 다양한 갈등이 존재한다. 이들은 소위 '중심'에 편입할 가능성 여부로 자신의 현재의 위치를 가늠하게 된다. '중심'은 변하지 않기 때문에 현지인들 사이의 위계화는 어떤 방식으로 자신이 중심에 더 근접하고 있느냐를 드러내거나 인정받음으로써 이루어지기도 한다. 한 일본계 기업의 대졸 여성 직원은 한국인 직원들, 특히 남성 직원과 여성 직원 사이의 갈등이 '오차' 서비스를 통해 첨예화됐다고 말한다.

일본계 기업은 노조가 없고 노사협의회라는 정기적인 모임이 있다. 예전에는 우리 회사에 고졸 출신도 많았는데 지금은 몇 명 고참 언니들만 제외하고는 모두 대졸 출신이다. 그런데 매일 두 번씩 남자 직원들에게 차를 대접해야 한다. 아침에 오자마자 물을 끓여서 커피를 다 돌려야 한다. 우리는 너무 자존심이 상해서 노사 협의회를 통해 "우리는 더 이상 오차 서비스를 못하겠다. 커피 제조기를 사서 각자 따라 먹게 하자"고 건의하고 여러모로 애써 봤다. 고참 언니들은 관례적으로 해 온 일이라 해서 잘 나서지 않았고 나처럼 대학 졸업한 지 3, 4년 되는 사람들이 나서서 얘기했다. 일본인 지사장은 현명해서, 그래도 우리 요구를 수용해 주려 하고 이야기를 늘 들어주는 편이다. 문제는 한국 남자들이다. 이 사람들은 회사에서 힘도 없으면서, 우리 여자들을 한국식으로 다루려고 한다. 오차 서비스는 일본식이지만, 한국 남자들이 더 심하게 요구하는 것 같다. 지사장은 남자들이 골치 아프게 굴까 봐 우리더러 참으라고 하더라. 한국 기업에 있었으면, 시간이 가면 직위도 높아지고 권위도 생기지만 우리 회사에서는 부장, 전무 같은 등급이 없어서, 한국 남자들이 친구들 보기에 창피하다고 명함에다 '직위'를 달아 달라고 일본인 지사장에게 조르기도 했다. 이 사람들은 혹시나 일본 기업이 현지 법인화하면, '충신'이라고 높은 자리 줄까 봐 얼마나 비굴한지 모른다. 적어도 우리 회사에 있는 남자들은 다 학벌도 별 볼일 없어서 한국 대기업에 못 가고 여기에 들어온 것 같다. 여자들은 그래도 다 괜찮은 대학 출신이고 영어나 일어도 잘한다.

한국인 고용자들은 자신들 내부에서 성, 계층, 나이 등으로 위계를 만들어 내려고 하고 이런 상황은 현지인들 간의 갈등을 유발한다. 즉 외국인 관리자와 개별적인 관계를 맺으며 자신의 지위를 확보하는 다국적 기업 문화를 내면화한 한국 사원들은 그런 상황에서도 성, 연령 등에 바탕을 두고 위계질서를 만들어 내려는 여전히 '한국적인' 사원들에 대해 분노한다. 한국 조직 문화의 특성으로 인식되는 상급자와 하급자 간의 엄격한 위계질서와 그러한 관계가 공적인 영역뿐만 아니라 사적인 영역에까지 확장되는(장수현,

2003) 경향은 다국적 기업의 일상에서 사원들 간의 '갈등'의 주요한 원인이 된다.

그러나 한국인 사원들은 노사분규 시 자신들의 이익을 관철하기 위해 내부적 동질성이 필요할 때에는 '민족 정서'를 주요한 저항의 기제로 내세운다. 자본의 입장에서는 현지인들이 민족적 동일성, 강력한 민족의식을 주장하는 것은 다국적 기업의 경영 질서에 도전하는 것이므로 위협적인 행위로 받아들인다. 그러므로 다국적 기업은 현지인들이 정치화되는 것을 적극적으로 차단하는 수단으로 '글로벌 스탠더드'나 '보편주의'를 강조한다. 다국적 기업에서는 현지인들을 탈정치화하기 위해 '자기 문화의 옷 벗기'의 메시지를 중요한 경영의 모토로 쓰고 있다. 실제로 현지인들은 메트로폴리탄의 중심을 규정하는 보편적 합리성에 도달했다는 것을 증명하기 위해서 적극적으로 자기 문화에서 벗어나 있음을 강조한다. 자기 문화에서 벗어난 정도와 동화 가능성에 따라 위계화되기 때문이다. 글로벌 스탠더드에 도달할 능력이 있는 개인은 문제를 스스로 해결하므로 집단적 행동에 가담할 필요가 없다는 것 또한 다국적 기업이 강조하는 중요한 메시지다.

그러므로 사무직 다국적 기업에서 현지인들이 노조를 통해 경제적인 요구를 하는 것은 소수의 묘한 정서 구조를 반영하는 것으로 담론화된다. 어릴 때 브라질로 이민 가 미국에서 교육받은 O씨는 미국계 은행의 부사장인데 그의 인사 철학에 따르면 노동의 권리를 보장하는 노조는 계급 열등감의 표현이다.

> 우리 회사는 학벌이 좋고 집안 환경이 좋은 사람을 선호한다. 과거 외국인 회사에서 노조 활동으로 말썽을 빚고 제일 설치는 사람들을 보면, 상고 출신 여자가 100%다. 은행에서 하는 일이 여상 출신도 가능하기 때문에 대졸, 여상 출신 막 섞어서

뽑으면, 여상 출신 여자들이 학벌에서 오는 열등감, 이를 보상하려는 심리가 복잡하게 얽혀, '이는 모두 미국 놈이 나쁜 탓이다. 우리를 착취한다'며 엉뚱하게 분노를 표출하는 경우가 100%다. 그래서 돈을 더 주더라도 대졸 출신 여성들만 뽑는다.

노동자의 '권리' 운동을 모두 계층 열등감과 동일시하는 논리는 노동자 개개인을 무력화하는 데 종종 효과를 발휘한다. 다국적 기업 중 노동 집약적인 생산직에 종사하는 현지인들은 '자기 문화에서 벗어나라'는 일상적 요구를 거의 받지 않는다. 문화적 차이를 위계화하며 끊임없는 문화적 포섭이 이루어지는 사무직 다국적 기업과는 달리, 계층적 격차는 현지인을 제3세계의 하층 부류라는 고착된 정체성의 틀 안에 놓아두어 오히려 두 부류(진출국의 자본의 대표자와 현지 노동자, 현지 노동자 중 사무직 노동자와 생산직 노동자) 사이의 문화적 차이를 절대적인 것으로 보고 거리를 둔다.

계층 차별화는 성gender 차별화와 접목되어 새로운 양상으로 나타나기도 한다. 국내 기업 취업이 어려운 대졸 출신 여성들이 외국 기업에 상대적으로 많이 진출해 왔다. 종종 외국 기업에 고용된 중산층 사무직 여성들은 '현대적'이거나 능력 있는 전문직 여성의 이미지 때문에 선망의 대상이 된다. 반면에 싼 노동의 원천이던 생산직 다국적 기업의 공장 여성 노동자들은 '전통', '가난', '토착적 성 차별'의 수식어를 달아야만 설명될 수 있는 범주로 등장한다. 이렇게 현대성과는 거리가 먼 상징체계들이 현지인을 규정하는 수식어로 고정되고, 또한 자본의 이익을 극대화해 주는 메커니즘으로 작용한다(김현미, 1996). 많은 학자들은 노동 집약적인 다국적 기업이 진출국의 기존의 계층적, 성적 차별을 적극 활용해 이윤을 극대화해 왔음을 지적했다. 현지인의 계층적 자리 매김은 '시공간적 거리 두기'allochronic distancing(Fabian, 1983)의 전형적인 예다. 타자를 자아와는 다른 시간, 공간에 둠으로써 거리를 두는 '시공간적 거리 두기' 인식론은 기본적으로 서구의 자아와 비서구 타자 간의 메울 수 없는 문명화의 격차를 가정할 때 작동한다. 두 국가 간의 위계적 역사의 경험은 다국적 기업의 현장에서 재현되고, 개인의 일상적 실천은 이런 인식을 실현 또는 심화한다. 자본 철수를 경험한 일본계와 미국계 다국적 기업 생산직 여성 노동자의 말은 바로 그런 현실을 시사한다.

> (A) 우리가 사탕을 받아먹지 말았어야 했는데… 글쎄 미국인 기술 담당 제이슨이 공장에 오면, 늘 옆에다 사탕 주머니를 차고 있다가 지나가면서 콘베이conveyor belt에다 휙휙 뿌리고 다녀요. 그러면 아줌마들이 일은 해야 하고 사탕은 먹어야 하니까 막 줍지… (B) 그때는 의식이 없었으니까 막 주워 먹었지. 우리가 어떻게 보였을까 하는 생각도 그땐 못했지. 분명 우리들을 우습게 봤겠지.

실제 사오십대 생산직 여성 노동자들 중 몇몇은 '어떻게 이 회사에 오게 됐느냐'는 내 질문에 "옛날 어릴 때 지나가던 미군한테, '헬로' 하면 사탕이나 초콜릿을 주던 때부터 미국인들은 다 맘이 좋을 것이라고 생각해서 오게 됐다"는 말을 하거나, 기업 철수를 경험한 후, "부자인 미국 사람들이 그 돈이 몇 푼이나 된다고 떼먹고 가냐"는 등, 미국인들에 대한 일반화에 익숙했다. 그들 사이의 이해관계는 여전히 전쟁과 가난에 찌든 한국인/풍요한 미국인이라는 고정된 역사의 틀 안에서 해석된다. 이들이 미국에 가서 원정 시위를 할 때 미국인 본사 사장은 신문사와의 인터뷰에서 "한국 전쟁 시 수많은 미국인의 생명을 희생하고 이룩한 민주주의에 대한 대가가 이런 것인가?" 하며 한국인 노동자의 배은망덕함에 분노하고, 그들을 '공산주의자이며 테러리스트'라 이름 붙였다. 이처럼 두 나라의 위계적 역사적 경험을 복원해 냄으로써 자본가와 노동자의 계약 관계는 희석되고, 노동자들에 대한 '과장된 형태'의 이름 짓기는 그들 사이에서 해결되어야 할 물적 관계를 해체한다. 종종 노사 분규 시 국가 간의 권력관계는 현지인의 요구를 무마하는 실천 양식으로 작동한다.

'시공간적 거리 두기' 인식론은 다국적 기업의 상황에서 '현지인은 현지인이 제일 잘 안다'는 경영 방식을 채택하게 한다. 이는 현지인을 중간 관리자로 고용하여 그들에게 다른 현지인을 다스리게 하는 형태다. 외국의 관리들은 현장 상황에 무관심하기 때문에 중간 관리자가 현지인들을 착취할 가능성이 높아진다.

> 우리는 일하느라 바빠서 누가 왔는지도 몰랐지만 3년 근무하는 동안 미국인 사장 코빼기 보기가 힘들었다. 노조가 생기니까, 자주 드나들었다. 미국 공장이라고 '신사적' 대우를 하는 것도 아니고 공장이 깨끗하기는커녕, 시골에서나 보는 퍼내기식 변소여서 여름엔 냄새가 진동했다. 전에 공장에 다녀 본 일이 없는 사람들은 힘들어도 말을 못했다. 모르니까… 나는 공장에 다녀본 경험이 있어서 나쁘다는 것을 처음부터 알았다. 외국 회사가 나쁜 점은 이것도 아니고 저것도 아니라는 것이다. 우리나라 회사들은 무슨 노동절이다 행사다 하면, 수건도 나눠 주고 회식도 시켜 주는데 생전 그런 게 없었다. 한번은 회식시켜 준다고 남으라고 해서 밤 10시까지 일을 하고 기다렸다. 우리 아줌마들은 음식을 많이 가져다주는 줄 알고, 작업대에 김치 국물 떨어지면 안 된다고 종이를 깔며 수선을 부렸는데, 요만한 귤 하나씩 나눠 주면서 먹고 가라고 했다. 너무 기가 막혀서… 누가 알아요. 미국 회사에서는 돈을 주었는데 중간에서 한국 간부들이 다 삥땅쳤는지… 그런 소문이 많이 나돌았다. 심지어 전무는 집에서 쓰는 화장지까지 회사 것 갖다 쓴다고…

> 매일 한국인 공장장이 "우리는 한 가족이고 우리가 너무 많은 것을 요구하면, 미국

사람이 공장 문을 닫아서 일자리를 잃을 수 있으니, 너무 무리한 요구를 하면 안 된다"고 했다. 우리는 공장장도 하도 높아 보여서 아무 말도 못했는데, 노조 간부인 L아줌마가 "그렇게 가족, 가족 하는데 왜 그 흔한 가족 수당도 없고 우리를 무시하냐"고 해서 모두들 깜짝 놀랐다. 확실히 노조가 생기니까 우리의 발언권이 세지는 게 사실이다.

글로벌 자본이 이동을 통해 동원하는 하층 계급의 노동자는 개인적인 노동자로 취급받기보다는 국경을 넘어 '배치될 수 있는' 노동군으로 취급된다. 일본 전자업체인 T사의 하청기업이며 재일 교포가 운영하는 일본계 다국적 기업에 고용되었던 P씨는 일본계 기업이라고 해서 특별한 것은 없었고, 다만 기억나는 것은 일본 모회사로 연수를 보내 준다고 해서 모든 '아가씨'들이 다 흥분한 때가 있었다고 했다.

연수에 뽑힌 애들은 '일본 구경한다'고 신이 나서 자랑스러워했다. 2차 선발단이 떠나기 이틀 전 1차에 갔던 애들이 왔는데, 다 꼴이 말이 아니었다. 머리는 미장원 갈 틈이 없어서 죄다 길렀고 얼굴은 부은 건지 살이 찐 것인지 모르게 변해 있었다. 물어보니, 일주일 내내 일요일만 제외하고 한국 공장보다 더 좁은 작업장에 몰아넣고 아침부터 밤 10시까지 일을 시켰다고 했다. 매일 밖에도 못 나가고 밥만 먹고 일을 하니 다 부었다고 했다. 돈도 한국 돈으로 주고, 일본 모회사에 가서 견학을 하거나 기술을 배운 적도 없다고 했다. 그래서 애들이 다 가기 싫다고 난리가 나서 2차까지만 연수를 했다.

다국적 기업에서 연례행사로 치르는 '연수'가 중산층의 사무직 직원에게는 투자국이나 다국적 기업이 진출한 나라의 메트로폴리탄 호텔에 머문 '여행' 의 기억이라면, 생산직 다국적 기업의 노동자들에겐 본사의 노동 부족을 메울 수 있게 동원되는 대체 노동자의 고달픔이다.

때때로 '문화' 는 노사 간의 정치 경제적 갈등을 포괄하는 설명 기제로 작동한다. 미국계 다국적 기업에서 미국인 지사장과 기술 담당자들과 노사 협상을 벌였던 노조의 간부들은 자신들의 분규가 악화된 것은 '문화적 차이' 때문이라고 해석한다.

> 우리가 여러 번 노사 협상을 할 때마다 사장과 제이슨이 중간에서 뛰쳐나가기에 그날은 '그래 오늘은 무슨 일이 있어도 단체 협약을 끝내기' 로 마음먹었어요. 그래서 간부 10명이 제이슨과 둘러앉아 있는데, 또 중간에서 자리를 박차고 일어나기에, 내가 하도 화가 나서, "못 나간다. 그래 우리 같이 죽자"고 했더니, 그 여우 같은 미스 강(서울 본사의 사장 비서)이 그대로 번역을 했나 봐요. 제이슨이 갑자기 막 우리에게 욕을 하더니, 부르르 떨면서 의자를 높이 쳐들어서, 우리는 다 '이제 우리는 죽는구나' 하고 있는데, 베니어판으로 된 벽을 의자로 내리치고 난 구멍 사이로 막 도망가는 거예요. 우리는 너무나 무서워서, 그다음부터 그를 '헐크' 라고 불렀어요. 그런데 나중에 알고 보니 우리가 자기를 감금하고 죽이려 했다고 그 길로 경찰에 신고하고, 본사에 보고했다나 봐요. 그래서 우리를 미국 사장이 테러리스트라고 그러나 봐요. 우리는 오히려 제이슨이 너무 무서워서 약 먹었다고 했는데…(미국계 공장의 한국인 노조 간부 여성).

즉 다급한 상황에서 문화 번역자로서 역할을 부여받은 한국의 중간 관리자는 여성 노동자들의 간절함을 전달하기보다는 '맥락' 을 고려하지 않은 번역을 하여 미국인 간부와 한국인 노동자들 간의 갈등을 극대화시켰다. 여성들은 '너 죽고 나 죽자' 라는 상당히 일상적인 표현이 어떻게 그렇게 나쁜 결과를 만들어 냈는지에 대해 의문을 가지고 있었다.

> 우리가 단체 협약을 벌일 때마다 미국 사람들이 서울에 있는 변호사한테 전화를 걸어 우리가 하는 말이 거짓말인지 조목조목 따지고 변호사 지시만 받는 거예요. 왜 남성 사업장에서는 격해지면, 제스처로 사장을 겁주고 그러면 사장은 감으로 얼마만큼 받아 주고 얼마만큼 물러날지 다 알잖아요. 미국 회사는 그게 없고, 우리가 홧김에 무슨 말을 하면, 좋은 말 할 때는 영어로 옮기지도 않다가 꼭 욕하면 직역을 하는 거예요. 그만큼 통역하는 한국 직원들이 우리를 무시하고 미국 사람보다 더 노조를 싫어하고 우리를 무식하다고 싫어했어요. 사실 미국 회사의 사무직 직원들은 교육도 잘 받고 미국식 스타일도 알고 영어도 할 줄 알잖아요. 우리 아줌마들은 진짜 순진했고 좋은 맘이었는데, 영어를 할 줄 아나… 행동이나 말이 거칠어도 맘은 안 그랬는데…(미국계 공장의 한국인 노조 간부 여성).

한국 노조원들은 일상적으로 현장에서 미국 관리자와 대면한 적이 거의 없음에도 불구하고, 문화적 차이를 주요한 갈등의 요인으로 지적하고 있다. 집단적 이미지의 생산은 이욱정(1994)이 지적하듯이 이질적인 문화 간의 협상 상황에서, "현실의 사회 경제적 대립 관계를 반영할 뿐 아니라 그 자체의 실천으로서 현실의 사회적 관계에 끊임없이 영향을 미친다." 두 집단 간의 절대적인 거리 두기는 두 집단 사이의 교류를 불가능하게 함으로써 집단 내의 다양성을 발견하기보다는 집단적이며 총체적인 이미지를 통해 현상을 이해하고 그것에 근거하여 자신의 실천에도 의미를 부여하게 된다.

위의 사례에서 보듯, 다국적 기업의 상황에서 '시공간적 거리 두기'는 현지인 생산직 노동자와 사무직 노동자들 사이에도 일어난다. 생산직 노동자들은 외국인 상사와 협상할 때 언어 제약 때문에 사무직 직원의 중재에 크게 의존한다. 이 과정에서 일종의 '문화 번역'cultural translation을 담당해야 할 사무직 직원은 때때로 생산직 노동자와 자신을 차별화하기 위해, 생산직 노동자를 이성적이거나 합리적이지 못한 열등한 존재들로 재현한다. 이를 통해 외국인과 생산직 현지인들 간의 '거리'는 더욱 커지고 어처구니없는 오해들로 인해 적대감이 생기기도 한다. 다국적 기업에서는 중심에 편입될 가능성이 있는 고학력의 사무직 노동자와 주변화된 하층 노동자의 계층적 위계화가 한국 기업에서보다 더욱 가시화되고 고정될 가능성이 높다.

맺음말

"세계 문화란 실은 세계 체제에서 지배적인 위치에 있는 강대국들의 문화를 의미한다"(월러스타인, 1996: 506). 다국적 기업에서 현지인의 '문화적 특수성'이라고 정의, 개념화되는 문화적 특질은 종종 아직 보편적 합리성에 도달하지 못한 상태를 나타내는 '비서구적'인 것과 동일시된다. 로살도(2000)는 서구 주도의 인류학 연구가 문화적 차이를 개념화하는 과정에 대해 "타자의 문화를 더욱 가시적으로 두드러지게 만드는 것은 자아가 자신의 문화적 특성을 보이지 않는 정도와 비례해서 나타난다"고 주장한다. 즉 서구의 중산층 전문가 집단이나 몇몇 인류학자들은 자신은 '문화적 특수성'에 구속되지 않는 보편적이며 합리적인 절대 가치에 이미 도달해 있다는 전제를 갖기 쉽다. 그러므로 다른 문화권의 사람을 만날 때, 자신의 문화를 기준으로 해서 그 문화의 이질성을 부각하는 경향이 있다. 이때 '문화적'이란 개념은 보편적 이성으로 이해되지 않는 '비합리적'이라는 의미와 동일하게 사용된다. 문화적 특수성은 자아에 대항하는 '타자'와, 중심에 대비되는 '주변'

을 상징하는 기호로 작동한다. 이때 서구의 중산층 전문 집단들이 자신들의 입장을 객관적 보편이라 주장하는 것은 그들의 지배적인 계급적 위치를 은폐하는 것이다. 즉, 자신들도 단지 '권력'을 가진, 문화적 특수성을 지닌 집단이라는 사실을 간과하는 것이다. 어떤 면에서 권력을 행사하고 생산해 내는 사람들은 자신의 문화를 안 보이게 만들면서 모든 이질적인 문화를 초월한 보편적 자아라는 특권적 위치를 주장한다.

또 문화적이라는 의미는 어떤 의미에서 '근대성'modernity의 기획에 완전히 편입되지 못한, 편입하기 어려운 상태나 조건을 설명하는 말과 은유적으로 연결된다. 루크(Luke, 1990)가 지적했듯이 이는 이미 근대화되었다고 믿는 서구 사람들이 자신의 근대화 과정을 탈역사적이며 탈문화적인 것으로 중립화하면서, 진화론적 패러다임으로 다른 사회를 진보의 정도에 따라 배치하는 것과 비슷하다.

다국적 기업의 현지인은 자신의 문화를 규정할 수 있는 힘을 잃어 가고 있다. 이미 그들은 전지구적 자본주의에 편입되면서, '문화적'이란 수식어에 의해 대상화된 범주로 등장하게 된다. 문화 상대주의를 외쳐 온 문화인류학자들은, 전지구화하는 자본의 위세 속에, 어떤 사회의 문화적 특수성을 강조하는 것이 그 사회가 보편적 근대화의 기획에서부터 상대적으로 얼마나 먼 위치에 놓여 있는가를 암시하는 모순 속에 살고 있다. 이동하는 자본을 통해 전지구적 자본주의화가 관철되는 현 상황에서 다국적 기업은 문화 담론을 통한 각축이 일어나는 현장이 되고 있다. 독특한 행동 양식으로서 고유문화를 지닌 사회는 자본의 흐름을 원활히 하기 위해 유연성을 지녀야 하며 자신의 문화의 옷을 벗어 던지도록 요구받는다. 다국적 기업에서 행해지는 노동 통제가 '문화' 담론을 통해 관철되고 있다.

최근 한국의 자본이 전지구적인 확장을 함에 따라 타 문화를 이해하는 것이 기업 경영의 중요한 의제가 되고 있다. 한국의 대표적인 S기업이나 L기업은 해외 진출을 원활히 하기 위해 지역 전문가를 양성하는 데 힘을 기울인다. 사원들에게 현지 문화의 좋은 점을 선택해서 배우고 이해해야 한다는 것을 강조한다는 점에서는 고무적이다. 그러나 실제 한국 기업들이 현지의 어떤 민족,ethnic group 어떤 계급, 어떤 성gender의 문화를 취사선택하고, 대상화할 것인지, 그것이 인간적 경영의 길인지 아니면 또 다른 문화 정치적 억압과 위계화의 길인지 많은 관심을 갖게 된다. 선택되고 차용된 문화는 권력과 이미지와 유착된 정치 경제학적 실천의 한 과정이기 때문이다.

다국적화한 한국 기업들은 초기의 서투름을 극복하고 현지인들과의 문화 충돌을 완화하거나 문화적 차이를 서로 이해하기 위해 많은 노력을 기울이고 있다. 그렇지만 다국적화한 한국 기업은 한국의 문화 논리를 '이식'하려는 경향이 강하기 때문에 문화 교차 지역이라기보다는 문화적 강제가 집행되는 현장이 되곤 한다. 이 글에서 보여 준 한국에 들어왔던 미국계와 일본계 다국적 기업의 사례처럼 현지인을 규율하기 위해 '네 문화의 옷을 벗어던지라' 하고 외치는 것은 노사간의 협상이나 이해보다는 갈등과 몰이해를 낳는다. 글로벌 시대는 이질적인 문화와 교류하는 모든 사람들에게 문화 번역가의 역할을 하도록 요구한다. 다국적 기업이 전지구적 자본주의 체제를 관철하고 타자를 억압하는 현장이 될 것인지, 문화적 다양성을 운반하는 다양한 사람들 간의 상호 협력을 통한 생산력 있는 현장이 될 것인지에 관심을 기울여야 한다. 자본과 노동은 추상적인 형태로 교환되는 것이 아니라, 그것을 운반하는 구체적인 인간 행위자들에 의해 실천되는 교환 체제이다. 이때 이 '살아 있는' 사람들은 자신의 정체성을 오랫동안 구축해 온 문화를 운반하는 사람들이며 이들이 만나는 다국적 기업은 다문화적 가치들이 교환되고 협상되는 열린 공간이 되어야 한다.

5. 경계에 선 여성 노동자는 말할 수 있는가?

1960년대 중반 이후 전지구적인 자본의 이동을 통해 '신 국제 노동 분업'이란 새로운 생산 양식이 출현했다. 신 국제 노동 분업은 단순한 부품 조립을 소위 개발도상국 저임금 여성들의 민첩한 손놀림에 크게 의존하는 국제적인 생산 양식이다. 만성적인 실업과 가난에서 벗어나기 위해 개발도상국은 싼 임금을 찾아 국경을 넘나드는 '자본'을 유치하기 위한 치열한 경쟁에 돌입한다. 도시와 농촌 지역의 수많은 하층 계급 여성들이 경공업 분야의 생산직에 취업함으로써 전지구적 자본주의 경제 체제의 하위 구조 안으로 급속히 편입되었다(Kim, S. K., 1997). 외자 유치를 통해 경제적 근대화를 이루려 했던 우리나라도 1970년대 초반 마산과 이리를 포함한 몇몇 도시를 수출 자유 지역으로 지정하여, 외국 자본에게 5년간의 세제 감면과 이 지역 안에

■ 이 글은 Kim, Hyun Mee, 2002, "Power, Media Representation, and Labor Dispute: The Case of Women Workers in South Korea," Esther Ngan-ling Chow ed., *Transforming Gender and Development in East Asia,* Chapter 5, New York and London: Routledge, pp.105-122를 옮겨 수정한 것이다.

서 한국 노동자의 노동조합 활동을 금지하는 규정을 포함하는 특혜를 제공했다.

이 글은 한국 내 미국 소유의 다국적 기업인 M기업(가명)*에서 일어난 노동 쟁의에 관한 사례 연구에 기반하고 있다. 1988년 여름, 대부분 중년 여성으로 구성된 한국 노동자들은 임금 인상과 노동 조건 개선을 위해 노동조합을 결성했다. 이 해는 1987년 중반부터 시작된 '노동자 대투쟁'이 전투적인 노동 운동으로 성장하고 동시에 노동자의 임금이 급격히 상승한 시기이기도 했다.** 1989년 2월, M기업은 노동자들에게 알리지도 않고 문을 닫았고, 밀린 임금을 지불하지 않은 채 한국을 떠났다. M기업은 소위 '철새 기업'이라 불리는 전형적인 도주 기업이었다. '철새 기업'이란 싼 임금만을 목적으로 해외에 진출한 기업으로서, 진출국의 노동자들이나 노동 환경 개선을 위한 장기적 투자를 할 의도가 없이 늘 철새처럼 영리를 찾아 떠돌아다니는 기업을 지칭한다(이상영, 1990: 125).

이 시기는 또한 한국 정부가 국가 경제를 새로운 방식으로 도약시킨다는 목표 아래 '산업 구조 재조정'이라는 계획을 발표한 때였다. 산업 구조 재조정은 소위 사양 산업이라 간주된 부분에 은행 대출을 포함한 국가적 지원을 중단하는 것인데, 주로 여성 노동자가 다수인 섬유 산업, 신발 제조 및 음식 가공업, 그리고 전기 부품 조립 등의 경공업 산업이 포함되었다. 영세한 중소기업의 사업주들은 예전에 비해 생산성이 떨어진다고 여겨지는 영역의 생산 라인을 줄이거나 공장을 폐쇄함으로써 이 위기를 극복하려 했다. 외국계

* 인류학 연구에서 윤리적인 쟁점 중의 하나가 연구하는 회사와 노동자들을 보호하기 위해서 가명을 사용하는 것이다.

** 다국적 기업의 노동자들은 1986년에 노조를 결성하는 것이 허가되었고 1980년대 후반에 이들의 요구가 거세지기 시작했다.

기업뿐만 아니라 많은 한국 기업들이 더 싼 임금을 찾아서 인도네시아, 중국 등으로 옮겨 갔다. 이런 상황에서 당시 노동 운동에 힘입어 적극적으로 노조를 결성하고 노동 조건을 개선하려고 했던 여성 노동자들의 시도는 '실직'이나 '해직'으로 이어지는 경우가 많았다. 즉 여성 노동자들이 노동 조건의 향상을 요구하면 이에 대한 대응으로 국내 또는 외국 기업들 모두 사업장을 폐쇄하거나, 일시적으로 노동자들을 해고하고, 인사 재배치 등을 단행했기 때문이다. 1989년 한 해에만 일본계와 미국계의 13개 공장들이 문을 닫았고 8,000여 명의 노동자들이 해고되었다(김정배, 1990; 이상영, 1990: 102).

이 글은 한국 여성 노동자들이 M기업의 직장 폐쇄에 항의하여 시위를 벌이는 과정에서 겪은 성별 및 계급 경험과 이 사태를 보도한 미디어의 재현 방식을 분석하는 것이다. M기업 노동자들의 저항은 저임금을 좇아 전 세계를 이동하는 미국 다국적 기업을 미국 법원에 고소하여 보상을 받아내려 한 최초의 시도 중 하나로 기록된다(Korea Update, 1990: 8). 한국 여성 노동자들은 승소할 가능성이 거의 없음에도 불구하고 4년간 회사를 상대로 저항했다. 국내에서 악명 높은 폭력 경찰과 대립했던 그들의 기나긴 저항은 한국 정부의 공감도 전혀 얻지 못했다. 노조는 미국인 사장과 직접 협상하기 위해 대표단을 미국 본사에 보냈고, 협상이 결렬되자 미국 몇몇 도시를 방문하며 지원을 얻어내기 위한 시위를 벌였다. 최종적으로 이 사건은 미국 뉴욕 주의 지방 법원으로 보내졌고 결국 노조는 패소했다. 한국의 여성 노동자들은 1989년부터 1992년까지 4년에 걸친 투쟁을 종결해야만 했다.

당시 M기업의 노동 쟁의는 한국과 미국에서 동시에 언론으로부터 상당한 주목을 받았다. 사실 당시의 언론은 사회적 영향력이 큰 대기업 남성 숙련 노동자들의 투쟁에만 관심을 가졌고, 중소 규모의 경공업 부문에 고용된 여성 노동자의 투쟁에는 관심을 보이지 않았다. 그러나 외국 기업에서 일어난 쟁의나 노동자 투쟁은 외국 자본과 한국 노동자의 대립이라는 강력한 '감정'을 만들어 냈다. 일부 언론은 외국 기업들이 한국 노동자들에 대한 책임을 지지 않고 단물만 빨아먹고 철수한다고 비난했고, 다른 쪽에서는 외국 자본의 철수가 경제 위기를 불러올 것이라고 주장하면서, 한국 노동자들에게 집단행동을 자제하라고 훈계했다. 또 다른 언론은 공격적이고 저돌적인 미국 자본에 힘없이 저항하는 한국 '여성들'에 주목하면서, 반미주의에 입각한 민족주의 정서를 불러일으켰다.

이 글은 다국적 기업의 공장 폐쇄에 맞서는 여성 노동자들의 노동 투쟁이 국내외 언론 및 미디어에서 어떻게 재현되는지를 분석하여 전지구적 자본주의 시대의 젠더, 계급, 그리고 민족 정체성이 복잡하게 각축하는 '장'을 드러내고자 한다. 이 글에서는 미디어 재현을 여성들의 집합적 주체성과 비교함으로써, 다국적 자본과 지역 노동자 간의 갈등이 어떻게 한국과 미국의 다양한 이해 집단을 끌어들이는 정치적 투쟁의 공간이 되는지를 보여 줄 것이다.

또한 미디어 재현과 여성 노동자들의 서사를 비교 분석함으로써 어떻게 '제3세계 여성 노동자성'이 담론을 통해 구성되고, 노동 쟁의를 그려 내는 미디어의 특정한 틀 속에서 만들어지는지를 분석한다. 이 글은 첫째로 여성 노동자들이 정치화하는 과정에서 젠더와 계급의 관계를 보여 주고, 둘째로 한국 사회의 정치경제학적 사회 구성과 글로벌 자본이 여성 노동자들과 맺는 구조적인 관계를 보여 주면서 미디어의 재현을 분석한다. 이 사례는 '하위 주체는 말할 수 있는가?' 라는 스피박(Spivak, 1988b)의 논제를 빌려 와서 4년 간의 정치화된 투쟁에도 불구하고 글로벌 노동 계급의 여성들이 자신들의 이해관계를 대표하는 '정치적 행위자'로 선다는 것이 얼마나 '불가능'한 일인지를 역설적으로 보여 준다.

'엄마 노동자'

1960년대 이후 한국의 근대화 프로젝트는 노동 집약적이고 수출 지향적인 산업에 기반을 둔 자본주의적 산업화를 촉진시켰다. 이를 위해 한국인들은 생산적이고 애국적인 집합체로 동원되었다. 한국 정부는 젊은 미혼 여성들을 외국 자본을 유도하고 값싼 노동을 안정적으로 공급하는 순종적이고 훈육된 노동력으로 동원했다.* 1980년대 이후 싼 임금의 원천이었던 미혼 여성들의 노동력이 고갈되자, 그때까지 공식적인 노동 시장에 진출하기 어려웠던 기혼 여성들의 참여가 두드러지기 시작했다. 제조업 분야에서 기혼 여성의 고용은 1983년 13%에서 1989년 19.8%로 증가했고, 1992년에는 총 노동자 가운데 22%에 이르게 된다(한국여성개발원, 1994).**

당시 대부분의 기혼 여성들이 노동 강도가 세고, 힘들고 더러운 일에 배치되는 일반적인 한국 상황(김혜경·신현옥, 1990)은 M기업에서도 예외가 아니었다. M기업은 케이블 TV 안테나 스위치를 조립하는 회사로 뉴욕의 시라큐스에 본사를 둔 다국적 기업이다. 약 300명의 생산직 직원 중, 삼십대 후반부터 오십대 중반까지의 여성들이 현장 직원의 80%를 차지했고, 미혼의 젊은 여성들이 20여 명 있었다. 한국의 중소 규모 공장에서처럼, M기업에서도 노동자 개인이 갖고 있는 숙련도나 학력보다는 성, 나이, 혼인 여부에 따라

---

* 여성 노동자가 지배적인 경공업은 총 수출액의 70%를 차지했다. 여성 산업 노동자의 숫자는 남성 산업 노동자가 1970년 180만 명에서 1978년 291만 명으로 증가할 때, 같은 기간 36만 명에서 109만 명으로 증가했다.

** 1997년에 총 863만 9천 명의 여성 노동자 중에서 결혼을 했거나, 남편과 사별하거나 이혼한 여성 노동자가 654만 6천 명이고, 미혼 여성 노동자들은 209만 3천 명이었다(한국통계청, 1997).

현장 노동자 사이의 위계가 결정되었다. 기혼 여성들은 대부분 가장 임금이 싸고 고된 일을 담당했다. 미혼의 고졸 여성들은 거의 반장으로서 하급 관리자의 역할을 했고, 관리직은 다 남성이 차지했다.

1992부터 1993년까지 나는 M기업의 여성들을 만나 그들이 M기업에 처음 취업했을 때의 생각과 노동 쟁의를 겪으면서 변화하는 측면들에 대한 일종의 생애사를 기록했다. M기업의 여성들은 들어갈 당시에는 대부분 생계 부양보다는 생계 보조를 위해 일했다고 말했다. 스스로 사회 경험이 많지 않고 기술이 없다고 느끼는 중년 여성들은 "먹고 살기 힘들어서 공장에 취업한 것이 아니라, 아이들 교육비를 보조하고 살림에 보탬이 되기 위해" 임시로 일한다고 말하면서 공장이 영원한 일터는 아니라는 점을 강조했다. 즉 이들은 한국 사회에서 사회적으로 인정받지 못하는 육체노동자라고 생각하기보다는, 스스로 임시로 취업했다는 점을 강조하면서 현장의 위계를 받아들이고 열악한 노동 조건을 감수하는 경향이 강했다.

그들은 공장 노동을 "제 살을 깎아서 돈을 버는 일"로 표현했지만, 열악한 작업 환경에 대해 항의를 한 적은 없었다고 했다. 미국 공장이라고 해서 "깨끗하고 미국 사장이 신사적 대우를 해 줄 것이다"는 기대가 있었지만 이런 기대와는 달리 미국인 사장은 보기가 힘들었고 공장 현장은 한국인들에 의해 관리되었다. M기업은 장기적인 전망 없이 싼 노동을 목적으로 한국에 들어온 '철새 기업'이므로 미국식 경영 스타일을 도입한다거나, 환경 개선을 위한 투자를 하기보다는 현지의 열악한 노동 환경이나 성 차별적 관행을 오히려 최대한 이용했다. 작업장에는 환풍기 시설 하나 없어서, 하루 종일 두통과 메스꺼움에 시달렸다고 한다.

기계도 아니고 주로 손으로 납땜을 하는데 한 사람이 하루에 2킬로그램의 납을 썼어요. 처음엔 나도 다른 아줌마들처럼 코와 가래에서 피가 나고, 한두 시간이 지나면, 공장 전체가 안개가 낀 것처럼 뿌옇고, 머리가 아파서 견딜 수 없었는데, 매일 두 번씩 진통제를 먹고 견디다 보니, 나중에 아무렇지도 않더라고요. 현장에 남자들이 많지 않아 우리가 무거운 짐을 다 날랐어요. 200개의 TV 안테나를 박스 안에 넣으면, 약 쌀 반 가마의 무게가 되는데, 매일 이런 박스 여러 개를 2층부터 현관까지 층계를 이용해서 끌고 내려왔어요.

그들은 "그래도 처녀들은 이런 일 하면 안 된다. 결혼하기 전까지는 싱싱해야 한다"면서 자신들이 이런 일에 배치되는 것을 자연스럽게 받아들였다. 내가 '모성 보호'나 '유해한 작업 환경'에 대한 이야기를 꺼냈을 때, 기혼 여성들은 "우리는 애도 다 낳고 벌써 새빠지게 일했기 때문에 괜찮다"고 했다. 여성들은 이미 소모된 자신의 육체와 유해한 작업 환경에 의해 급격하게 마모되는 자신의 몸을 구별 짓기 어려운 상태였다. 노동자 계층의 결혼한 여성의 몸은 기능적 역할과 가족 성원을 위한 노동의 흔적이 남아 있는 '희생'의 상징이 되기를 요구받는다. 어떤 여성 노동자들은 이런 고된 일을 견디고 쉽게 그만두지 않은 것에 대해 아줌마로서 자부심을 갖는다고 말했다. 기혼 여성 노동자들의 몸에 대한 이러한 인식은 글로벌 공장의 생산 현장에서 새로운 잉여 생산의 실질적인 원천으로 자리 잡았다.

M기업의 여성들이 노조를 세우기로 결심하게 된 것은, 주변의 다른 공장에 비해 자신들의 임금이 형편없이 낮고, 최저 임금에도 못 미치는 것을 알게 된 후라고 한다. 하지만 무엇보다도 강제로 계속된 잔업을 견디기가 힘들었다고 한다. 인원이 보충되지 않은 상황에서 매일매일 생산 할당량은 많아지고 계속되는 철야와 잔업은 기혼 여성들이 유지하고 싶어 하는 '엄마' 노동자의 정체성을 위협했다고 한다. 즉 "애들 학비 벌려고 나왔는데. 매일 12시

에 들어가서 애들 보기도 힘들고, 남편은 바람피운다고 문도 안 열어 줘서 밤 1시까지 대문에서 떨었다"는 한 여성의 말에서 보듯, 강요된 잔업은 가정과 직장 사이에서 어렵게 맞추려 했던 균형을 깨뜨렸다.

많은 여성들이 노동조합에 대한 사전 지식이나 경험도 없이 어느 날 갑자기 쪽지를 돌려 모임을 갖고 노조를 결성했지만, 처음으로 조직된 기혼 여성 노동자의 노조에 높은 기대를 가지고 있었다. 노조 간부이던 유씨는 이렇게 설명했다.

> 우리 아줌마들이 늘 그랬어요. TV에 나오는 과격한 노조가 아닌, 회사를 살리는 노조를 만들자고. 노조가 생긴 후에 우리들이 더 열심히 일하면, 회사가 돈을 많이 벌 테고, 그러면 노조 때문에 회사가 문을 닫았다는 소리를 안 들을 것 아녜요. 정말 그때 11월 단체 협약 이후 1월부터 임금도 많이 받게 된다는 기대 때문에 열심히들 일해서, 평소 일주일에 한 번 선적을 했는데 그때부터는 일주일에 두세 번 선적을 해 갔어요.

여성들은 노조를 만들었지만 TV에서 보이는 '거칠고 무식한' 일반 노동자와 자신들은 다르다고 생각했기 때문에 '노동자'란 말은 매우 낯선 개념이었다. 실제로 여성들이 자신들을 '노동자'로 인식한 것은 노조가 생긴 후 6개월도 못 돼서 M기업이 임금도 주지 않은 채, 통고도 없이 문을 닫아 버린 이후였다.

노동자 되기

외국 기업들은 국내법의 규제를 피해 현지 노동자들에게 임금이나 퇴직금을 지불하지 않고 철수하는 예가 많았다. 여성들은 갑작스러운 자본 철수에 항의하기 위해 노동부, 미국대사관, 상공회의소, 국회에 가서 시위를 하는 등 사회 정의를 찾기 위한 시도를 했지만 소용이 없었다. M기업의 노동자들에게 공장 폐쇄라는 현실은 충격과 혼란을 가져왔다. 철새 기업에 대해 전혀 몰랐던 '엄마 노동자'들은 그들의 문제를 해결하는 중요한 방법은 '억울한' 상황을 설명하고 공적인 관심을 불러일으키는 것이라 믿고 6만여 장의 전단지를 뿌렸다. 투쟁의 초기부터 여성 노동자들은 자신들을 도와줄 수 있는 사람들은 변호사나 정치가와 같은 교육받은 엘리트라고 믿었기 때문에 그들을 찾아다녔지만 별 소용이 없었다. 14개월의 국내 투쟁 기간 동안 노동자들은 거의 매일같이 공장에 나왔고 두 달 동안 공장에서 천막 농성을 벌였으며 미국대사관을 여러 번 항의 방문했다. 다국적 기업에 고용된 노동자들의 권리를 명료하게 설명하고 이들의 문제를 해결할 수 있는 법적 근거가 없었기 때문에, 여성들은 종종 거친 거리 투쟁을 통해 그들의 불만을 표출했고, 곧 무자비한 공권력 행사의 표적이 되었다.

투쟁 초기에 여성들은 어머니와 아내라는 다중적인 역할 때문에 노조 조직은 느슨한 상태였어도, 아줌마로서 삶의 경험을 공유하면서 노조원 간의 결속은 강했다고 말한다.

> 예를 들어 우리가 처음 시위를 시작했을 때 노동부에 가기 위해 모이려면 모든 아줌마들이 거기에 나타날 때까지 두 시간이나 걸렸어요. 우리가 막 나가려고 하면, 어떤 아줌마들은 화장실로 달려가고 다른 아줌마들은 학교에서 돌아오는 아

이들을 위해 점심을 만들어 주고 바로 돌아오겠다고 말하곤 했지요. 그래서 영영 다함께 어디에도 갈 수 없을 거라고 생각했어요. 게다가 이 중년 여성들은 각자 질서를 잡으려고 하지도 않았어요. 그들은 단지 그게 옳은 것 같다고 느끼면 그냥 행동할 뿐이었습니다. 그래서 아줌마들이 보여 준 이런 '행동력' 덕택에 다른 노조 사람들이 '완전한 무질서 속의 질서'라고 불렀습니다.

"시위 한번 나가려면 다 모일 때까지 두 시간이 걸렸다"는 아줌마 노동자들이 머리에 빨간 띠를 두르고, 똑같은 티셔츠를 입고, M노조의 깃발을 흔들면서 거리를 행진하는 것은 여성들 자신에게, 또는 대외적으로 자신들의 힘을 과시하고 자신들이 '조직화된 노동자'임을 시각적으로 재현하는 행위였다. 시위와 거리 투쟁을 통해 모든 여성들이 한국 노동자의 설움도 알게 됐고, 노동자 정체성을 갖게 되었다.

노동자들의 상황은 어디나 같더라고요. 임금을 올려 달라고 하면 매 맞고, 사장한테 대들면 잘리고. 수적으로 적기 때문에 구사대랑 싸우면 매일 당하고. 그래서 우리 M공장 사람들이 많이 싸워 주러 다녔어요. 우리는 그게 우리 일인지 아닌지 상관하지 않고, 정부가 노동자들한테 해 준 게 뭐 있냐는 생각으로 막 싸웠어요.

중년의 여성 노동자들이 자신을 노동자로 정체화하고 공적인 정치 영역에서 투쟁을 벌인 것과는 달리, 외부에서의 이름 붙인 '무식한' 아줌마나 운동권의 꾐에 빠진 순진한 아줌마라는 말은 여성 노동자들을 분노하게 했다.

우리더러 무식한 아줌마들이 무엇을 알아서 다국적 기업이 어떻고 하느냐고 집에 가서 애나 보라고 했어요. 그래서 화가 나서 '그래, 우리는 무식하다. 그런데 왜 우리같이 무식한 여자들을 건드리느냐'고 막 더 덤볐지요.

말하기 좋아하는 사람들이나 경찰들은 뒤에서 누가 조종한다 어쩐다, 이런 얘기들을 했지만, 그 말에 화가 나는 게, 지금 우리가 나이가 몇 살인데 누가 뭐라고 해서 듣고 안 듣고 합니까? 지금 당장 다들 생활이 어려운데 시위 그만두고 나가면 그만이지. 다 우리가 느껴서 오랫동안 싸우고 있는 거지.

자신의 경험이 바탕이 되어 사회 변화의 '행위자'로 나선 여성들이 인정받지 못하는 것은 공적이고 정치적인 영역이 남성 엘리트 주도적이고 남성적 영역이라는 인식과 무관하지 않다. 여성들 또한 반미, 반정부 집회에 참여하여 시위를 벌여 나갔지만, 결국 사회를 바꿀 수 있는 사람들은 '자신들처럼 못 배우고 빽도 없고 정보도 없는 사람들'이 아니라 '잘난 사람들'이라고 말한다. 소위 '민중'의 이름으로 정치 영역에 들어간 여성들은 그들이 지닌 바로 그 민중성 때문에 정치적 실현의 주체로 설 수 없게 된다.

여성 노동자들은 '무식하고 의식 없는 주부'가 아닌 '무성적인' 노동자의 지위를 인정받기 위해 노동자 집회에 빠짐없이 참여하고 폭력 시위에도 적극 참여했다. 노동자의 투쟁성과 계급성이 강조되던 당시, 폭력은 지배와 저항의 중심으로 자리 잡았고 여성들은 국가 폭력의 희생자일 뿐 아니라, 폭력의 행위자가 되기도 했다. 여성들은 폭력에 두려워하지 않고 나서는 것을 노동자의 정치적 의식을 보여 주는 것과 자연스럽게 동일시했다. 소위 '상근하는 데모자'로 불린 M기업의 노동자들은 전경과 몸싸움을 벌이는 폭력적 시위에 참여했다. 여성들은 이 경험이 무섭기도 했지만 재미있을 때도 있었다고 한다. 여성 노동자들은 자신들에게 붙여진 '무식한 아줌마들'이란 이미지를 일상적인 시위의 현장에서 창의적으로 이용하기도 했다. 때로는 경찰에게 '개기거나', 경찰서에 가서 밥을 뒤엎어 버리는 등의 소동을 벌였다. 경찰들의 심문에 거짓 주민등록번호를 대고, '끊임없이 개김(?)으로써' 그들이 위반한 수많은 집회 조항에도 불구하고 사법 처리를 받지 않았다. 노동 영역에서는 주변성의 상징으로 인식되어 왔던 그들의 '아줌마성'과 '나이'는 거리 투쟁에서는 전략적 효과를 가져왔다.

M기업 여성들은 이웃 공장의 다른 노동자들과 함께 연대 투쟁을 벌이거나 노동 쟁의를 경험한 다른 외국 기업의 노동자들을 지원 투쟁하면서 '노동계급의식'과 유사한 어떤 의식의 전환을 경험했다. 새로운 노동자 연대 의식이 그들 사이에 뿌리내리자, 노동자의 저항 문화를 받아들일 수 있게 되었다. 공장에서 점거 농성 중에 지역 활동가를 초대해서 한국의 노동 운동과 다국적 기업에 대한 공부도 하고, 민중가요를 배우고 연극도 하면서, '의식화' 과정을 거쳤다. 자신들이 하고 있는 투쟁의 배경 지식과 구체적인 활동 목표에 대해 알아 가면서 상황을 체계적으로 이해할 수 있게 되었다. 공장에서 기약 없는 점거 농성을 벌이던 여성들은 한국 기혼 여성들의 주요 수입원이던 수출용 편물을 짜거나 주변의 다른 노조에 팔 김치를 담갔다. 그래서 어떤 노동자들은 비록 부분적이긴 했지만 연장 투쟁에 따른 경제적 손실을 어느 정도 메울 수 있었다.

자신을 전형적인 주부로 생각했던 전씨는 자신에게 일어난 급진적인 정체성의 변화를 이렇게 설명했다.

> 나는 단지 가족을 위해서 돈을 모으며 가능하면 조용하게 살고 싶었어요. 그냥 나는 노조가 싫었어요. 솔직히 말하자면 회사 쪽이 더 가여워 보였고요. 그런데 회사가 문을 닫으니까 노조에 무관심한 태도를 보였던 것에 죄책감이 느껴지더라

고요. 나는 너무 억울했기 때문에 회사가 합의를 봐 줄 거라 생각했고, 합의를 보기 위해 최선을 다하자는 거였는데 싸움에 말려들고 보니까 내가 얼마나 많이 회사와 정부에 속았는지 알겠더라고요. '급진적'이 될 수밖에 없는 거지요. 내가 무식하고 소심했는데 과격하게 변한 것을 보면, 왜 많은 '운동권' 학생이나 노동자들이 과격하게 싸웠는지 알 수 있었어요. 그냥 '순수한 마음'만 갖고 있으면, 아무것도 이룰 수 없어요.

적지 않은 여성들이 노동 분규에 휘말리기 전에는 자신들이 얼마나 '순수하고 여성적이며 얌전했는지'를 향수 어린 말로 표현하고 이후의 노동자의 자아 정체성을 '여자다움을 잃은 것'으로 생각했다. 여성들은 노동자가 되는 과정에서 세력화되고 있다는 점을 강조했지만 동시에 가부장제 사회에서 요구하는 수동적이며 희생적인 여성성을 상실한 것으로 해석함으로써 여성적 정체성과 노동자 정체성 사이의 갈등을 경험했다.

폭력의 행위자인 노동자, 폭력의 희생자인 '부녀자'

이 절에서는 국내외 미디어에서 M기업 노동 분쟁을 재현한 방식을 추적함으로써 재현이 만들어 내는 정치적 효과를 분석한다. M기업의 노동 투쟁은 주한 미국상공회의소 점거 시위 이후 대중에 광범위하게 알려지게 되었다. 당시 주류 미디어의 담론은 노조의 '불법적이고 폭력적이고 따라서 반민주적인' 행위를 강조했다. 정치화된 노동 운동이 정권의 안정성을 위협하는 것으로 여겨졌기 때문에, 이러한 언론 보도는 드문 일은 아니었다. 한국의 보수적인 언론과 유사하게 노동계에 호의적이지 않았던 미국의 『저널 오브

커머스』Journal of Commerce의 기사는 미국상공회의소에서 M기업 여성들이 벌인 점거 데모를 '폭동'으로 정의하고 있다.

> 미국계 회사의 한국 근로자들이 사라진 고용주에 대항하기 위해 서울의 미국 상공회의소 사무실에 침입했다. 그들은 안에 바리케이드를 치고 컴퓨터와 사무기기들을 부쉈다. 경찰이 사무실로 쳐들어가서 60명 남짓한 노동자들과 이들과 동행한 10명의 학생 운동가들을 체포했다. 노동자들 대부분은 젊은 여성으로 임금과 퇴직금을 받기 위해 점거 농성을 벌였다고 한다. 이 시도는 좌절되었다. 휴즈 씨(이 회사 사장의 가명)는 회사를 철수한 것은 한국 노동자들이 전투적인 노조를 결성하고 미국과 한국의 M기업 간부와 회사의 한국 변호사를 위협하고 상해를 입혔기 때문이라고 말했다(Moore, 1989).

이와 유사하게, 『로스앤젤레스 타임스』(Schoenberger and Yoshinara, 1989)의 기사도 노동자들의 폭력성을 강조했다. 한국과 미국 신문에서 여성들이 운동권 학생들과 함께 시위를 벌였다는 사실을 부각함으로써 노동자들의 정체성을 왜곡한 것은 우연이 아니다. 두 나라의 상이한 정치적 배경에도 불구하고 두 기사의 성격은 놀랍게도 유사하다. 그들은 노동자들은 '훈육'되어야 한다는 자본가의 이해를 공유하면서 한국 노동자들의 폭력성을 강조하고, 그들이 결코 이런 시위를 주도할 만한 독자적인 행위자가 될 수 없음을 암시했다. 이러한 시위를 주동한 것은 노동자가 아니라 노동자를 선동한 엘리트 대학생들이라는 점이 부각되었지만, 실제로 M기업 여성 노동자들 시위에는 운동권 대학생이 한 명도 참여하지 않았다. 차이가 드러나는 부분은 미국 신문에서는 지속적으로 노동자들의 성별gender을 덜 강조하고 오히려 '한국 노동자'들의 터무니없는 급진주의, 과격함, 폭력성을 강조하는 반면 한국 신문들은 노동자들이 '기혼 여성' 즉, 부녀자라는 점을 강조했다.

미국의 미디어들은 지속적으로 노동자들을 "사무실에 쳐들어가서 컴퓨터와 다른 기기들을 부수는"(Moore, 1989) 폭력적인 행위자로 묘사하거나, 두꺼운 유리문을 부수고 들어가서 공포에 질린 사무직원을 황급히 창 밖으로 내쫓는 장면을 사진 자료로 내보냈다. 여기서 폭력적인 경찰의 침입은 질서를 회복하는 수단으로 묘사된다. 미국 청중들을 대상으로 하는 서사에서 이 사건은 '전투적인' 한국 노동자들의 과격함을 상징한 사건으로 설명되고, 경찰이 노동자들을 통제하기 위해 출동해야만 했던 상황을 설명한다. 한국 정부의 극단적인 무력 사용을 정당하고 합법적인 진압책으로 승인한다. 그러나 이 여성들이 왜 미국상공회의소에 침입하여 시위를 벌여야만 하는지는 자세히 소개되고 있지 않다.

이와는 대조적으로 한국에서는 보수 진영과 진보 진영에 속한 신문 모두에서 독자들에게 어느 정도 혼란스러움을 불러일으킬 수도 있는 방식으로 이 사건을 보도했다. 여기서 초점은 무자비한 국가 공권력 아래에 놓인 노동자들이 '기혼 여성,' 즉 부녀자라는 점이었다. 『조선일보』는 노동자 대투쟁 기간 이후 일관되게 노동자들의 투쟁을 제압하려는 국가 의지가 부족하다며 정부를 비판했다. 그러나 M기업 시위의 머리기사는 "경찰, 농성 근로자 무차별 구타"였고 "체불 임금을 지급하지 않고 달아난 미국인 사장을 규탄하는 농성 노조원들을 경찰이 과잉 진압, 삼사십대 부녀자인 근로자 10여 명이 각목 등으로 집단 폭행을 당했다"고 언급했다(『조선일보』, 1989년 3월 23일). 이어서 기사는 상황을 기술하면서 경찰 1개 중대의 인원이 투입되었음을 상술하고 폭력의 장면을 생생한 사진으로 담고 있다.

경찰은 30분 뒤인 오전 11시 10분쯤 서울시경 기동대 1개 중대, 전경1개 중대 등

3백여 명을 투입, 사무실 벽과 철문을 부수고 들어가 저항하는 노조원들을 끌어냈다. 경찰은 연행 과정에서 농성 근로자들이 자위를 위해 준비한 각목 등을 빼앗아 휘두르고 대부분 부녀자들인 노조원들을 발로 짓밟거나 머리채를 잡아끄는 등 과잉 진압을 폈다. 경찰이 무차별로 구타를 하자 부녀자들은 "밀린 월급 받자는 게 무슨 죄냐"고 울부짖으며 거칠게 대항했고 일부 부녀자들은 겁에 질려 구석으로 피했다가 연행되기도 했다(『조선일보』, 1989년 3월 23일).

이러한 설명은 국가가 단순히 어려운 상황에 처한 '부녀자들'에게 과도한 폭력을 사용했다는 점을 부각하면서, 기사의 많은 부분을 부녀자들이 과격하고 정치적인 동기를 가진 노동자들이라기보다는 그들의 의도가 얼마나 단순하고 경제적인 것이었는지에 초점을 맞추고 있다.

노동자들에 대해 부녀자라는 용어를 반복적으로 사용함으로써 이 기사는 여성 노동자들을 국가의 남성적 폭력에 의한 피해자로 그리면서 여성들이 진압당하는 상황을 자세히 그려 내고 있다. 『조선일보』의 다른 기사에서는 이 여성들은 사회에 위협을 가하지 않기 때문에 급진적이고 정치적인 노동자들과 구별해서 바라봐야 한다고 국가에 촉구하고 있다. 이 같은 가부장적인 보호 담론은 쉽사리 여성들을 '피해자'화한다. 노동자들이 일단 여성 그것도 중년의 부녀자로 확인되면 그들의 시위는 정치적인 행위로 여겨지지 않고, 그들의 정체성은 무력한 피해자로 결정된다. 이렇게 젠더는 상징적인 표식으로 여성 노동자들의 정치적인 행위가 재현되는 방식을 결정한다. M기업의 여성들이 남성 활동가들과 동등한 위치에서 스스로를 변화시켜 내면서 정치적 행위자로 서게 된 과정이나 현재성에 대해서는 주의를 거의 기울이지 않는다.

이러한 담론은 여성을 종속적이고 가정에 속한 존재로 전제해 버리는 가부장적 보호주의 담론의 특성을 반영하고 있다. 이러한 담론은 『조선일보』 같이 노동자들의 저항에 대처하는 국가의 공권력 행사를 옹호하면서 국가를 훈계하는 어투를 보였다가 '여성'이라는 기호가 들어가면 문제를 사적이고 사소한 것으로 설명해 내는 전형적인 예를 보여 준다. 이 신문은 여성에게 가해지는 남성적 국가 폭력의 장면을 이렇듯 상세하게 그려 냄으로써, 이 사건을 노동자들에 대한 국가 억압의 유형이 아니라 성별화된 학대의 유형으로 변형시킨다.

미국과 한국의 기사들은 자본가 중심적인 서사와 가부장적인 서사가 때때로 모순을 일으키는 지점을 예시해 준다. 한국의 보수 미디어는 이 사건을 애써 국내 문제로 보려고 하고, 갈등의 요인인 미국의 철새 자본의 존재를 지워 낸다. 『조선일보』의 논조는 한국 정부는 다국적 기업에서 일어나는 노동 시위를 적극적으로 다루고 해결해야 할 책임이 있다는 점을 강조하지만 실제로 국가의 '영토성'을 넘나드는 다국적 자본을 규제하기 위해 단일 국가가 행사할 수 있는 영향력이 별로 없다는 점을 애써 인정하지 않는다. 후에 M기업 노동자들이 미국 본사를 찾아가 벌인 시위와 관련해서 이 신문은 한국 정부가 시민들을 보호하는 역할을 소홀히 하고 문제를 해결하려 하지 않기 때문에 한국 노동자들이 본사를 방문할 필요가 생기게 되었다며 비판하고 있다. 신문은 한국 노동자들의 투쟁이 국가적인 정치 영역 안에서 수행되어야 함을 암시하면서 한국 정부가 외국 기업을 통제할 뿐만 아니라 미국과 외교적인 협상도 수행할 책임을 지닌 당사자임을 암시하고 있다.

초기 신문 기사들이 M기업 여성들을 '부녀자' 운운하며 공권력을 비판했던 것과는 달리, 여성 노동자들이 미국에 원정 시위 간 후에는 집안에서 문제를 해결하지 못하고 법석을 떠는 '여성'이라고 비난의 화살을 여성 노동자들에게 돌린다. 이 기사는 문제 해결의 핵심은 합리적이고 이성적이려는 노조의 의지가 어느 정도인가에 달려 있다고 역설한다(『조선일보』, 1990년 7월 15일). 또한 외국 기업에 대한 한국 노동자들의 과도한 요구 때문에 사회 혼란이 초래되고, 외국 투자가 감소할지도 모른다고 우려한다. M기업 여성들이 '부녀자'로 호명될 때는 폭력의 무기력한 희생자로 묘사되다가 미국 기업을 대상으로 싸우는 '노조원'으로 그려질 때는 과도한 요구를 하는 비이성적이고 폭력적인 행위자로 그려진다. 사실 『조선일보』는 M기업 노동자들이 끊임없이 정부 관련 부처에 호소한 것이나 이후에 이들이 전경들의 손에서 어떻게 다루어졌는지는 전혀 보도하지 않았다.

M기업 여성 노동자들은 한결같이 미국상공회의소에서 전경들의 폭력에 처음으로 대면했을 때 느꼈던 공포의 극악한 본성을 지적한다. 그들은 이 경험이 노동자 의식의 주요한 전환점이 되었으며 노동자로서 투쟁해야만 하는 것을 깨닫는 계기가 되었다고 말했다. 이 사건 이전에 여성 노동자들은 그들의 노동 쟁의는 사회적 영향력이 있는 사람들의 '선의'를 통해서 해결될 수 있는 단순한 사건이라고 생각했다. 그러나 백골단이라 불리던 폭력적인 전투 경찰에 의해 예기치 못한 폭력을 경험한 후 M기업의 노사 분쟁을 국내의 정치 문제와 국제적인 힘의 위계의 관계 속에서 사고하기 시작했다. 김씨는 "이것은 내 세계관의 총체적인 변화였어요" 하고 말한다. 그 후 그들의 구호 속에는 '잃어버린 정의'를 위해 싸우는 한국의 노동자라는 단어들이 떠오르기 시작했고, 폭력을 방어라는 이름으로, 그리고 도덕적인 정당성을 실현하기 위한 방법으로 채택하기 시작했다. 그들은 그 후 인근의 노동자들과 함께하는 연대 거리 투쟁에 빠짐없이 참여했고, 폭력적인 전경들에 맞서서 최전선에 섰다. 당시 48세이던 한씨는 "연대 시위를 할 때 M기업 노동자들은 맨 앞줄에 섰어요. 행진할 때 몽둥이, 쇠파이프, 화염병을 휘둘러 대서 전경들을 위협하고 쫓아 버렸지. 우리는 방해물을 만나면 더 강해졌어요.

그리고 '도대체 경찰과 정부가 우리한테 해 준 게 뭐냐' 고 말하면서 열심히 싸웠죠" 하고 말했다.

반미주의자인 한국 노동자, 국가적 영웅인 아줌마 노동자

주씨는 왜 그들의 노사 분규가 그렇게 많은 미디어의 시선을 끌게 되었는가를 1980년대 후반과 1990년대 초반 한국의 진보 세력의 반미 감정의 맥락에서 설명한다. 그는 "미국을 좋아하지 않았던 사람들은 우리의 사례case를 좋아했다"면서 당시 대학생 시위와 민중 집회에 얼마나 많이 동원되었는가를 증언했다. 실제로 '반미주의' 의 수사는 한국에서 먼저 나왔다기보다는 분규 초기에 M기업 미국 본사의 사장이 M기업 여성들을 '공산주의자' 나 '반미주의자' 라고 부르면서 등장하기 시작했다. 한국의 여성 노동자들을 그렇게 부르면서 그는 일반 미국인들이 가장 혐오하는 공산주의자와 반미주의자로 이들을 정형화했다. 노동자를 공산주의자나 반미주의자로 호명하기 시작하면 M기업의 사례는 글로벌 철새 자본과 무력한 로컬의 노동자라는 정치 경제학적 맥락에서 벗어나 버린다. 사실, 미국과 다른 나라들 사이에서 일어나는 무수한 갈등들이 곧잘 '반미주의' 라는 말로 단순화되면서 다양한 정치 경제적, 사회적 문제를 해결하기 위해 등장하는 각 나라의 행위자들의 다양성을 무화시켜 버릴 뿐만 아니라, 이들의 정치적 의식을 구조화하는 복잡한 권력관계들을 구체적인 맥락에서 탈각시킨다.

미국의 미디어도 역시 반미주의를 강조했다. 『월스트리트 저널』은 M기업 사례에 크게 관심을 가지면서 "공장 폐쇄가 한국에서 긴장을 고조시킨다"나 "한국에서의 갑작스런 자본의 탈출이 반미 감정에 불붙인다" 같은 기사 제목을 달고 있다(Manguno, 1989a; 1989b). 미국의 기사들은 공장 폐쇄의 원인이나 M기업 노동자들의 현실에 주목하기보다는 이 사건과 반미 감정의 관계에 주목하고 있다. 이 기사들은 한국의 당국자들, 노동계 대표들, 그리고 한국의 미국 기업가들의 코멘트를 인용하면서, 사례의 특수성에 주목하기보다는 이 사건이 얼마나 반미 감정을 상승시키는지에 대한 서사로 이동시킨다. 1989년 5월 21일 『워싱턴 포스트』의 "외국인 혐오적인 수사와 행동이 노사 관계에 침투해 있는 한국에 오신 것을 환영합니다"(Maass, 1989)* 같은 기사들에서는 한국 노동자들의 호전성과 반미 감정 간에 상호 관련성이 있다고 단언하고, M기업이 임금을 지불하지 않고 떠남으로써 다른 미국계 회사들의 상황을 더욱 악화시키고, 한국 노동자들의 극단적인 민족 감정을 일으켰다고 설명했다. 그러나 이 기사는 어떻게 노동자들의 반미 감정이 미국상공회의소에서 시위를 하게 만들었는지, 그리고 어떻게 노동자들의 호전성이 반미 감정으로 흐르게 되었는지는 설명하지 않는다.

다국적 기업의 노동 분쟁을 항상 '감정' 또는 '정서'라는 말로 설명함으로써 이 기사들은 다국적 기업 내의 노동과 자본의 관계를 둘러싼 구조적인 쟁점들을 언급하지 않은 채 논의를 마무리하는 것을 정당화한다. 이 기사들은 생산직 다국적 기업의 노동 쟁의를 노동자들의 소위 퇴행적인 민족주의와 반외국인 감정 때문에 생기는 것으로 격하하고 있다. 로컬 노동자들의 투쟁의 구조적인 현실은 이와 같은 서사에서 침묵당하고 잊힌다. 무의식적으로 또는 의도적으로 자본가 계급의 계급 이해에 영합하는 미디어에 의해 노동 쟁의가 그려지고 판단되고 그것은 철새형 다국적 기업의 불법 행위들

---

* 이 기사 제목의 원문은 "Welcome to South Korea, Where Xenophobic Rhetoric and Actions Have Seeped into the Realm of Labor Relations"이다.

이 지속되게 하는 '효과'를 만들어 낸다.

사실 미국 기자들은 미국계 다국적 기업들에서 벌어지는 노동 쟁의와 갈등을 '반미주의'적 담론으로 구성해 내는 역할을 했다. M기업 노동자 송씨는 미국대사관 앞에서 항의 시위를 했던 첫날의 경험을 이렇게 설명한다.

> 우리는 그들[미국의 기자들]이 우리에게 와서 "이것이 반미주의입니까, 아닙니까?" 하고 물었을 때 정말 분개했어요. 우리는 반미주의가 무슨 뜻인지 몰랐거든요. 그렇지만 나는 확실히 우리를 속였기 때문에 미국 회사 사장을 싫어했죠. 어떻게 우리를 이렇게 비참하게 남겨 두고 도망가는 사람을 좋아할 수가 있겠어요? 그렇지만 그들[기자들]은 우리가 얼마나 많은 체불 임금과 퇴직금을 받아야 하는지를 상세하게 설명해 줄 때 들으려 하지도 않았어요.

미국 다국적 기업의 노사 갈등에 '반미주의'를 가장 중심적인 서사로 만들어 내기 위해서, 갈등의 당사자이며 주요한 행위자인 M기업의 여성 노동자들의 다양한 견해는 모순적인 목소리로 '삭제'된다. 미디어의 중심 서사가 '반미주의'가 되어 가자, M기업 여성들은 자신들의 사례에 관심을 불러일으킬 수 있는 방법은 '반미주의'임을 알게 되었다고 한다. 노동자들이 만든 M기업의 노조 회보는 미국대사관 앞 시위에 대해 "어떻게 우리가 미국인들에게 도둑질당하고도 반미 감정을 키우지 않을 수 있을까? 반미 감정은 우리가 [회사 사장을] 알게 되었을 때부터 자라기 시작했다"(M기업 노동조합, 1989)고 논평하고 있다. 그 후 이들의 선전 문구와 표어들은 투쟁을 재현하기 위해 반미주의 색채를 띠게 되었고 반미주의는 그 후 그들의 투쟁에 주요한 주제가 되었다.

M기업의 분쟁 초기에 관심을 보였던 한국 언론은 그 후 1년이 넘는 여성들

의 시위에 대해 침묵으로 일관했다. M기업의 노동 투쟁에 대한 한국 언론의 재현이 급격하게 변화한 것은 노동자 대표단이 미국에 건너가서 3개월 동안 M기업 본사에서 첫 '원정 시위'를 벌이면서부터다. 1990년 4월부터 M기업의 원정 시위에 대한 관심이 폭발적으로 일어났다. 언론에서는 "[M기업] 노조 대표 3명, 체불 임금 담판 위해 도미"(『중앙일보』, 1990년 4월 11일), "[M기업] 노조 '담판' 위해 미국 간다"(『언론노련신문』, 1990년 4월 5일), "[M기업의 노조] 미국을 방문하다"(『조선일보』, 1990년 4월 13일), "'[M기업] 아줌마' 미국 원정 시위 나선다"(『한겨레신문』, 1990년 4월 6일) 등으로 머리기사를 장식하며 이것을 '흥미로운 사건'으로 포착하기 시작했다. 당시 언론은 정부의 통제 하에 있었지만, 『한겨레신문』은 한국 정치 관계에서 대항 담론을 생산하는 가장 거침없고 반정부적인 언론이었다. 『한겨레신문』은 다음과 같이 이 사건을 기록한다.

> 집안일마저 거의 팽개치다시피 한 이들 '[M 기업] 아줌마'들은 그동안 주한 미대사관, 주한 미상공회의소, 노동부, 국회 등을 찾아가 해결을 호소했으나 그들에게 돌아온 것은 오히려 경찰의 폭력과 연행뿐이었다. 1년 이상 농성을 계속해 오는 동안 [M기업의] 문제는 단순한 한 미국 기업의 횡포라는 차원을 넘어 제 권리를 찾으려는 한국 노동자가 거대한 미국 자본에 도전하는 싸움의 상징처럼 되어 버렸다(『한겨레신문』, 1990년 4월 6일).

위와 같은 서술에서 M기업 여성 노동자들은 한국 사회에서 가장 힘없는 자 또는 희생자의 상징으로 그려지지만, 동시에 미국 자본에 대항하여 싸우는 영웅적인 행위자이기도 하다. 미국에서 노동자들이 벌인 투쟁의 과정을 보도한 『한겨레신문』은 M기업 노동자들을 '거만한 미국 자본가'들에 대항하여 민족적 자부심을 위해 싸우는 사람들로 묘사했다. 진보 세력에게는 이 사건을 비롯한 미국계 다국적 기업에 대항하는 노동 쟁의들은 한반도에 존재하는 미국의 패권적 질서의 폭력성을 보여 주는 예이기 때문에 한국의 청중에게 알리고 설득해야 했다. 미국계 기업에서 일어난 일련의 노동 쟁의는 이런 면에서 친미적인 한국의 군사 정권에 대항하는 정서를 불러일으키는 효과적인 도구였다.

진보적인 신문 기사들과 문헌들에서 강조되는 것은 무엇보다도 평범한 주부들이 미국의 힘에 대항하는 투사로 변형되는 과정이다. 이렇게 함으로써, 진보적인 대항 언론들은 미 제국주의라는 과도하게 정치화된 관념에 새로운 관점을 제공한다. 흔히 운동권에 의해 생산된 '미국의 압제에 고통받는 민중 노동자'라는 이미지는 추상적이고 거리가 있지만 '아줌마 노동자' 이미지는 지극히 현실적인 '사실'로 미국이 행사하는 '폭력'을 알려 줄 수 있었다. 그러므로 어떻게 '평범한 아줌마들'이 미 제국주의의 희생자가 되는지를 설명하면서, 결과적으로 한국의 구원자로 알려졌던 미국에 대한 일반 사람들의 기억과 이데올로기에 질문을 던졌다.

흥미로운 것은 '성별 이미지'가 재현에서 중요한 위치를 차지한다는 것이다. 우리가 이미 살펴보았듯이 『조선일보』에서는 M기업 여성 노동자들을 끊임없이 부녀자로 호명하는 반면, 『한겨레신문』과 진보 성향의 문헌들에서는 이들을 '아줌마'나 '어머니'로 호명하고 있다. '부녀자'는 집안에 있는 가정적인 여성을 가리키는 개념이다. 따라서 M기업 여성들을 부녀자라고 부르는 것은 국가의 통제 영역 안에 머물기를 기대하는 제3세계 가부장적 남성의 욕구를 반영한 것이라면, '어머니'라는 용어는 자식들을 위해 희생하고 고생하는 '탈여성화'된 여성의 위치를 상징한다. 진보주의 진영에서는 이 여성 노동자들을 미 제국주의에 반대하는 사명을 가진 민족주의적 주체로 투사하기를 원했다. 가공할 적인 미국의 자본주의에 대항하는 M기업의 노동자들의 투쟁에 바치는 찬양조의 헌사는 '어머니'라는 호명을 통해 청중들에게 민족 집합체적 감정을 불러일으키는 효과를 만들어 낸다. 즉 진보 진영의 엘리트들은 신비한 모성적 힘으로 민족적 자존심을 되찾는다는 정치적 상상력을 통해 동일한 감정을 공유하는 저항 공동체를 구축하고자 했다. 따라서 노동자들은 그들 자신의 현실적, 경제적, 정치적 이익보다는 정치적 엘리트들의 민족주의적 프로젝트의 역사적 사명을 수행하는 자로 서게 된다. M기업의 유머러스한 여성들은 매번 시위할 때마다 "무식하고 의식 없는 아줌마란 소리만 듣다가 운동권들의 시위에서 걸개그림이나 현수막에 투사 같은 모습으로 그려지고 '민족의 어머니'라고 쓰인 것을 보고 처음에는 우리가 아닌 줄 알았다"고 말했다.

몇몇 페미니스트 학자들이 주장했듯이, 민족주의 서사는 여성을 민족의 정수를 보존하는 파수꾼 또는 양육자로 자리 매김하기 때문에 민족과 여성의 상징적 결속에 의존한다(Parker et al., 1992; Yuval-Davis, 1993). M기업의 사례는 '어머니'라는 은유를 통해 신비한 모성적 힘으로 민족적 자존심을 되찾는 정치적 효과를 상정한다. 이와 달리 노동 분규가 있는 다국적 기업의 젊은 미혼 여성 노동자들은 '외국 자본에 유린당한 연약하고 어린 우리의 여성들'로 표현됨으로써, 국가의 경계를 넘나드는 외국 자본에 의해 여성들의 '순결'이 상실된 것으로 이미지화한다. 이러한 강한 성적 은유는 여성을 외부 세력에 영향을 받기 쉬운 존재로 차별화함으로써, 집단적, 남성 중심적 민족주의 감정을 불러일으키기 위한 수단으로 동원된다. 여성들이 많이 고용된 다국적 기업의 노사 분규가 여론의 관심을 받는 것은 '민족의 어머니'나 '외국 자본에 유린당한 어린 여성'이란 성별 기호를 통해 가부장적 남성성을 감정적으로 자극하거나 민족 감정을 불러일으키고 특정한 정치적 효과를 줄 수 있는 효용성이 높기 때문이다.

그러나 이러한 성별화된 민족주의의 수사와는 대조적으로, M기업 여성 노동자들은 상이한 계급의 한국인들과 연대를 맺어 강한 민족주의적 주체로서 전선에 서기보다는 '노동자' 계급의식을 강하게 견지하고 있었다. 여성 노동자들은 '반미주의'나 '민족주의'라는 이름으로 자신의 저항성이 설명되는 것에 항상 만족한 것은 아니었다. 어떤 여성 노동자들은 그들 자신의 행동을 설명하기 위해 이같이 너무 정치적인 용어를 적용하는 것을 꺼리는 반면, 다른 노동자들은 누구와 연대할 것인가에 따라 반미주의적 서사를 차용해야 된다고 믿었다. 그러나 대부분의 여성 노동자들은 장기적인 투쟁의 경험 속에서 냉전 체제 안에서 정형화된 미국의 역할에 대한 뿌리 깊은 역사적인 기억을 재해석하게 되었다고 털어놓았다. 어떤 여성들은 그들의 과거와 현재의 삶에 대한 해석과 이해를 재조정하게 된다.

우리가 학교에서 읽기를 배울 때부터 지금까지 미국은 우방이자 혈맹이라고 들었어요. 우리가 거기에 너무 기대했던 거지, 그래서 [지금은] 모든 아줌마들이 절대로 미국이 소유한 공장에는 나가지 않을 거라고 말해요(송씨).

나는 미국 것은 뭐든지 좋은 것이라고 생각했어요. 미국이 최고고 모든 미국인들은 친절하다고. 그게 내가 어렸을 때 들었던 것이니까요. 미국은 우리를 전쟁 때 도와주었다는 등 말이죠. 그런데 지금은 내가 뭔가 미국산을 사고 싶을 때마다 우리 농민들을 생각하면서 그러지 않는 것이 좋겠다고 내 자신한테 말하죠. 나는 전형적인 학생 운동가 같은 반미주의자는 아녜요. 나는 그런 것하고 전혀 거리가 멀고 오히려 미국에 대해 더 이상 열광하지 않게 되었죠. 모든 미국인이 천사 같지도 않고, 민주주의를 설파하는 것도 아니고. 나는 거기에는 M 기업 사장 휴즈 같은 사람도 있고 또 좋은 사람들도 있다는 걸 알게 되었죠. 이게 그런 거예요(임씨).

우리가 미국 회사에게 억압받았다고 해서 우리가 모든 미국인들을 싫어하는 것은 아니에요. 이것은 어떤 나라에서도 일어날 수 있는 노동자와 자본가 사이의 문제였습니다. 그렇지만 우리가 소송에서 지고 난 뒤에 나는 미국 법은 확실히 자본가 편이고, 그것은 결국 많은 가난한 나라의, 가난한 세계의 노동자들을 억압한다는 의미라고 생각했죠(이씨).

많은 사례들에서 노동자들은 자신들의 경험을 통해 성적이고 계급적인 하위 주체로서 그들 자신을 인식하게 되었다(Spivak, 1988a: 246; 1988b). 일관되게 민족주의적이거나 반미주의적인 설명으로는 여성들의 주체적인 정체성이나 이들의 노동 쟁의의 성격을 짚어 낼 수 없다. 사실, 노동자들은 자신들을 규정하는 엘리트 담론에 저항하면서 자신들은 '겪어 본 사람'들만이 알 수 있는 모순들에 대해 얘기할 수 있는 경험적 주체임을 강조했다.

노조의 대표단이 미국에 갔을 때 그들은 새로운 정치적 '재현'의 영역으로 진입하게 된다. 미국의 노동 단체와 인권 단체들은 M기업 노동자들을 가난하고 억압당하는 희생자로 부각하면서 이들의 쟁의를 전형적인 제3세계 노동자의 문제로 선전하고자 했다. 글로벌 자본주의 하에서 비서구의 여성 노동자들은 가난, 억압, 무기력의 상징이었기 때문에 미국 인권 운동가들은 M기업 여성들의 '투쟁'의 탈영토성과 초국가성을 강조하기보다는 이들의 임금 수준이 얼마나 낮았는지, 노동 환경이 얼마나 열악했는지에 초점을 맞추었다. M기업의 노동자들은 미국 내 지지자들에 의해 글로벌 자본주의 시스템의 하위를 차지하는 '희생자'로 그려졌고, 미국 노동계 인사들은 "이 가난한 노동자들이 우리에게 '원조'를 요청한 것에 응답해야 한다"면서 노동권을 확보한 선진적인 미국 노동자들이 이들을 도와주어야 한다고 주장했다. 미국에 파견된 M기업 노조 대표단이 미국 노동계 인사들이 '정치성'과 계급의식이 없고 지나치게 관료주의화된 것을 비난한 것과는 대조적이다.

M기업의 여성 노동자는 시간성과 역사성을 박탈당한 채 '보통의 제3세계 여성'(Mohanty et al., 1991: 56)으로 취급된다. 모한티와 토레스는 서구의 담론에서 소위 제3세계의 유색 인종 여성들은 서구 자본과 토착적 성 차별 문화의 희생물이라는 주장 이상의 논의를 이끌어 내지 못함으로써 비서구 여성들의 다양한 행위자성을 제거해 버린다고 비판한다. '보통의 제3세계 여성' 같은 재현 방식은 비서구 여성들의 일상을 지배하는 특수한 사회 역사적 맥락에 세심한 주의를 기울이고 그들의 다양한 저항 방식에 초점을 맞추기보다는 제3세계 여성들 모두를 탈역사적인 분석틀에 고정함으로써 '동질화'homogenization하는 경향을 보인다. 제3세계 여성들은 제1세계의 자본에 의해 해방, 또는 새롭게 통제되어 가는 대상으로 동질화되기 때문에 특정한 역사적 맥락에서 이루어지는 여성 노동자들의 행위 주체성에 대한 논의를 끌어내지 못한다. M기업 여성들의 급진적 정치화나 지식의 확장에도 불구하고 이 여성들은 미국 내에서 다시 '보통의 제3세계 여성'으로 범주화된다.

전지구적 자본주의 회로 속의 여성 주체

심씨는 그들의 투쟁의 기원을 "일당 200원을 올리려고 시작한 것이 다비드와 골리앗의 싸움이 되었다"고 설명하고 있다. 1992년 뉴욕 주 법원은 노조의 패소를 선고했다. 배심원들이 M기업 노동자들에게 밝힌 주요한 이유는 뉴욕 본사에서 '의도적으로' 노조에 대항하여 한국 지사를 폐쇄했다는 증거가 불충분하다는 것이었다.

M기업의 행위는 뉴욕 법이 명시한 것과 같은 순수한 경제적 결정이었다고 보아야 한다. M기업의 행위는 노조에 대한 경멸에서 나온 것이 아니라 자신의 경제적 이익을 지키기 위한 것이었다. 뉴욕 주 법원에서는 그러한 동기는 정당하다. 결론적으로 이 법정은 단체 협약을 위반한 M기업의 행위가 악의적이 아니었으며 정당한 이유로 행해졌음을 확인한다. 따라서 피고의 행위에는 어떠한 책임도 따르지 않는다(미국 연방지방법원 뉴욕 북부지원 판결문, 소송번호: 90-CV-774).

M기업의 여성 노동자들은 패소에 대해 다양한 해석을 내놓았다.

우리는 정말 잘될 것으로 믿고 있었어요. 재판 중에도, 지방 검사가 "뭐가 그렇게 큰일이냐? 적당한 임금이 지불될 것이다"라고 말했거든요. 그런데 이상하게도 우리는 지고 말았어요. 내 생각엔 아마도 이게 한 나라의 문제가 아니니까 검사가 압력을 받은 듯해요. 만약에 우리가 선례가 되면 모든 외국의 노동자들이 미국으로 자신들의 분쟁 사례를 가지고 올 테니까요(이씨).

우리 정부가 힘이 없기 때문에 미국 회사에게 임금을 받지 못하는 건 어쩔 수 없지요. 언젠가는 우리나라도 지금보다 부강해져서 우리와 같은 상황에 처하는 사람이 아무도 없게 될 거에요(임씨).

만약에 우리 정부가 자기 나라의 시민들을 평등하고 인간적으로 대우한다면 외부인들이 우리를 어느 정도 존중감을 갖고 취급했을 거예요. 그리고 노동자들이 법

앞에 평등하다면, 우리 한국 사람들이 해외에 나가서 다른 나라 노동자들을 평등하게 대했겠지요(김씨).

M기업 노동자들은 신 국제 노동 분업이라는 글로벌 자본주의 하에서 아직 법적으로 보장받지 못하는 '초국가적 노동권'을 열망하고 있었다. 이러한 열망은 국내외에서 '희생적인 부녀자', '민족적 자존심을 지키는 어머니', '상시적인 데모자', '반미주의자' 같은 다의적 호명 체제 하에서는 해결될 수 없는 새로운 권리 개념이며 의식이었다.

M기업 노동자들의 사회 정치적 위치와 이들을 대표할 수 있는 힘의 결핍에 대한 이 글은 궁극적으로 소위 글로벌 자본주의 회로망에 하위 주체로 포섭된 여성들의 행위자성을 어떻게 자리 매김할 것인가 하는 문제와 맞물려 있다(Spivak, 1988b). 단순히 이 여성들의 주변화된 목소리를 드러내거나, 외부에 의해 정치적으로 덜 오염된, 그래서 훼손되지 않은 '민중성'을 간직한 것으로 상상하는 것, 또는 과도하게 엘리트의 정치성을 투사한 대상으로 재현하는 것 모두 M기업 여성 노동자들이 대면했던 초국가적이며 동시에 한국적인 정치 공간에서의 경험들을 설명해 낼 수 없다(Loomba, 1991).

M기업 여성들은 오랜 투쟁 기간 동안 맥락에 따라 자신들을 다르게 재현해야만 하는 상황에 대해 이해하게 되고, 동시에 엘리트들의 지원을 얻어내기 위해 '민중성'을 가장하기도 했다. 여성들은 더 많은 청중에게 다가가고, 쟁점을 부각시키기 위해서 엘리트들이 여성들에게 부여한 이미지를 이용하기도 했다. 여성 노동자들은 자신들에 대한 다양한 대중적 반응을 대면하면서 '재현'의 딜레마에 빠지기도 하고 내부적으로 많은 논쟁을 경험했다. 무엇보다도 이들을 의식있고 설명력 있는 정치 주체로 보기보다는 거대한 구조적 모순의 희생자이며 민중적 순진함과 무지를 담지하는 자로 바라

보고 싶어 하는 사회적 선입견을 마주하는 것이 너무 힘들었다고 말한다.

> 내가 말한 것은 모두 자연스럽게 내 경험에서 나온 말이에요. 내가 인기 있는 정치가도 아니고요. 다른 사람들이 하는 말에도 동의하겠지만 나도 내 의견을 가지고 있어요. 사람들은 나를 깔보곤 합니다. 한국과 미국 모두에서 정말 많은 사람들이 '민족적 자부심'이란 말과 '가난하다'는 말을 해야 한다고 했어요. 그렇지만 나는 어떤 사람이 내게 말해서가 아니라, 내가 생각하고 느낀 것만 말해요.

1980년대 우리 사회에서 저항적 주체로서 등장한 '민중'이라는 개념은 엘리트의 구축물이었다(Abelmann, 1996). 그렇기 때문에 실제로 민중 혹은 하위 주체인 여성들이 말하기 시작할 때 곧 이들의 목소리는 억압당한다. 왜냐하면 민족, 계급, 젠더 등의 권력의 다중성과 중층성을 경험한 여성들은 일관되고 분명한 한 가지 목소리를 낼 수 없기 때문이다. M기업 노동자인 홍씨와 유씨의 서사에서 보여 주듯이 하위 주체의 말하기는 자체적인 모순을 가지고 있다.

> 우리 중에서 그나마 가장 젊고 대학물을 먹은(1년 중퇴) 주씨가 노조 간부로서 어떻게 회사가 우리에게 임금을 지불하지 않고 도망갔는지를 유식한 사람처럼 이야기했지요. 그 결과 아무도 우리에게 주목하지 않았어요. 우리가 외자 유치법의 문제에 대해서 이야기하면 우리는 사람들을 감동시킬 수 없었어요. 우리가 유식하게 말하면, 사람들은 반응하지 않거든요(홍씨).

> 이씨는 탁월한 이야기꾼이에요. 이씨가 우리 상황을 설명하는 것을 들을 때마다 알고 있는 얘기인데도 정말 감동 받으니까. 그런데 외부 사람들은 이씨가 너무

> 정확하대요. 그 사람들은 심지어는 그 얘기가 "진심에서 나오는 말이냐"고 했어요. 어떤 사람들은 이씨가 말을 할 때마다, "그게 당신 경험에서 나오는 말이냐, 다른 사람[학생 운동가]한테 들은 걸 이야기하는 것이냐"고 질문을 해요. 우리 얘기를 하러 다닐 때마다 뭔가가 잘못되고 있음을 느껴요(유씨).

스스로를 대표하며 말하는 여성 노동자들은 외부의 엘리트에게 말을 걸기 위해서 자신들이 지식인의 담론에 아직 영향을 받지 않았거나 중층적인 구조적 문제를 잘 알지 못하는 민중임을 의식적으로 보여 주어야만 했다. 여성들은 자신이 처한 곤경을 법적, 제도적, 구조적 모순의 결과로 이해하고 급진적인 의식과 말에 있어서의 변화를 겪었음에도 불구하고 여전히 무지하고 의존적인 민중의 모습을 보여야만 했다. M기업 여성들은 시위나 연설을 하러 갈 때, 일부러 '욕'을 심하게 하거나 분노와 슬픔을 과장되게 표현해서 늘 박수를 받고 경제적, 정치적 지원을 얻어 낼 수 있었음을 씁쓸하게 회고했다. 글로벌 자본주의 시대의 여성 하위 주체들은 다층적인 지배를 경험하면서 저항하지만 '경계에 선 여성들'로 재현의 딜레마를 겪고 있었다. 이 여성들의 목소리는 엘리트의 담론과는 대조적으로 모호하고 모순적이며 중층적이다. 이들의 서사는 우리에게 무엇이 한국인, 노동 계급, 여성 주체성을 구성하는가를 설명해 준다. 이 여성들은 초국가적이며 동시에 국가적인 영역에서 억압의 경험과 저항의 목소리를 스스로 대표하고 정치적 권리로 관철하기 위한 '공간'의 부재를 여전히 경험하고 있다.

6. 글로벌 '욕망' 산업과 이주 여성 엔터테이너

전지구적 자본주의라는 새로운 질서는 경제적인 자원의 불균등한 분배를 통해 '국제 이주'라는 새로운 삶과 노동 양식을 구성해 내고 있다. 전지구화globalization는 '생산, 노동, 시장, 이미지'들이 국가의 경계를 넘어 이동하는 현상을 의미한다. '살아 있는 사람들'의 이동을 뜻하는 국제 이주의 문제는 한국의 일상적 현실이 된 지 이미 오래다. 더욱더 심화되는 전지구적 자본주의 체제 하에서 해결될 수 없는, 국가 간의 경제적, 정치적 불평등에서 오는 실업과 영속적인 가난을 '개인적인 차원'에서 해결하려는 선택이 바로 이주다.

그런데 최근의 전지구화 상황은 이주의 '여성화'feminization 현상을 낳고 있다. 이주의 '여성화'는 두 가지 의미로 해석된다. 하나는 여성의 빈곤화가 가속되면서, 이주 노동자 중 여성의 수가 급증하고 있다는 점이고, 다른 하나는 전형적으로 '여성의 일'로 취급되던 돌봄 노동, 즉 가사, 육아, 간병과 성적

■ 이 글은『여/성이론』, 11호(2004년 겨울)에 실린「'친밀성'의 전지구적 상업화: 한국의 이주 여성 엔터테이너의 경험」을 수정한 것이다.

친밀성 등과 관련된 노동을 하기 위해 많은 여성들이 국경을 넘는다는 것이다. 국제 이주 노동의 '여성화'는 1980년대 이후 등장한 새로운 흐름이며, 제조업 분야의 노동과 함께, 가사 노동을 비롯한 감정 노동 영역이 급속하게 상품화되는 현실과 관련이 있다.* 또한 친밀성이 급격히 '상업화' 되고 있는 후기 근대 사회에서 새롭게 확장되고 있는 욕망 산업은 이제 인종과 종교, 국적이 다른 여성들을 유흥과 오락의 새로운 '자원들'로 포착하면서 국제 이주를 추동하고 있다. 특히, 아시아 지역 여성들의 이주는 국제 이주 노동의 '성별적' 특성을 잘 보여 준다.**

1990년대 중반부터 한국 사회도 이주의 '여성화' 경향이 심화되고 있다. 점점 더 많은 이주 여성들이 가사 노동자, 노인 간호자, 식당 도우미, 유흥업 분야에 취업하고 있고, 여성들의 출신 지역도 매우 다양해지고 있다. 최근에 증가하는 '매매형 국제결혼'은 지극히 사적인 관계성에 기반한 가족 제도가 브로커들에 의해 국제 이주의 한 방편으로 활용된다는 점에서 상황을 복잡하게 만들고 있다. 여성들의 이주가 매우 제한적인 조건에서만 허용되는 상황에서 자본이 없는 여성들은 상대적으로 거래 비용이 적게 드는 분야로 취업 이주를 할 수밖에 없다. 이들은 초기의 거래 비용 모두를 남성들이 지불

* 가사 서비스 노동자들의 등장은 이제까지 사적으로 간주되던 감정, 친근감 등과 노동을 결합한 새로운 국제 노동의 양식이다. 이 책 3장 「글로벌 사회는 새로운 신분제 사회인가?」 참고. 혹스차일드는 친밀성의 국제적인 상품화를 '감정의 제국주의적 지배'로 설명한다. 즉, 부유한 국가의 '돌봄의 공동화'care deficit가 일어나고 있는 가족의 재생산 영역을 소위 저개발국 여성의 '이주'를 통해 해결하고 있다고 지적한다(Hochschild, 2003).

** 여성은 아시아 지역 이주자의 65~75%를 차지하는데, 한국의 경우 여성 이주자의 비율은 35~37%다. 외국인 여성 이주 노동자들은 출신 국가에 따라 종사하는 업종이 다양한데, 일반적으로 동남아시아와 몽골의 여성들은 생산직에, 필리핀과 구소련계 여성들은 성산업에, 중국동포의 경우는 식당과 다방, 여관 등의 서비스업에 많아 취업하고 있다(한국염, 2004).

하는 '결혼'을 선택하기도 하고, 가장 적은 비용을 들여 가장 빨리 올 수 있는 '유흥업' 분야를 선택하기도 한다.

점점 더 많은 수의 여성들이 제도적인 형태의 '노동'으로 간주되지 않던 영역, 즉 결혼이나 육아, 노인 뒷바라지, 유흥업이나 성산업 등에 진출하면서 이제 국제 이주는 단순한 국가 간의 인력 송출이나 수용의 문제가 아니라, 특정한 인종, 성, 몸, 감정 등을 가진 인간들 간의 전면적인 접촉의 문제가 되고 있다. 가정이라는 영역에서 인종이 다른 여성들이 고용자와 피고용자로서 육아와 음식 만들기, 노인 뒷바라지 등에 함께 참여하면서 위계 관계를 맺는가 하면, 인종과 국적이 다른 사람들 간에 감정과 성적 욕망이 거래된다. 소위 '돌봄 서비스'라 불리는 영역이나 유흥업은 전통적인 의미에서 '노동'의 영역으로 간주되지 않기 때문에, 이런 영역에 취업하는 이주 여성들의 삶의 조건과 경험에 대해서 연구된 것이 많지 않다.*

서비스업이나 유흥업 분야에 취업한 여성 이주자의 '모호한' 위치는 그들을 '노동자'로 호명할 수 없는 상황을 만들어 낸다. 또한 '결혼'이 국경을 합법적으로 넘는 방책으로 활용될 때, 무엇이 '사적인 문제'이고 무엇이 '공적인 의제'인지 분명치 않은 경우도 생긴다. 감정, 배려, 친밀감, 섹슈얼리티 등이 국제적인 노동 상품으로 거래되는 현 상황에서, 이주 여성들이 한국에서 경험하는 삶을 드러내고, 노동권의 문제를 제기한다는 것은 어떤 재현의

* 이 책에 소개된 참고문헌 외에 한국교회여성연합회에서 발행한 「성산업에 유입된 외국인 여성에 관한 실태조사 보고서」(1999, 2002)가 경험 연구를 바탕으로 구성된 최초의 현장 보고서다. 이 외에 김현선, 「한국 성산업에 유입된 이주 여성의 실태와 해결 방안」(아시아성산업근절을 위한 네크워크 결성과 성매매방지 특별법 제정을 위한 국제 심포지엄, 여성부, 2002); 부산외국인 노동자 인권을 위한 모임, 「부산 지역 성산업에 유입된 러시아 이주 여성 실태조사 보고서」(부산외국인노동자인권을 위한 모임, 2000) 등의 연구물이 있다.

정치학을 필요로 하는가?

이 글은 이런 문제를 염두에 두고 한국 유흥업 분야에서 일하는 이주 여성들의 경험을 글로벌 '욕망' 산업에 편입된 이동하는 여성 주체로 다루려고 한다. 한국 유흥업에 유입된 이주 여성들은 가족이나 동반자 없이 홀로 이주하고, 이주의 기간이나 전망도 상당히 단기적이다. 여성들은 소위 '합법적'으로, 또는 '불법적인' 방법으로 유흥업에 진출하고, 한국인, 미군, 그리고 아시아와 아프리카에서 온 이주 노동자 남성들을 위한 '엔터테이너'가 된다.

한국의 유흥 산업에 외국인 여성 노동자가 유입된 것은 1990년부터다(김엘림·오정진, 2001). 1999년에 외국 연예인의 공연에 대한 규제 완화의 일환으로 공연이 허가제에서 추천제로 바뀌면서 외국 여성들은 한국의 법무부, 문화관광부, 노동부가 인증해 준 정식 통로를 통해, E-6 비자로 불리는 예술흥행 사증을 받고 대규모로 한국에 입국했다. 원래 그들은 댄서나 가수 등으로 공연을 해야 하지만, 한국 정부, 이주 알선업체, 연예 기획사, 유흥업주들로 구성된 한국의 글로벌 '욕망' 산업 체제에 의해 나이트클럽이나 기지촌 지역의 클럽 등에 배치되어 다양한 성적 서비스를 제공한다. 또한 관광 비자로 입국해, 식당 등의 서비스업에 취업했다가 노래방이나 나이트클럽 등의 유흥업으로 유입되는 예도 많다.

해외 취업에 필요한 문서 작성 및 서류 준비 등을 포함하는 거래 비용을 지불할 수 없는 여성들은 "비자 발급 비용만 지불하면 된다"는 에이전시의 말을 믿고, 쉽게 한국행을 결정한다. 한국에 관한 정보가 전혀 없는 상황에서 이들은 전적으로 브로커나 에이전시에 의존하게 되고, 이 과정에서 이 여성들은 인신매매의 형태로 전국의 유흥업소로 파견되어 원치 않는 '성매매'를 강요당하고 있다(김엘림·오정진, 2001; 설동훈·김현미·한건수·고현웅·이아,

2003).* 실제로 한국 유흥업에 종사하는 이주 여성들은 충분한 정보를 갖지 못하고 한국으로 이동해 왔다는 점에서, 그리고 자신들이 원하지 않는 다양한 성적 서비스를 업주에게 강요당한다는 점에서 국제적인 인신매매의 개념에 부합하는 경험을 갖고 있다(설동훈 외, 2003; 손승영·김현미·김영옥, 2004: 110).**

나는 「외국 여성 성매매 실태 조사」(여성부, 2003) 연구의 공동 연구자로 참여해 27명의 여성들을 만나 심층 면접을 했다. 내가 만난 여성들은 주로 구소련 지역과 필리핀 출신이었고,*** 이 글은 이 면접 자료에 기초하여 구성되었다. 나는 이들을 인신매매의 피해자라는 집단적 호명 체제 내에 자리매김하려는 정치학을 포기하지 않은 채, 조금 더 복잡한 한국의 글로벌 성

---

* 이 문제의 심각성 때문에 2003년 6월 1일부로 예술 흥행 사증(E-6) 중 러시아 여성에 대해 '댄서'dancer 범주의 비자 발급이 중단되었으나, 이와 동시에 편법 이주와 소위 '매매형 국제결혼'이 급격하게 늘고 있다. 즉, 현재 한국에서 성매매로 유입되는 외국인 여성은 예술 흥행 비자를 받고 들어온 여성, 관광 비자로 한국에 들어와 다양한 서비스 분야에 취업한 여성, 매매형 국제결혼으로 입국해 유흥업에 취업한 여성들로 구성된다.

** 국제적으로 통용되는 인신매매의 개념은 "착취를 목적으로 위협이나 육체적 폭력 또는 다른 형태의 강압, 유괴, 사기, 기만, 직권 남용 또는 피해자의 취약점을 이용하거나, 기타 금전적 보상이나 이익을 수수하여, 개인을 모집, 이동, 은닉, 또는 인계받는 행위"(United Nations, 2001)다. 상업적 성매매와 관련한 인신매매 행위에 대한 처벌 규정을 잘 명시한 것으로는 1995년에 개정된 벨기에 형법전 Penal Code(Art. 380a)이 있는데, 여기서는 "성매매 또는 성적 유흥을 목적으로 상대방을 유인하거나 고용하는 행위를 금지하며, 이때 피해자의 동의 여부는 문제 삼지 않는다. 성매매를 알선하는 행위, 비정상적으로 높은 이윤을 목적으로 성매매 행위의 장소를 임대 또는 제공하는 행위도 처벌 대상이다. 호텔이나 바 같은 상업 주체에 의한 성매매 알선 역시 범죄 행위이다"(손승영 외, 2004: 110).

*** 그러므로 이 연구는 소규모 성매매 업소, 음식점, 숙박업소, 이발소, 안마시술소, 노래방 등에서 이루어지는 성매매에 유입되는 것으로 보고되고 있는 한국계 중국인 여성(조선족 여성)이나 일부 동남아시아 여성들의 경험을 다루지 못하고 있다.

정치학이나 문화 정치학의 맥락 안에 이들의 경험을 놓으려 한다. 이들은 한국 사회에서 노동의 영역으로 간주되지 않는 '접대' 노동을 수행하거나 때로는 불법으로 규정된 성매매를 하기 때문에, 이들은 '인신매매의 희생자' 나 '인권 억압의 피해자' 라고 호명되어 왔다.

나는 이 글에서 이들의 경험과 목소리가 '문화 교차 지역' 에 서 있는 '여성 번역자' 로 들리기를 희망한다. 글로벌 시대의 여성 번역자로서 이들은 여러 문화와 언어가 교차하는 접경지대에 위치하면서, 다양한 권력관계에 포섭되거나 저항하는 주체들이다. 이들은 "욕망과 위협의 세계, 싹터 오르는 섹슈얼리티와 위험한 남성적 폭력의 세계, 물질의 유혹과 글로벌 자본주의 하에서 착취되는 몸"(이 책 2장 「문화 번역」)으로서 자신의 길을 찾아가는 것을 대표하는 여성들이다. 문화 접경지대에서 새롭게 부상하는 여성 주체를 상징하는 개념인 '에스페란자'(Anzaldua, 1987) 의 행위자성을 드러내기 위해서는 무엇보다도 행위자성에 대한 개념을 정의하는 일이 중요하다.

글로벌라이제이션 담론이 삭제해 온 '주변화된 이주 여성' 의 행위자성을 드러낸다는 것은, 여성 이주자 수용국인 한국이라는 로컬에 있는 나 같은 페미니스트들에게 어떤 고민을 던져 주고 있는가? 나는 이 글에서 여성 행위자성을 진공 상태에서 자율 의지를 가진 이성적이고 저항적인 개인이라는 자유주의적 개념으로 사용하지 않는다. 여성들은 자신이 처한 사회적 맥락을 이해하고 자신의 경험이 지니는 모순성을 끊임없이 해석하는 주체란 점에서, 억압의 생존자이며 동시에 변혁자가 될 수 있다. 여성의 행위자성을 드러내는 일은 우선 전지구적 이주 담론 속에 부재한 이주 여성의 문제를 드러내는 것에서 시작되어야 한다.

왜 이주하는가? : '이주 노동' 연구의 남성 중심성과 경제주의

이주 문제와 성별성을 연결하는 것은 이제까지 이주 노동자 연구를 지배했던 남성 중심적 시각과 전통적인 '노동' 개념에서 벗어나는 것이다. 한국에서 이주 노동자에 대한 기존 연구들은 제조업 분야에 취업 중인 외국인 남성들을 중심으로 이루어진 것이 대부분이었고, 여성들이 종사하는 다양한 서비스업이나 가사, 식당, 유흥업 등에 대한 체계적인 연구가 부족했다.

코프만 등은 기존의 이주 연구의 성별 무감성을 지적하면서, 여성들이 가족, 인종, 계급 등과 맺고 있는 복잡한 관계들을 밝혀내는 것의 중요성을 강조한다(Kofman et al., 2000). 즉 이제까지 국제적인 이주나 이민 연구에서 여성은 '안 보이는' 범주로 취급되었고, 경제적인 동기 때문에 국경을 넘는 다른 남성 이주자들과 같은 이해관계를 가진 것으로 취급되었다.* 즉, 여성 이주자의 문제가 남성들의 '반영'으로 취급되거나, 가족의 한 일원으로서 간주되면서, 여성들의 이주 원인은 배우자나 가족의 이주 이유와 동일한 것으로 해석되었다.

그러나 최근의 연구물들에서 지적하듯이 여성은 다양한 이유와 목적으로 이주를 하고 있고, 사회마다 여성의 이주 방식도 다르다(Piper and Roces, eds., 2003). 모든 성차별적 사회가 공유하는 문화적 상상력 속에서 여성은

---

* 1970년대까지 이주를 설명하는 신고전주의 이론은 개인의 이주 결정은 배출-유입 push-pull 요인의 결과라고 보았으며, 개인이 처한 경제적인 상태에만 관심을 기울였다. 1970년대 중후반에는 마르크스 정치 경제학 관점에서 국가 간의 정치 경제적 권력 분배의 불균등성에 주목해 구조적인 억압 요인을 강조했다. 즉 선진 자본주의 국가가 자국의 노동력 수요에 따라 이주를 조절하는 상황에서 이주는 개인의 선택이라기보다는 계급 불평등의 결과라고 분석했다(Kofman et al., 2000).

가족, 집, 아이와 친밀하게 연결되어 있다는 사실을 고려할 때, '집'과 아이, 가족을 떠나 정보도 없고, 적응을 위한 언어 훈련도 받지 못한 채 국경을 넘은 여성들을 제대로 이해하려면 그들이 행하는 이주의 이유와 방식, 이주 경험을 다양하게 설명해야 한다. 여성의 이주에 영향을 미치는 요인은 다양하다. 이주가 남편이나 동거인 사이에서 겪는 불화나 폭력에서 벗어나기 위한 방법으로 활용되는 등 사적인 문제에서 오는 갈등의 해결책이 되기도 하고, 이혼을 허락하지 않는 자기 문화의 한계를 극복하려는 '탈주'의 수단이 되기도 한다.

여성의 이주는 법과 관습의 보수성으로 대표되는 가부장적 로컬에서 탈출한다는 동기 등을 포함하는 사례가 많다. 즉, 많은 사회에서 여성들에게 부여되는 낮은 사회적 존중과 가치는 여성 이주를 추동하는 요인이다. 예를 들어, 내가 만나 본 구소련 출신의 여성들과 우즈베키스탄이나 키르기스스탄 등 신생 독립국들의 여성은 만성적인 실업 상태에서 벗어나려는 '모험'으로 한국에 오지만, 동시에 자신들이 경험하는 억압적인 문화적 환경에서 '탈출'하기 위해 국가의 경계를 넘는다. 이들 국가들은 독립 이후 자국의 국민 정체성을 확보하는 과정에서 이슬람의 여성 억압 관습을 부활시키면서 여성에 대한 폭력이 증가하고 있고, 여성의 자기희생을 부추기는 사회문화적 변화가 생겨나고 있다. 실제로 이 지역 젊은 여성들의 자살률이 급증하는 현상은 이런 변화들과 무관하지 않다. 즉, 빈곤의 여성화는 경제적인 빈곤뿐만 아니라, 삶의 다른 가능성을 갖기 힘들게 된 문화의 빈곤화도 함께 고려되어야 한다. 이때 이주는 경제적인 목적뿐만 아니라 자신의 미래를 다른 방식으로 만들어 가려는 여성들의 사회적 상상력을 현실화하려는 움직임으로 이해될 수 있다.

또한 여성들은 자신의 사회적 지위를 높이고 새로운 정체성을 만들어 내기 위해 임시적인 이주를 고려한다. 수십만의 인도네시아 여성들은 사우디 아라비아로 이주해서 가정부로 일한다. 회교도인 인도네시아 여성들은 돈을 벌기 위해서뿐만 아니라, 회교도의 의무이자 평생의 소원인 성지 '메카' 방문을 위해 사우디아라비아 이주 노동을 결심하게 된다(김현미, 1999). 그러므로 이주 문제는 송출국의 '가난'과 '실업'이라는 경제적 요소로만 파악하기보다는 여성의 이주에 영향을 미치는 비경제적 요소들의 상호 작용의 결과로 이해해야 한다(Kofman et al., 2000).

한국에 온 유흥업 분야의 이주 여성들의 이주 동기 또한 매우 다양하다. 주로 러시아계 여성들은 구 소비에트연방 시대에 공적 노동 영역에서 평등주의를 실현했던 쿼터 시스템quota system이 붕괴하면서 일자리를 잃었고, 이들은 이에 대한 적극적인 대응 방식으로 '이주'를 감행했다(Tavernise, 2003). 여성들은 대부분 한국에 대한 정보는 충분하지 않았어도, TV 프로그램이나 한국 상품들, 대기업의 광고물 등을 통해 한국에 대해 매우 긍정적인 이미지를 갖고 있었다.

빅토리아 씨(25세, 러시아)는 열아홉에 결혼해 여섯 살이 된 아들이 있는데, 우연히 텔레비전에서 '호스테스 일자리'hostess job를 제공한다는 한국 취업 광고를 보고 한국행을 결심했다. 그는 광고에서 나온 에이전시를 찾아가 신청을 했는데 연락이 와서 계약을 하게 되었다. 대학에서 경영학을 전공했던 크세니아 씨(25세, 러시아)는 학비를 벌기 위해 한국에 왔다. 우즈베키스탄의 타시켄트 출신 베로니까 씨(22세)는 음악 대학을 졸업한 후 교사로 일하다가 목돈을 마련해 미국 같은 나라에 가서 살고 싶어 한국에 오게 됐다. 필리핀인 브렌다 씨는 남편의 육체적 학대를 피하기 위해 한국에 왔고, 러시아인 알라 씨는 이혼 후 혼자 아이를 키워야 하지만, 아이와 오래 떨어질 수 없어, '빨리' 돈을 벌 수 있는 방법으로 '댄서'를 택했다. 이들은 거대한 전지구적 욕망 산업의 회로 속에 다양한 인생사와 미래의 기획을 가지고 한국에 왔다.

한국 사회의 이주 '엔터테이너' 여성들의 일 경험

내가 만나 본 유흥업소 여성들은 주로 구소련 출신과 필리핀 여성들이었다. 그런데 이들이 주로 취업하는 업소들은 구분되는 경향이 있었다. 구소련 여성들은 한국인들을 주 고객으로 하는 나이트클럽, 가라오케, 단란주점 같은 한국인 클럽과 기지촌 미국인 전용 클럽, 그리고 이태원이나 부산의 '텍사스촌' 클럽 등에 취업하고 있는데 대체로 전국적으로 분포된 한국인 클럽에서 일하는 비율이 높았다. 반면 필리핀 여성은 대부분이 기지촌 클럽에서 미군 병사들을 대상으로 일하는 예가 많았다. 구소련 지역의 여성들은 한국 미디어를 통해 '성매매를 하는 정열적인 팔등신의 노랑머리'로 묘사되면서 '나타샤'나 '백마'라는 은어로 불리고 있다. 이미 많은 러시아계 여성들이 경제 불황으로 유럽과 아시아 지역으로 국제 이주를 감행해 왔지만, 최근에는 특히 새롭게 부상한 아시아 신중산층 남성들의 성적 열등성을 회복하는 '백인 타자'로 선호되고 있다. 이에 비해, 필리핀 여성들은 '영어를 잘하고, 작고 순해서 무릎 위에 올려놓고 만질 수 있는lab dance 순종적인 아시아 여성'으로 미군이나 서구 남성들이 선호하고 있다. 이런 인종성과 결합된 성적 욕망을 실현시켜 주기 위해 연예기획사란 이름의 에이전시들은 여성들을 타시켄트의 시골 마을에서 한국 안동의 나이트클럽으로 이동시킨다.

한국에 온 시기가 언제였는가에 따라 여성들의 취업 경험은 큰 차이를 보인다. 1990년대 후반 한국의 경제 위기에도 불구하고, 당시 취업한 러시아 여성들은 경제적으로는 큰 어려움이 없었다고 했다. "초기에는 '벌칙'이

많은 러시아계 여성들이 구소련의 경제 불황으로 유럽과 아시아 지역으로 국제 이주를 감행해 왔지만, 최근에는 특히 새롭게 부상한 아시아 신중산층 남성들의 성적 열등성을 회복하는 '백인 타자'로 선호되고 있다. 사진은 서울의 한 나이트클럽에서 춤을 추고 있는 러시아 댄서들. ⓒ중앙포토

무척 많았고, '감시'도 심했지만, 월급이 밀리거나 돈이 체불된 적이 거의 없었다"고 진술했다. 이에 비해 2002년 이후에 한국에 온 여성들은 "벌칙은 초기에 자신들을 길들이기 위해서 사용되었을 뿐, 개인의 자율성을 크게 훼손할 만큼 심각한 정도는 아니지만, 임금 체불과 연체 등 경제적인 조건이 매우 나빠졌다"는 점을 지적했다. 특히 2003년에 도산하는 에이전시와 업소가 많아지면서 '체불 임금'의 사례가 많아지고, 매매춘을 강요하는 사례가 '일상화'하고 있다.

여성들은 '공연'을 목적으로 한국 취업이 허용되지만, 이들이 주로 하는 일은 유흥업소 웨이트리스로서 엔터테이너entertainer 역할을 하는 것이다. 대부분 여성들은 "이야기를 걸고, 손님과 함께 춤을 추거나 술을 마셔 주는" 일이 주요 업무 중 하나라고 말한다. 그러나 클럽에 따라서 여성들이 해야 하는 업무는 다양하다. 여성들은 다양한 노동, 즉, 공연dance, 접대table service, 성적 서비스 등을 일상적으로 수행한다.

이들이 업소에서 추는 춤은 '섹시 댄스'로 불리는데, 한국에 오기 전에 춤을 배웠든 전혀 배우지 않았든 상관없이 이들은 모두 한국에서 매우 놀라운 첫 무대 경험을 하게 된다. 인터뷰에 참여했던 모든 여성들은 한결같이 한국에 온 첫날부터 일을 시작했다고 응답했다. 그들은 러시아에서 알고 온 바와는 달리 "스타킹도 신지 않은 채 맨살로 비키니를 입고" 많은 사람들 앞에서 춤추는 것이 너무나 놀랍고 충격적이었다고 말했다. 클럽 중에는 무대 의상을 입고 무대에서 춤을 추는 곳이 있는 반면, 스트립쇼를 해야 하는 곳도 있었다. 다른 것과 마찬가지로 이러한 춤 공연도 계약서에는 없던 내용이다. MZ클럽에서 일하던 린다 씨는 춤을 추는 것이 무엇보다도 싫었다고 한다.

> 너무 창피했고 미군들에게 몸을 보이기 싫었어요. 차라리 VIP룸에 가는 것이 낫지 춤을 추기는 싫었어요. 하지만 선택의 여지가 없었어요. 돈을 벌려면 해야 했지요 (28세, 필리핀).

기지촌으로 배치된 여성들의 경우 '주스 판매'가 주요 일인데, 하루에 판매할 주스의 양이 할당되어 있기 때문에, 이를 채우기 위해 손님들과 재빠르게 '친밀성'을 만들어 내야 한다. 주스 판매란 손님에게 주스를 사 달라고 부탁하는 것으로 이 판매액의 일부를 여성들이 받을 수 있다. 여성들이 파는 주스는 한 잔에 10~20달러 정도인데, 보통 손님은 여성에게 주스를 사 주고 한 잔당 15~25분 정도를 함께 있을 수 있는 암묵적 규칙이 있다. 이 시간이 지나서 손님이 주스를 한 잔 더 사 주지 않으면 여성들은 일어나 다른 자리로 옮겨야 한다. 주스 가격의 극히 일부를 갖게 되는 여성은 주스를 적게 팔수록 생활비도 적을 수밖에 없다. 어떤 클럽에서는 할당량을 채우지 못하면 처벌하고, 어떤 클럽에서는 할당량을 채운 경우에 현금이나 금으로 된 액세서리를 '상'으로 주기도 한다.

월급은 주로 이들이 계약이 끝나 본국으로 돌아갈 때 한번에 지불하는 방식을 취하기 때문에 여성들은 일상적인 생활비를 벌고, 한국에서 삶을 유지하기 위해 기본급 외의 수입에 크게 의존하게 된다. 이런 의존성 때문에 여성들은 수입을 올릴 수 있는 다양한 형태의 성적 서비스에 참여하게 되고, 웨이터나 마마상(기지촌 클럽에서 서빙을 하며 성매매 여성들을 관리하는 중간 포주를 일컫는다)과 맺는 관계에서 '종속적'인 위치에 있게 된다. 보통 한국 클럽에서 웨이터와 관계가 좋고 나쁨에 따라 테이블에 가는 횟수가 결정되기 때문에 여성들은 웨이터들과 친해져야 한다. 한국 클럽에서 행해지는 테이블 서비스는 여성들이 생활비를 위해 1~2만 원의 팁을 받을 수 있는 유일한 원천이므로 매우 중요한 의미가 있다.

성매매는 '2차' 또는 기지촌에서는 '바 파인'bar fine(여성을 특정 시간에 업소에서 빼내기 때문에 클럽에 지불하는 명목상의 벌금)으로 불리는데, 손님이 마마상 또는 클럽 사장에게 돈을 지불하고 여성을 클럽 밖으로 데리고 나가는 것이다. 2차는 클럽마다 크게 다르고, 또한 여성과 얼마나 오랫동안 밖에 있느냐에 따라 달라진다. 보통 30~40분 안에 돌아오면 50달러이고, 6~7시간이나 하룻밤을 지내고 들어오면 200~400달러여서, 한국 돈으로 15~20만 원의 비용을 지불한다. 이주 여성들에게 2차는 매우 유혹적이기도 하다. 한 달 벌이가 48만 원이라는 것을 고려할 때, 2차에서 자신에게 떨어지는

이주 여성들은 '공연'을 목적으로 한국 취업이 허용되지만, 이들이 주로 하는 일은 유흥업소 웨이트리스로서 엔터테이너 역할이다 사진은 유흥업소가 밀집한 이태원 거리.

돈(약 5~6만 원)은 상당히 많은 액수이기 때문이다(설동훈 외, 2003).* 예를 들어, 2차를 한 번 나가면 주스를 20잔 판 것과 마찬가지가 된다. 여성들은 이런 방식으로 주스 할당량을 채우기도 한다. 우즈베키스탄 출신의 베로니까 씨는 기지촌 업소에 취업하여 처음 2차를 제안 받았을 때의 경험을 다음과 같이 설명한다.

> 타시켄트에서 미스터 강이 "춤만 추면 된다. 술도 안 마시고, 성매매도 없다"just dance, no drink, no sex고 했는데, 클럽에서 일하기 시작하면서 마마상이 다른 조건을 말하기 시작했어요. 마마상이 어느 날 "손님과 2차 나가라"go out해서 안 나가겠다

---

* 구소련 여성의 기본급은 46.64만 원, 필리핀 여성은 41.61만 원이다. 구소련 여성은 기본급이 월 소득의 58.6%를 차지하며 테이블 사용료가 25.6%, 팁이 11.6%를 차지한다. 반면 필리핀 여성은 기본급이 월 소득의 53.7%를 차지하고, 주스·주류·음료 판매 수당이 35.8%, 2차를 통한 소득이 9.4%를 차지한다.

고 하니까, 내가 너에게 얼마를 내고 있는데 그러느냐며, 매니저에게 120만 원을 매달 내고 있다고 말했어요. 실제로 내가 받은 월급은 47만 원이었는데 매니저가 그만큼 가져간다는 사실을 처음 알았어요(23세, 우즈베키스탄).

위 사례에서 업소 주인은 여성에게 직접 돌아가는 월급 이외의 비용을 매니저에게 지불하기 때문에 여성들의 '몸'에 대한 전면적인 사용권을 얻은 것처럼 간주한다. 유흥업에 종사하는 여성들을 '매춘 여성'으로 간주해 버리는 것은 한국과 마찬가지로 다른 사회에서도 종종 일어나는 일이다. 그러나 중요한 것은 실제로 성매매를 한 여성 모두가 그 과정이 당연하거나 자연스러운 것으로 받아들이지 못하고, 심각한 육체적, 정신적 '장애'를 경험하고 있다는 것이다. 기지촌 XY클럽에서 구출된 베티 씨(23세, 필리핀)는 2002년 4월 3일 일기에 이렇게 적고 있다. "세상에! 여기에서 해야 되는 일은 매춘이다. 우리는 이 사실을 알고 모두 겁에 질려 있다." 자신을 엔터테이너로 규정한 여성들이 매춘이 자신의 일상적인 일의 일부라고 인정하는 것은 쉽지 않은 일이다. 인터뷰에 참여한 여성들은 대부분 '2차', '외출'go out 등으로 불리는 성매매에 대한 정보가 사전에 없었고, 자발적인 동의에 의한 것이 아니라, 업소 주인이나 매니저들에 의해 강요당하기 때문에 2차에 대해서는 매우 부정적으로 생각하고 있었다. 그러나 업소 주인들이 "돈을 벌러 이곳(한국)까지 왔으면 가장 중요한 것은 돈을 버는 것이 아니냐?"며 욕설을 퍼붓거나 강요하기 때문에 어쩔 수 없이 수락하는 예가 많았다고 한다. 필리핀 여성 베스 씨는 손님과 성적인 결합을 지연시키기 위해 자신이 했던 노력에 대해 얘기했다.

나는 가급적 섹스를 하지 않기 위해, 내가 할 수 있는 모든 것을 다했어요. 2차를 나간다고 해서 그것이 무조건 섹스를 한다는 것은 아니에요. 그냥 이야기하고 뭘 마시기도 하면서 계속 버텼지요. 좀 미안하긴 했지만. 나는 영어도 잘하고 노래도 잘하기 때문에 함께 나간 손님에게 끊임없이 이야기를 들려주고, 노래도 불러주었어요. 영어를 잘못하고 스스로를 표현할 수 없으면 딱히 같이 할 수 있는 것도 없으므로 섹스를 해야 되요. 실제 섹스를 한 것은 단 한 번이에요. 일단 돈만 갖다 줄 수 있으면, 업소 주인도 나가서 뭘 하든 별로 상관하지 않아요. 2차 나가서 무엇을 하는지는 여성들과 고객에 따라 다를 수 있어요. 그러나 그것도 쉬운 일은 아니에요. 처음에는 존중해 주었던 남자들도 점차 더 많은 것을 요구하게 되고 거절하지 못하는 순간이 오게 되지요. 남자들이 섹스를 하지 않고 이야기만 나누는 것을 위해 돈을 지불하지는 않을 것이기 때문에, 이제 나는 필리핀으로 돌아갈 때가 되었다고 생각했어요.

어떤 여성은 섹스를 하기 싫어, "팬티라이너에 케첩을 묻혀 생리를 한다"고 해서 그 시간을 모면했다고 한다. 기지촌 미군 클럽에 배치된 이리나 씨는 업소 주인의 '꾐'에 빠져 자발적으로 2차를 원해서 한 것처럼 사인을 한 상황을 이렇게 말했다.

마마상이 잠시 오라고 했어요. 우리와 술을 같이 마신 방글라데시 남자가 하루 동안 나를 '사고' 싶어 한다고 했어요. 누구나 다 하는 것이고 겁낼 것 없다고, 괜찮다고 했어요. 마마상의 며느리가 러시아 여자였는데, 그녀에게 통역을 시켰어요. "저 손님이 너를 너무 좋아해서 같이 다니고 싶어서 그런다, 같이 자자는 것도 아니다, 그런데 친구랑 같이 왔으니 친구도 여자가 있어야 되지 않느냐, 그러니 레나와 같이 나가라" 하고 말했어요. 그래서 나가려 하는데 종이를 주면서 사인을 하라고 했어요. "2차는 내가 스스로 원해서 나갔다"는 내용이었어요. 내가 러시아어로 직접 이렇게 썼고, 마마상 아들이 한국어로 번역해서 썼어요. 이걸 왜 쓰느냐고 묻자 "누가 나중에 자기보고 억지로 시켰다고 뭐라 그러면 어떻게 하냐"고 그냥 그것 때문이라고 했어요. 나는 한국에서 2차 나가면 경찰에 걸리고 내가 책임을 져야 하는 불법적인 일이라는 것을 전혀 몰랐어요. 한국에서 매춘이 불법이라는 얘기를 아무도 해 준 적이 없어요. 그래서 그냥 시키는 대로 했어요. 첫 한 달은 너무나 끔찍했어요. 한 달 동안 숙소에서 잔 적이 거의 없이, 매일 2차에 나가야만 했지요. 주말에는 하루에 두 번 세 번 나가야 하기도 했고, 2차에서 돌아오면 씻기도 전에 다른 남자가 기다리고 있다고 마마상이 내보냈어요. 첫날 그 사인한 계약서를 쓰기 전에는 혹시나 해서 쓰는 거라고 해 놓고는, "너네가 섹스를 잘해 줘야 사람들이 계속 올 거니까 잘하라"고 했어요. 손님들은 상당히 비싼 돈을 낸다고 했는데 나는 한번도 주스 값과 2차 값을 받은 적이 없어요. 이것저것 옷 같은 것 사 오거나, 사라고 하면서 마마상이 2차 값에서 돈을 제했다고 말하곤 했어요(29세, 러시아).

그러나 모든 업소들이 2차로 불리는 성매매를 강요하는 것은 아니다. 기지촌에 있는 한 클럽은 성적인 서비스를 전혀 제공하지 않고, 손님과의 이런 거래가 엄격히 금지돼 있는 곳도 있었다. 여성들이 '좋은 클럽'이지만 돈을 너무 못 벌어서 다른 곳으로 옮길 수밖에 없었다고 말하는 업소는 성적 서비스나 성매매를 강요하지 않는 업소다. 그러나 대부분의 기지촌 지역의 업소들이나 한국 클럽은 업소 내에서 다양한 성적 서비스를 제공하고 있고 이들이 하는 일은 카드 게임이나 대화를 나누는 것에서부터 성기를 손으로 애무하거나 오럴섹스를 하는 것까지 다양하다. 이주 여성들은 어떤 경우에는 손님과 대화를 나누는 것이 즐겁지만, 그들이 곧바로 성적인 서비스를 요구하면 도망치고 싶다고 말한다. '엔터테이너'로서 이주 여성의 일상은 자신의 감정을 끊임없이 조절하고, 자신의 몸에 대한 사용 권리가 누구에게 있는 것인가에 대해 고민하며, 동시에 현재 삶의 이해 불가능성을 애써 미래의 희망으로 연결하는 '상상력'을 발휘하는 것으로 채워진다.

유순한 몸, 이동하는 몸, 처분되는 몸

유흥업에 종사하는 이주 여성의 어려움은 그들이 노동권을 가진 한 개인이라고 간주되기보다는 특정 공간에서 특정 시간 동안 사용될 수 있는 '몸'으로 취급된다는 점에 있다. 여성들은 자신이 '계약'을 통해 비자를 받고 정식으로 한국에 온 사람들이기 때문에 '불법' 노동자도 아니며, 자신이 무슨 일을 하면서 돈을 벌어야 하는지에 대해서도 명확한 입장이다. 그러나 이들의 노동자 정체성은 한국 사회에서 드러낼 수 없는, 안 보이는 영역이다. 에이전시, 업주, 고객들은 이들에게서 종종 '인격'의 개념을 삭제하고, 이들을 자신의 경제적 잉여를 위해 또는 성적 욕망을 위해 '관리, 이동, 배치, 순환'되는 몸으로 설정한다. 정해진 특정한 영역의 감정/성적 서비스를 제공하며 돈을 벌 수 있다고 믿는 이주 여성들과 돈만 지불하면 어떤 성적 판타지도 실현 가능하다고 믿는 한국 고객들 사이에 놓인 간격을 메우기 위해 에이전시의 매니저들과 업주들은 폭력적인 관리 체제를 동원한다.

어떤 사람에게 그가 원치 않는 일을 하게 만들기 위해서는 꾸준한 설득이 필요하다. 설득은 끊임없는 시간과 감정이 투여되는 일이다. 빠른 속도와 즉각적인 이윤 환수를 기본으로 하는 글로벌 욕망 산업은 이런 시간을 허용하지 않을 뿐 아니라, 다양한 '훈육'을 통해 이주 여성의 마음이 아닌, 몸을 먼저 순응시킨다. 유흥업에 종사하는 이주 여성들은 생각지도 못했거나 생각했던 것 이상의 과도한 성적 서비스를 요구받고 저항하지만, 이들의 일상을 규제하는 다양한 벌칙, 감시, 업소 이동을 통해 이들의 몸은 욕망 산업의 소비재로 유연화된다. 글로벌 욕망 산업에서 여성의 몸은 계급, 인종적 차별의 최종 분출구이다.

여성들은 자신이 얼마나 협소하게 '몸 덩어리'로만 취급되는지에 대한 많은 이야기들을 갖고 있다. 이들의 '몸'의 이주 서사는 종종 한국에 입국하기 전부터 만들어진다. 일본의 클럽에서 가수로 2년 동안 이주 노동을 한 경험이 있는 필리핀인 베스 씨는 한국에 입국하자마자 기지촌에서 성매매를 강요당하다 3개월 만에 도망쳐 나왔다. 베스 씨는 자신이 한국에 오기 전 매우 이상스런 '오디션'을 받았다고 한다.

> 리살에 있는 K바에서 오디션을 받았는데 뭔가 불법적인 느낌이 강하게 들었어요. 일본에 가기 위해 오디션 받았을 때와는 너무나 달랐어요. B씨는 우리를 박모 씨에게 소개시키고, 박모 씨가 몸을 검사했어요. 한 명씩 화장실로 데리고 가서, 바지를 벗기고 가슴, 엉덩이 등 몸의 민감한 부분들을 다 만지고, 아이를 낳은 흔적이 배에 남아 있는지를 조사했어요. 도대체 그가 왜 그러는지 이해가 가지 않았어요. 그들은 내가 가수라는 것을 처음부터 알고 있었지만 노래에 대해서는 전혀 묻지 않았어요(필리핀, 30세).

한국에 와서 성적 서비스를 강요받는 것만큼, 여성들은 휴일 없는 노동 강도로 인해 '소모된' 몸을 가지고 있다. 외국인 여성들은 대부분 저녁 6시부터 새벽 3시까지 휴일 없이 일한다. 일을 시작하는 시간은 늘 정시지만, 마치는 시간은 손님이 남아 있는 한, 새벽 4시, 5시까지 늘어나기도 한다. 이렇게 오랜 시간을 일하면서도 초과 근무 수당을 받은 사람은 응답자들 중에는 아무도 없었지만 여성들의 계약서에는 보통 "한국에서 일반적인 금액의 초과 수당이 지급된다"고 적혀 있었다.

심층 면접에 응한 여성들 중 계약서에 명시된 대로 근무 시간이나 휴일을 지킨 여성은 한 명도 없었다. 설 연휴 중 하루나 6월 6일 현충일 이틀만 쉴 수 있다는 한국인 클럽 여성부터, 한 달에 한 번 쉬었다는 기지촌 여성들의 예를 보더라도 한 달에 2회 이상 휴일을 가진 여성은 거의 없었다. 업무 시간이 길고 자유시간이 거의 없기 때문에 여성들은 항상 지쳐 있고, 식사 또한 불규칙적이고 충분치 못하다. 여성들은 대체로 업무가 끝나는 새벽 1시경에 저녁 식사를 하거나 저녁 시간에 손님이 없는 때를 이용해 식사를 해야 한다. 여성들 다수는 하루에 한 끼밖에 못 먹었다고 진술하는데, 아침에는 전날의 피로로 인해 아침 식사 시간에 맞춰 일어날 수 없고 밤에는 일하느라 먹지 못한다.

대부분 유흥업에 종사하는 여성들은 과도한 노동과 술, 담배 등으로 건강을 해치는 경우가 많고, 몸이 자주 아프지만, 매니저나 업소 주인이 여성들의 건강에 관심을 기울이는 일은 거의 없다. 대부분의 유흥업소 종사 외국인 여성들은 자비로 병원에 가거나 약을 사먹을 수밖에 없다. 기지촌 지역의 업소에 종사하는 여성들 중에는 술이나 약물에 중독된 사례도 꽤 많다.

> 창피하기 때문에 술을 많이 마셔요. 창피해서 무대에서 움직이기가 싫어져요. 내 성격을 알고 매니저가 술을 줄 때도 있었어요. 데킬라 한두 잔이면 충분한데, 나는 취하지 않으면 미군 병사들과 이야기하고 싶지도 않아요. 하지만 술만 마시면 문제없이 일을 할 수 있어요(린다, 28세, 필리핀).

외국 여성이 많지 않았을 때는 희소성 때문에 특별하게 관리되고, 훈육되었다. 한국의 에이전시나 업주들은 다양한 '벌칙들'을 만들어 이들의 자유로운 이동을 방지하고 또한 성적 서비스를 수행하기 위해 적절하게 관리했다. 현재에도 이런 벌칙과 벌금은 여성들을 '훈육'하는 좋은 기제로 사용된다. 클럽 주인이나 매니저들은 클럽에서 정한 규칙을 어겼을 경우에 벌금을 물리거나 핸드폰을 압수하거나 외출을 금지하는 등 다양한 처벌을 한다. 벌칙은 다양하게 가해지는데, 술, 남자 친구, 지각, 핸드폰 사용 등 일상의 모든 부분에서 수행된다. 체중 관리 조항도 있어서 "1kg 늘어서 100불을 벌금으로 냈다"는 러시아 여성도 있었다. 기지촌 지역의 업소에서는 일상생활과 관련된 사항뿐만 아니라 할당된 주스 판매량을 채우지 못해도 벌칙이 내려진다. 예를 들어 MZ클럽이나 YA클럽 등 규칙이 엄격한 클럽에서는 할당량을 채우지 못하는 여성은 쉬는 날을 박탈당했다. 이 클럽들은 처벌이 매우 엄격하였는데, YA클럽에서 일하던 켈리 씨는 이렇게 말한다.

> 누가 아주 나쁜 짓을 저지르면 불빛 하나 없는 작은 골방에서 3시간에서 하루의 절반가량을 혼자 갇혀 있어야 했어요. 3개월 동안 일하면서 나는 이 벌을 3번 받았어요. 골방은 아주 작았고, 사용했던 콘돔이나 휴지 같은 것으로 지저분하고 변기도 없고 일어설 수도 없게 되어 있었어요. 나는 그 안에서 울었어요. 나중에는 혼잣말을 하다가 잠이 들었어요(18세, 필리핀).

여성들은 '벌칙'을 통해 훈육될 뿐만 아니라, 실질적으로 경제적 착취를 당하기도 한다. 한국에서 6개월 동안 일하면서 월급을 제대로 받지 못한 알라는, 모든 것이 '벌금'과 연결되어 있어서, 주스 판매와 '2차'에서 돈을 벌어도 전부 벌금으로 제해지기 때문에 돈을 모을 수 없었다고 한다. 대체로 대도시 지역의 한국 클럽에 고용된 여성은 자유 시간을 누릴 수 있는 반면, 기지촌 지역이나 변두리 지역의 여성들은 극심한 감시와 규제를 받고 있다.

> 어떤 클럽은 여관 아줌마를 시켜 모니터로 감시하게 했어요. 12시 전에는 못 나가게 해요. 클럽에서 먼 곳에 살 때는 봉고가 와서 데려가고 데려다 줬어요. 매일 다 들어왔나 체크했어요. 어떤 때는 매니저들이 함께 살았어요. 그땐 매니저를 믿었어요(23세, 러시아).

여성들은 업소 주인이나 한국인 매니저, 웨이터 등에게 신체적·언어적·성적 폭행을 당하는 예도 많다. 대부분의 여성들은 언어폭력을 가장 많이 경험하는데, 클럽 사장이나 직원, 매니저가 여성들에게 소리를 지르는 것이 일반적이다. 신체적 폭력을 당한 여성들은 주로 폭력을 행사하는 사람이 한국인이라고 말한다. 러시아에서 상점 종업원 일을 한 적이 있는 이리나 씨(29세)는 러시아에서는 업주의 비인격적인 대우에 항의하며, 한 달 정도 물건을 집어던지기도 하면서 업주와 매일 싸웠다고 한다. 그러나 한국에서는 자신이 할 수 있는 일이 하나도 없었다고 한다.

> 러시아의 하바로프스크에는 체첸, 아르메니아, 태국, 방글라데시 등에서 온 사람들이 있고, 국가에서 그런 사람들을 위해 국가별 전담 기관을 두고 있어요. 또 외국인 전용 기숙사가 있어서 찾아가면 개인이 비자를 연장할 수 있게 해 줘요. 한국에서는 아무리 억울한 일을 당해도, "너 경찰에 가면 쫓겨난다"는 이야기밖엔 하지 않아요. 비자 규정상 다른 업종으로 변경도 되지 않고, 결국 내가 (강요된 성매매를 피해) 할 수 있는 일은 미군과 결혼하거나, 클럽에서 도망쳐 불법 체류하는 것밖에 없어요.

러시아 여성들이 2차를 강요하는 업소에서 탈출하여 '피난처'를 구할 수 있는 방법은 남자 친구에게 의존하거나 인근의 외국인 여성 또는 성매매 여성 지원 단체나 쉼터를 찾아가는 길이다. 그러나 남자 친구가 생긴 것이 알려지면, 갑작스럽게 통고 없이 업소를 바꿔 먼 곳으로 배치한다든지 상당한 액수의 '몸값'을 요구하는 예가 많다.

내가 만나 인터뷰한 여성들은 국제 이주뿐만 아니라, 한국 내에서 끊임없는 강제 이동의 경험을 한 탓에 매우 피폐하고 불안한 일상을 살았다. 체류 기간이 1년 이상 되는 여성들 모두가 한국 체류 기간 동안 적어도 4~5군데 업소를 이동하면서 일을 했다. 6개월간 16군데 이상을 옮긴 사례도 있었다. 매니저에게 업소를 옮겨 달라고 요구한 자발적 이동과, 업소 주인의 육체적·경제적 착취를 참다못해 매니저에게 청탁해서 이루어진 강제적 선택 이동, 매니저가 결정해 일방적으로 이루어진 '이동' 등 이주 여성들이 업소를 옮기는 이유는 다양하다. 매니저들은 여성들을 '임대' 형식으로 다른 업소에 빌려 주기도 하고 어떤 업소에서 남성들의 2차 요구가 많을 때는 그곳으로 여성들을 임시 파견하기도 한다.

2002년 10월 29일에 한국에 온 빅토리아 씨(25세, 러시아)는 한국에서 1년여 일하는 동안, 9개 업소에서 일을 했으며 '대전 → 유성 → 동해 → 거제도 → 수원 → 안산 → 부여 → 문경' 등 우리나라 전 지역의 업소로 계속 이동 배치됐다. 따리야 씨(23세, 러시아)는 한국에서 1년 동안 일하면서 8개 이상의 업소를 옮겨 다녔는데, 부산 N호텔 지하 나이트클럽(1주일) → 창원 OM나이트클럽(1개월) → 울산 NM 가라오케 겸 룸살롱(3일) → 제주 KM호텔 나이트클럽(2개월) → 창원 JM 미국인 클럽(2개월) → 울산의 다양한 클럽(3주) → 제주 KM호텔 나이트클럽(4개월) → 부산 N나이트클럽(2개월) 등 다양한 성격의 업소로 이동됐고, 자신이 선택한 경우는 한번도 없었다. 울산에서 3주

머무르는 동안 2~3일씩 여러 업소로 이동 배치되었기 때문에 일한 업소 이름을 기억할 수 없었다. 러시아에서 의상 디자이너로 활동하다 한국에 온 안피싸 씨(28세)는 2002년 1월 입국하자마자 부산으로 보내졌고 그곳에서부터 부산 K나이트클럽(1개월) → 부산 S클럽(4일) → 부산 B클럽(10일) → 부산 K클럽(9일) → 부산 N클럽(1주일) → 부산 O클럽(4개월) → 울산 N클럽(8일) → 부산 B클럽(4개월) → 울산 N클럽(1개월 반) → 부산 R클럽(10일) → 창원 O클럽(4개월)의 이동 과정을 경험했다. 안피싸 씨는 일을 하는 중에, 전화해서 다른 데로 옮긴다고 짐 싸라고 해서 이유도 모르고 이동했다. 어떤 경우는 춤추고 있는데, 무대에서 내려오라고 하더니 다른 업소로 데려갔다. 이렇게 이동한 이유를 자기는 전혀 알 수가 없었다는 것이다. 매니저는 "업소 주인이 너를 싫다고 하기 때문에 나도 어쩔 수 없다"고 했다고 한다.

또한 기지촌 지역에서 일하는 여성들은 업소 측에서 정한 주스 판매 할당량을 채우지 못해 업소 주인의 요구로 다른 곳으로 옮겨야 하는 사례도 있다. 여성들은 업소 주인에게 말대답을 했다든가, 2차를 거부하다 심하게 맞아 자기 나라로 돌려보내진 이주 여성들 얘기를 한두 사례는 다 알고 있었다. 글로벌 유흥 산업의 회로에 들어 온 여성들의 몸은 훈육되고, 소비되고, 이동되면서 '이윤'을 창출해 내지만 심하게 훼손된 채로 귀환한다.

글로벌 욕망 산업과 '한국식' 접대?

1999년에는 테이블에서 술도 안 마셨어요. 마실 필요가 없었어요. 그냥 앉아 있기만 하면 됐어요. 손님들은 조심스럽게 내 손도 만져 보면서, '러시아 여성' 그 자체에 놀라고 신기해했어요. 부부가 함께 와서 테이블로 나를 부르기도 했어요. 2차도 강요 안 했어요. 윤락도 전혀 강요하지 않았고, 가둬 두는 것 빼고는 별 어려움이 없었어요. 그러나 지금은 한국말도 잘해야 하고, 술도 마셔야 하고, 2차도 나가야 해요. 무엇보다도 한국 사람들이 러시아 여자를 보는 눈이 달라졌다는 것이 가장 견디기 힘들어요. 모두 나를 '윤락녀' 취급해요. 전에는 안 그랬는데, 모든 손님들이 '너랑 같이 자겠다'고 해요(따리야, 23세, 러시아).

여성들이 예술 흥행 비자를 받아 대규모로 입국하기 시작한 1999년 이후, 필리핀이나 러시아 여성들은 자신들이 이미 한국인의 상상 속에서 '윤락 여성'으로 인지되고 있다는 점을 가장 견디기 힘들어했다. '외국인' 여성은 이제 '이국성'과 희소성 때문에 감시되고, 보호를 받거나 조심스럽게 접근해야 하는 존재가 아니다. 이들은 이미 한국의 성산업에 깊이 연루된 '외국 상품'일 뿐이다. 한국 접대 문화는 일부 한국인들에게 '일상적'인 일로 간주되고 있지만, 실제로 이주 여성들의 내러티브 속에 등장하는 '한국식' 접대 문화는 매우 이상하고 기괴스럽다. 일반적으로 기지촌 업소들은 미군 손님만 받지만 미군들이 부대에서 나올 수 없거나 미군 손님이 없을 때에는 다른 외국인 남성 노동자들이나 한국 남성 고객들도 클럽에 들어올 수 있다. 그러므로 이들은 미군, 외국인 이주 노동자, 한국인 등 다양한 부류의 고객들을 접하고 있고, 고객에 따라 요구하는 내용과 방법, 여성을 대하는 태도가 다르다고 평가한다. 그러므로 여성들의 경험 속에 인지된 '한국적'인 것은 한국 남성 고객과 한국 업소 주인이 보여 주는 '이해할 수 없는' 한국 접대 문화의 특수성과 이질성을 가리킨다.

한국 사람들은 부탁을 해야 하는 경우에도 명령을 해요. 가는 클럽마다 '한국식'이라고 하는데 어떤 클럽에서는 맥주 들고 와라, 의자 날라라, 그릇 닦으라는 등 잔심

부름을 시켰고, 일도 먼저 들어 온 사람이 나중에 들어온 사람에게 시키는 식이었어요. 아무 이유 없이 욕하는 것도 이해 못하겠고, 물건처럼 대우 받는 것도 견디기 힘들었어요. 2차를 갔다 온 후 앉아 있기도 힘든데, 쉬면 안 된다고 말하더라구요 (알라, 25세, 러시아).

이주 여성들이 한국에 오기 전부터 알고 계약한 유일한 업무는 웨이트리스와 댄서 업무였다. 하지만 응답자 중 누구도 웨이트리스 업무가 랩 댄스를 하면서 손님의 애무를 견뎌야 하는 것이라고 생각하지 않았다. 특히 일본의 유흥업에 취업한 경험이 있는 여성은 "고객은 함부로 여성들을 만질 수 없고, 돈을 지불하면 여성이 고객을 만져주는 것"이라는 원칙에 익숙했기 때문에 "뽀뽀를 하자고 달려드는 한국 남성"들을 견디는 것이 너무 힘들었다고 했다.

또한 여성들 다수는 손님에게 다가가 주스를 사달라고 이야기하는 것에서 상당한 스트레스를 받고 있었다. 또한 한국인을 주 고객으로 하는 나이트클럽에서 구소련 여성들은 한국 사회에서의 '접대'란 말이 의미하는 바가 얼마나 다양한 요구들을 수용해야 하는 것인지에 놀라워했다. 구소련 여성들은 손님의 테이블에 앉아 말 상대를 하는 것으로 알고 왔는데, 실제 한국인 고객들은 여성들의 몸을 만지거나 옷 속으로 손을 집어넣으려 한다고 말한다.

대부분 나이트클럽이나 단란주점에서 손님과 함께 춤을 추거나 노래를 부르는 것으로 알고 있지만, 이때 손님들은 여성들의 몸을 더듬고 함부로 대하며 호령한다. 이주 여성들에게 고객을 즐겁게 만든다는 것entertain은 일차적으로 고객과 이 얘기 저 얘기 나누면서 술을 함께 먹고, 기분이 나면 노래나 춤을 함께 하는 정도다. 그러나 이들이 생각했던 '엔터테이닝'entertaining과 한국 남성들이 기대하는 '접대'의 성격이 매우 다르기 때문에, 여성들은 다양한 전략을 통해 이런 접대 문화를 견뎌 내거나 이에 익숙해지거나 또는 저항한다.

그들은 내 몸을 자꾸 만지려 하는 등 마음에 들지 않았어요. 그래서 플로어로 이끌어 춤을 추게 했어요. 한국 남자들은 춤을 좋아하니까(베스, 30세, 필리핀).

한국 남성 고객이 보여 주는 이상스런 행태에 대해 업소 주인이나 웨이터들은 그것이 '한국식' 술 문화이며 여성들이 익숙해져야 할 것으로 설명하였다.

한국에서 일할 때, 말도 못하고, 러시아와 술 마시는 스타일이 달라서 많이 울었어요. 일할 때 테이블에 앉으면 술 안 마셨어요. 한국 사람들은 때로 멀쩡하다가, 속옷 안으로 손을 집어넣고, 마이크를 집어넣고, 테이블 위에 올라가라고 하고, 소변보고, 이상해져요(따리야, 23세, 러시아).

한국 사람들은 우리에게 술을 마시게 했고, 몸을 더듬고 만지려고 했어요. 깨물고, 꼬집고, 머리를 때렸는데 마마상은 이것은 '한국식 사랑 표현법'이니 괜찮다고 했어요(알라, 25세, 러시아).

웨이터들은 손님들이 6만 원을 냈는데 건드리지도 못하냐고, 건드리면 어떠냐고 고객 편을 들어요. 나는 한국을 떠나기 전, 한국 남성들과 솔직하게 이야기를 해 보고 싶어요. 해 주고 싶은 말이 너무 많아요. 학교 선생이나 의사 같은 분이 와서 상상도 할 수 없는 일을 해요. 의사들이 와서 옷도 안 입고 클럽을 돌아다녀요(엘레나, 26세, 러시아).

집단적 남성 중심의 쾌락에 익숙한 한국의 접대 문화는 남성 개인의 개별성에 대한 존중이나 자기 성찰의 여지를 남겨 놓지 않았다. '비정상적인' 접대 문화를 만들고 실천해 온 일부 한국 남성들은 여성들도 성적 서비스를 즐기면서 한다고 생각하고, 타자의 몸에 대한 겸허함을 갖는 것이 어떤 의미인지를 알지 못한다. 어떤 여성들은 나이트클럽 같은 데서 일하려면 차라리 한국어를 모르는 게 낫다고, 그래야 웨이터나 손님들이 불쾌하게 해도 무시할 수 있다고 말한다. 이주 여성들은 한국 사회의 남성 술 문화를 매우 '이상스럽다'고 느끼지만, 이에 '적응'하고 나름대로 '전략'을 개발하기도 하면서, 접대 노동을 수행한다.

> 한국 남자들은 술을 많이 마시는데 매우 빨리 취하고, 가끔은 클럽에서 의식을 잃는 경우도 있어요. 손님이 비열하거나 공격적이면, 우리는 그 사람이 술을 많이 마시게 해서 잠들게 만들기도 했어요. 대부분의 클럽에서 여자들은 손님이 떠날 때까지 그 테이블에서 접대를 해야 하지만, 2시간이 지나면서 손님들이 짜증을 내거나 '공격적'이 되기 시작하면 테이블을 떠나도 돼요. 그래도 돈을 받을 수 있어요. 보통 손님들은 여자들을 만지고, 안기도 하지만 너무 심해지면 여자들이 그의 가족이나 부인 등등에 대하여 질문을 해서 더 많이 말하게 하거나, 노래를 부르거나 화장실에 가기도 했어요. 심한 경우에는 나가서 매니저를 불러와서 문제를 해결하기도 해요(율리아, 24세, 러시아).

또한 약간은 어눌하고 언어를 잘 구사하지 못하는 이주 여성들은 한국 여성들과 비교되면서 손님을 제대로 '후리지' 못하는 열등한 존재로 취급당하기도 한다. 한국식 유흥에 매우 익숙한 한국 여성들은 다양한 성적 서비스와 술이나 주스 얻어먹기, 팁 받아 내기의 전략을 통해 업소의 수입도 늘려 주면서, 자신의 수입을 극대화하는 데 힘을 기울인다. 백재희(2002)의 연구에서 보이듯, 기지촌 유흥업소에서 '똑부러진' 것으로 평가되는 한국 여성들은 미군이나 한국인을 사로잡아 끊임없이 주스 할당량을 채우는, '계산적'인 여성이다. 악착같이 달라붙지 못하거나 주스를 잘 팔지 못하는 여성들은 그 여성의 출신지와 연상된 편견을 동원하여 이 여성들을 훈육한다. 많은 필리핀 여성들은 '더운 나라에서 온 느리고 더러운'이란 욕을 많이 들었다고 했다.

> 박모 씨는 우리가 행동하는 게 느리다고 때리기도 하고 나무라기도 했어요. 고객과 같이 있는데도, 내 앞에 주스가 없으면 "너 그냥 일어나! 주스도 없잖아" 하고 소리쳤어요. 그러니 손님들도 마마상을 싫어했지요(캐서린, 20세).

특히 구소련 출신 여성은 '공산당 물이 들어서 생각이 이상'하거나 '인물이 없는' 여성으로 묘사된다(백재희, 2002: 201). 한국 여성 엔터테이너들이 감정을 개입하지 않으면서 감정 노동을 할 수 있는 것에 비해, 한국이라는 이국 땅에서 서로의 외로움을 위로하며 하루하루를 살아가는 이주 여성들과 남성들의 관계는 '사랑의 게임'이란 질서 속에 놓여 있다(첸실링, 2002: 236). 즉 이 여성들은 실제적으로 친밀성이 교환되는 것으로 '가장'하여 서로를 도구화하지 않은 척하는 것이다. 한국의 기지촌 지역에서 일하는 필리핀 여성들은 다른 국적의 손님들보다 미군 병사를 선호했는데 미군 병사들은 남자 친구가 아니라 할지라도 여성들의 처지를 동정하며 돈을 주거나 먹을 것과 일용품을 사 주기 때문이었다. 그러나 모든 미군 병사들이 이들의 처지를 이해하는 것은 아니어서 대놓고 여성들을 학대하는 사례도 있었다. 기지촌에서 일하는 필리핀 여성들이나 구소련 여성들은, 자신의 유일한 고객은 '미국 남성'이라는 생각이 강하기 때문에, 같은 아시아권의 남성들이나 한국에서 계층적 지위가 낮은 이주 노동자 남성들을 '접대'하는 것에 대해 불쾌감을 보였다. 이주 노동자 남성들에 대한 여성들의 편견이 심한 편이었지만, 단골이 되거나 남자 친구가 되어, 동거하는 경우도 종종 찾아 볼 수 있었다.

여성들이 유흥업소에서 벗어날 수 있는 가능성은 남자 친구를 만들거나 동거, 결혼을 하는 것이다. 여성들은 '한국인'을 포함해서 남자 친구가 생기면 남자 친구로부터 업소 일을 그만두기를 요구받는다. 여성들은 남자 친구라는 사적인 연결망을 통해서 임시적으로 고된 노동의 영역을 벗어날 수 있지만, 이후에 선택할 대안이 거의 존재하지 않기 때문에, 불법 체류자의 신분으로 살면서, 임시적인 고용과 실업 상태를 반복하는 모호한 지위로 생활하게 된다.

맺음말

2003년 11월에 나는, 한국에 왔다가 귀환한 필리핀 여성들을 만나기 위해 필리핀의 마닐라와 앙헬레스를 다녀왔다. 내가 만나 본 11명의 여성들은 기지촌의 한국 업주를 상대로 성매매 강요와 감금 등을 이유로 소송을 제기해 승소했지만 적절한 보상을 받지 못한 상태였다. 앙헬레스의 한 동네에 사는 여섯 명의 여성들은 거의 매일 만나 함께 기도하고 한국에서의 '악몽'에서 벗어나려고 애쓴다고 했다. 한국에 다녀온 후 남편이나 가족에게 말하기 어려운 '비밀스러운' 이야기들이 쌓였지만 여성들은 각자 장사를 시작하고, 중퇴했던 대학을 다니고, 결혼을 하고, 동생들을 돌보는 삶을 지속하고 있었다. 그중 한 여성은 이번에는 '공장 노동자'로 한국에 오기 위해 돈을 모으고 있다고 말했다.

앙헬레스는 미국의 클라크 공군 기지가 주둔했던 곳으로, 필리핀 최대 규모의 기지촌이 형성되었던 곳이다. 현재 미군은 철수했지만 그 지역에는 필리핀 군대가 들어섰고, 기존의 다양한 오락, 유흥 산업을 한층 더 현란한 스펙터클로 포장하면서, 골프와 유흥을 엮는 새로운 글로벌 관광지로 거듭나고 있다. 나는 그곳에서 '미국식' 소비와 유흥의 흔적들이 한국을 비롯한 아시아 신중산층 남성들의 '여가'와 '오락'Rest and Recreation의 욕망과 결합하는 새로운 현장을 목격했다. 거리 곳곳에서 여성들의 몸 노동을 선전하거나 그들의 해외 '이주'를 부추기는 전단지를 보는 것은 매우 흔한 일이었다.

내가 들렀던 필리핀 '댄스' 클럽에서는 20여 명의 필리핀 여성들이 한 명씩 출연하여 자신을 소개했다. 그들은 매우 무관심한 표정으로 무대에 올라와 경쾌한 미국의 팝음악에 맞추어 가볍게 몸을 흔든 다음, 발라드 음악이 나오기 시작하면 차례로 가운을 벗고, 자신의 전신을 능수능란하게 드러내고 있었다. 아무런 환호도 없이, 당연한 일상을 체험하고 있다는 표정의 남성들 앞에서 여성들도 자신의 드러난 '몸'과 '마음'은 함께 가고 있지 않다는 표정을 지었다. 그러나 내가 여성들을 보면서 놀라움을 느낀 것은 그 여성들 중 대다수가 내가 기대했던 필리핀 여성들의 이미지에서 벗어나 있다는 점이었다. 그들은 모두 키가 크고 얼굴과 몸이 매우 하얗고, 매우 서구적인 모습이었다. 나는 업소를 나오기 전에, 이들이 미군들과 필리핀 여성 사이에서 출생한 '혼혈' 여성들임을 알게 되었다. 필리핀과 미군의 '성적 동맹'의 2세들은 여전히 자신의 어머니들의 고통을 그대로 이어받으며 유흥의 현장에 남아 있었다. 현재 이들의 접대를 받는 것은 미군이 아닌 다국적의 외국 남성들이며 한국의 남성 관광객들도 주요한 고객이 되고 있다. 이 여성들도 어릴 때부터 '매춘 여성'의 딸이라 불리며, 자신의 미래를 너무 일찍 결정하도록 사회적 강요를 받았을 것이다.

글로벌 욕망 산업을 통해 구축된 전지구적 유흥의 공간은 어디에나 있고, 어떤 방식의 성적 욕망이라도 충족시켜 줄 수 있는 매우 다양하고 정교한 시스템을 갖추고 있다. 한국의 일부 남성은 자신의 로컬에서, 또는 섹스와 관광을 연결해 국가 경계 밖으로 이동하여 제3세계 여성의 '성애화'와 이주의 '여성화'를 추동하고 있다. 그들은 매춘을 돈을 지불하고 욕망을 만족시키는 간단한 일로 정의하지만, 이 때문에 얼마나 많은 여성, 어린이, 소년, 소녀들이 인신매매 회로망으로 흡수되고 있는지 성찰하지 못한다. 그 과정이 필연적으로 수반하는 삶의 고통의 경험이 자신들 눈앞에 보이지 않고, 언어화되지 않기 때문이다.

우리의 삶이 서로 연결되어 있다는 것을 인지하는 일이 글로벌적으로 사고하는 출발점이 될 것이다. 외국에서 섹스 관광을 하는 사람들이나 한국에서 성매매를 강요하는 사람들은 자신이 글로벌 유흥 산업의 인신매매 연결망을 확대하는 데 적극적으로 참여하고 기여하고 있다는 사실을 기억하는 것이 중요하다. 글로벌 정치학은 저기 경계 밖에 추상적으로 떠 있는 기호인 '글로벌'의 현실을 로컬에서 인지 가능한 '실천'으로 만들어 내는 일이다.

앞서 말한 것처럼 여성들은 남성과는 다른 방식으로 이주한다. 그들의 이주 경험은 복합적이고 중층적이며 맥락적인 설명을 필요로 하며, 이러한 설명은 이들과 대면한 우리의 관점과 사고 틀을 새롭게 구성한다. 우리가 한국 사회에서 만나는 이주 여성들은 삶의 고통을 경험했지만, 자신의 미래를 새롭게 만들어 내려는 구체적인 비전을 실천하고자 하는 사람들이다.

그들의 희망, 윤리관, 좌절들을 관습적으로 쉽게 듣지 않고, 복잡하게 사유할 능력을 갖춰야 할 듯하다. 이수자가 지적하듯이, 이주 여성을 "소리 없는 하위 주체로서가 아니라, 역사적 '타자' 이지만 욕망을 가지고 노동권을 행사하려는 주체성을 가진 주체"로 파악하는 일이 중요하다(2004: 217).

주로 필리핀과 구소련 여성들이 유흥업에 집중적으로 유입되면서 이들 여성들의 자기 정체성과 사회적으로 부여된 정체성 사이에 모순이 심화되고 있다. 즉, 이주 여성들은 단기적으로 또는 임시적으로 한국 업소에 '엔터테이너' 나 '댄서' 로 취업한 것으로 인식하지만, 한국 사회는 러시아나 필리핀 여성을 모두 '매춘' 여성이란 집단적으로 단일한 범주로 인식하고 있다. 이들과 함께 글로벌 시대를 살아가는 길은 이들에 대한 호명 체제를 다양화하는 일인 듯하다. 카멜라 켐파두는 성매매를 하는 여성을 '매춘 여성' 이 아닌 '성 노동자' 로 부르는 것을 그들의 미래의 가능성에 대한 적극적인 개입의 한 방편으로 본다(Kempadoo, 1998).* 즉, 매춘 여성이라는 '본원적' 정체성으로 그들을 설명하기보다는, 일종의 직업을 가진 자로 표현함으로써, 그 직업을 떠나면 그 여성은 더는 성 노동자sex worker가 아니며, 성 노동을 다른 직업과 마찬가지로 일생의 한 시기에 종사한 직업이거나 한 사람이 종사한 여러 노동 중 하나라고 설명하는 것이다. 이런 호명은 또한 여성들 스스로 자신의 열악한 노동 환경에 저항하고, '권리' 를 소유할 수 있다는 인식을 가져다준다. 그러나 이 호명은 감정/성 노동을 노동 영역의 하나로 인정하는 동시에 영속화할 수 있다는 가능성 때문에 여전히 조심스럽게 논의되고 있다.

---

* 트룽은 성 노동이 '몸의 성적 요소를 사용하는 것' 으로서 여타의 노동과 성격이 유사하다고 주장한다. 즉, 몸의 특정 부분을 사용하고 특정 유형의 에너지와 기술을 요구한다는 면에서 여타의 정신적, 육체적 노동과 비슷한 차원임을 주장한다(Troung, 1990).

유흥업에 종사하는 이주 여성들은 현재는 유흥업에 종사하는 성 노동자일 수 있지만, 한국에 정착하여 누군가의 파트너가 되고, 사업가가 되고, 자기 아이들의 시민권 획득을 위한 운동가가 될 수도 있다. 우즈베키스탄에서 온 디아나 씨처럼 대학 어학당에서 한국어를 배우고 한국인과 결혼해 '정착민' 으로 살아가는 사람도 여럿 나타나고 있다. 여성들의 삶의 다양한 가능성을 배제하지 않기 위해서는 이주 여성을 상식적이고 습관화된 방식으로 '본질화' 하지 않는 재현의 기술들을 다양하게 개발해야 한다.

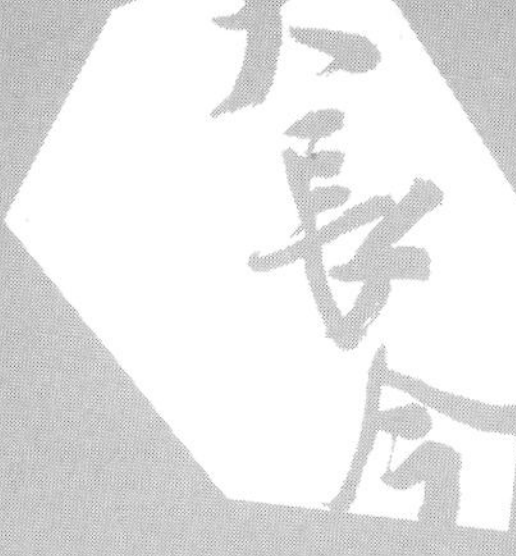

3 경계를 넘는 이미지와 욕망들

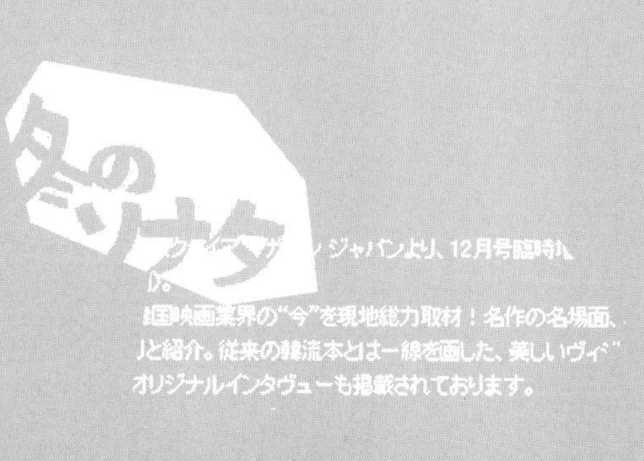

ジャパンより、12月号臨時
国映画業界の"今"を現地総力取材！名作の名場面、
と紹介。従来の韓流本とは一線を画した、美しいヴィ
オリジナルインタヴューも掲載されております。

7. 2002 월드컵의 '여성화'와 여성 '팬덤'

축구의 역사는 남성성과 민족주의의 행복한 결합을 보여 준다. 그런데 2002 월드컵은 적어도 한국 사회에서만큼은 남성적 축구와 연결된 대표적인 '기호들'이 힘을 잃고, '여성화된'feminized 이벤트가 된 것 같다. 한국에서 개최된 월드컵이 '여성화'되었다고 주장하는 것은 다음의 두 가지 이유에서다. 첫째는 한국 여성들이 전례 없이 많이 다수로, 축구의 소비자이며 적극적인 지지자로서 참여했다는 점이다. 응원에 나선 사람의 절반 또는 3분의 2가 여성이란다. 여성의 참여는 이제까지 축구 경기 하면 연상되던 '소주팩'과 '응원을 빙자한 거친 욕' 그리고 집단적 폭력을 낭만화하는 '훌리건'들을 몰아내고, 축구장과 거리를 감각적 스타일과 생동하는 에너지로 바꾸어 놓았다. 두 번째로는 여성들이 축구 경기를 '성애적 욕망'이 투사되는 공간으로 만들어 냄으로써, 마초(남성 우월주의자) 남성 선수들과 마초 남성 응원자들 사이의 거친 결속과 긴장의 고리들을 끊어 냈다는 점이다. 축구장, 거리, 집의 TV 앞에서 여성들은 남성 축구 선수들과 상상적이고 직접적인 '이성

■ 이 글은 『당대비평』, 2002년 가을호에 실렸다.

애적' 낭만을 즐겼다. 한마디로 여성들은 남성들만의 배타적 결속homosocial solidarity의 표상이던 축구를 로맨스와 판타지의 '열린 세계'로 이끌어 냈다.

'군대 가서 한 축구 얘기'를 제일 싫어한다는 한국 여성들이 '붉은 악녀들', '여풍', '여성파워', '응원 여전사'란 머리기사로 언론을 장식하게 된 것은 그만큼 여성들이 보여 준 눈에 띄는 활약 덕분이었다. 여성들은 엄숙과 국가주의의 무거운 테를 태극기에서 벗겨 내고, 하양, 빨강, 파랑, 검정 색상의 스포츠 브래지어·스카프·탱크톱·치마 등으로 변형을 이루어 냈다. "과소비다", "선정적인 옷차림이다" 하여, 여름철마다 여론의 '구박'을 받던 젊은 여성들이 월드컵 기간만큼은 독창적이고 귀여운 패션 리더들이라며 찬사를 받았다. 거리 응원에 신세대 여성들의 참여가 눈에 띄게 늘면서, 집에서 맥주를 준비하며 남편을 기다렸던 '아줌마'들도 어린이들과 함께 광장으로 진출했다. 피부색이 다른 외국인들도 예측할 수 없는 집단적 폭력의 공포에서 해방되어 함께 거리 축제를 즐겼다. 여성들이 거리 응원단의 주류로 참여하면서, 광기와 폭력성의 전쟁터로 쉽게 변질될 수 있는 축구장과 거리를 열린 문화 축제의 공간으로 살려낸 것이다. 이런 기운에 힘입어 여성 축구단 결성이 여기저기서 이루어지고 있고, 여자 축구를 발전시켜야 한다는 제안들이 속속 등장하기 시작했다.

2002 월드컵의 최대 '이변' 중 하나로 등장한 여성의 물결은 글로벌 이벤트인 월드컵과 한국이라는 로컬의 여성들이 맺게 될 협상의 지점들을 잘 보여 준다. 이런 점에서 월드컵을 성별gender의 관점으로 해석하는 것은 현재 한국 사회에서 태동하고 있는 젊은 여성들의 다양한 욕망과 그들이 구조적으로 놓여 있는 위치들 간의 모순을 드러내는 작업이며, 또한 글로벌 시대 한국 사회의 성별 정치학에 대한 역사적 상상력을 확장하려는 의도다. 월드컵은 여성에 대한 뿌리 깊은 불신과 비하에 익숙해 있던 우리 사회가 미처

감지하지 못한 여성들의 '준비된 파워'를 실감한 계기였다. 나는 이 글에서 여성들이 이루어 낸 변화에 의미를 부여하면서, 포스트 월드컵의 담론 정치학에 개입하고자 한다.

'오빠부대'와 '훈련된' 팬덤*

2002년 월드컵에서 세계 언론의 주목을 가장 많이 받은 것은 한국의 응원단인 「붉은 악마」였다. 붉은 악마는 거리로 쏟아져 나온 수백만의 인파들을 잘 조직된 응원단으로 만들어 내어, 한국 축구팀을 4강으로 만드는 데 가장 큰 공헌을 해서, 한국팀의 '12번째' 선수라는 칭호를 받았다. 월드컵의 주역인 '붉은 악마 현상'을 홍성태(2002)는 "10년 전에 서태지의 등장과 함께 나타난 '팬덤 문화'가 그야말로 국민 스포츠라고 해야 할 축구에서도 나타난 것"이라고 말한다. 붉은 악마는 국가 동원 체제와 지나친 상업주의 모두를 배격한 자율적인 신세대 응원단이다.** 붉은 악마의 탄생 자체가 PC 통신을 통해 이루어졌고, 인터넷을 통해 광범위하게 확산된 것처럼 붉은 악마는 넷Net 세대의 사회적 환경과 가치관 안에서 생겨났다. 응원 연습과 경기 관람

---

* 한국에서 널리 통용되는 '오빠부대'란 말은, 남성 아이돌 스타들을 추종하여 일종의 팬클럽을 조직하는 십대 소녀들을 지칭한다. 이 소녀들은 남성 아이돌 스타가 공연하거나 출연하는 곳에서 나타나 그들을 '오빠'라고 지칭하며, 열렬히 응원한다. 이러한 집단적 여성 팬덤은 1980년대 조용필이라는 남성 가수의 열렬한 여성 팬으로부터 등장하기 시작했다. '팬덤'은 스타덤 stardom과 견주어지는 말로, 팬의 세력 범위를 가리킨다.

** 「붉은 악마」Red Devils라는 이름은 축구 동호회를 조직한 후 1년 반 만에 지어졌다. '그레이트 한국 서포터즈' Great Hankuk Supporters Club가 원래의 명칭이라고 한다(고수유, 2002: 17, 31).

에 대해서는 거의 붉은 악마의 홈페이지를 통해 연락이 이루어지고, 초등학생에서 노인들까지 회원이 다양하게 구성돼 있다는 사실이 이들의 유연성과 개방성을 잘 보여 준다(고수유, 2002). 여성은 붉은 악마 회원의 40% 이상을 차지했다고 한다. 그러나 똑같이 축구에 환호하고 축구 선수들에 열광해도 그가 여성인가 남성인가, 이십대인가 사십대인가에 따라 그들의 열광은 다른 방식으로 해석된다. 특히 축구의 경우 서포터의 '성별'이 남성이면, "축구 자체를 좋아하기 때문"이고, 아저씨면 "우리나라가 이겨야 한다는 국민으로서 강박 때문"이고, 여성이라면 "축구 규칙도 모르면서 축구 선수들이 좋아서" 등으로 이야기된다. 내가 아는 여성은 축구를 너무 좋아하기 때문에 직접 경기장에 가서 관람하고, 한국팀보다 기술이 우위인 이탈리아팀을 응원했다고 한다. 또한 인터넷을 통해 축구 모임에 참여한 여성들은 오랫동안 축구를 즐겨온 사람들이 많다고 한다. 개개인 여성이 월드컵 축구에 열광한 이유는 매우 다양하지만 월드컵의 '여성화'는 해석이 요구되는 현상이다.

길거리 응원의 절반이나 3의 2 이상이 여성이고, 십대 중반과 이십대 초반의 젊은 여성이 거리 응원단의 다수를 이룬다는 점을 두고, 다양한 해석이 나왔다. "자신의 욕구에 충실한 신세대 여성들의 특징이 표출되었다", "일상에서 억압을 받던 여성들의 일탈의 에너지가 분출한 것", "규칙이 간단해서 여성도 쉽게 이해할 수 있다" 하는 것이었다. 그러나 여성들의 월드컵 축구 열기는 남성 스타들 때문이라는 주장이 지배적이다. 바로 이런 이유 때문에 여성 축구 팬들은 남자 연예인들을 쫓아 열광하는 오빠부대의 '빠순이'(오빠를 추종하는 여성 팬들을 지칭하는 비하적인 말)들로 쉽게 비하되기도 했다. 대중 스타를 따르는 오빠부대 여성들은 "스타에 종속되어 기획사의 상업적인 전략에 이용당하는 자" 등으로 미디어에서 쉽게 매도당하지만,

붉은 악마에 가입한 서포터즈나 거리 응원단 중 적지 않은 여성들이 십대나 이십대 때 팬덤의 경험을 갖고 있을 것이고, 최소한 스타를 응원하고 지지하기 위해 해야 할 행동들을 모방하거나 실천했을 것이다.
사진은 서태지 팬클럽인 「아이비」의 1994년 소식지.
ⓒminyoung872

이는 여성들의 의식과 표현되는 행동의 관계를 단순화한 것이다. 여성들이 남성 연예인들에게 열광한다고 해서, 그들은 무모하게 남성 스타를 추종하는 것이 아니며, 다수 여성 팬과 남성 스타의 권력 관계는 고정된 것이 아니라, 다의적이고 역동적이다.

팬덤의 정치학에 대해 정보가 전혀 없이 미디어에서 재현되는 이미지들만 볼 때, 십대와 이십대 여성들은 단지 맹목적인 추종자인 것처럼 보인다. '빠순이'라 비하되는 오빠부대 여성들의 경험을 월드컵을 계기로 새롭게 해석해야 한다. 실제로 여성 팬들에게 이성애적 욕망과 사회 운동은 분리된 문제가 아니다. 가수 서태지의 팬클럽 안에는 '페미니스트 모임'이 있고, 가수 이승환의 팬 모임은 NGO 단체들과 함께 가요 순위 프로그램 폐지 운동을 벌인다. 지오디god의 여성 팬들은 기획사의 횡포에 맞서 자신의 '스타'들을 보호하고 그들이 문화 시스템에 남아 있도록 대규모 운동을 펼친다. 대중문화의 소비자이며 스타들의 추종자들이 팬클럽 활동을 통해 자신들의 사회적 조건에 걸맞는 '시민운동'을 벌여 나가는 것이다. 마찬가지로 축구 선수의 이미지나 외모가 매력이 있어 팬이 되었다하더라도 집단적 팬 정체성을 만들어 가는 과정에서 여성들은 규율을 만들어 내고, 문화를 바꿔 나간다.

보통 대중 스타의 팬들은 짧은 시간에 자기가 좋아하는 사람을 '연예인'에서 '스타' 또는 '아티스트'의 반열로 올라가게 할 수 있는 집단적인 '힘'을 발휘하고, 이런 집단적인 힘은 특정한 규칙과 협상을 통해 형성된다. 바로 이점 때문에 팬으로서 정체성을 갖는다는 것은 의식적으로 특정 '행동 양식'을 체득하는 것이다. '오빠부대'가 '부대'로서 힘을 발휘하기 위해서, 각각의 팬들은 조직적이고 체계적인 방식으로 자신의 행동과 언어를 훈련해야 한다. 같은 옷을 입고, 같은 구호를 외치며, 절제된 열정을 보여 주어야 한다. 그러므로 팬의 정체성을 의미하는 '팬덤'은 갑작스럽게 형성되거나 실천되는 것이 아니다. 스타를 위해 현수막을 만들고, 단체 티셔츠를 구입하며, 두건, 수건이나 비옷 등 관련 상품들을 만드는 일부터, 공개 방송에서 다른 스타의 팬들을 기죽이기 위해 절도 있는 행동 양식을 배운다. 팬들은 특정 가사 따라 부르기부터, '구호' 외쳐 주기 등 '집단화되고 조직화되지 않으면' 의미를 잃는 팬 행동 양식을 익히고 실행한다. 다른 스타의 팬클럽을 의식해서 그들은 가능하면 도덕적 우위성을 보여 주려 한다. 즉 상대방 팬클럽의 시비에도 불구하고 대꾸하거나 욕하지 않으며 질서와 평정을 유지한다거나, 행사 이후 쓰레기 등을 치우는 행위들을 함으로써, 스타의 위치에 걸맞은 팬의 '품위'를 지키고자 한다. 이러한 과정에서 그들은 자신이 진정한 팬덤을 구성해 낸다고 믿는다.

붉은 악마에 가입한 서포터즈나 거리 응원단 중 적지 않은 여성들이 십대나 이십대 때 이런 팬덤의 경험을 갖고 있을 것이고, 최소한 스타를 응원하고 지지하기 위해 해야 할 행동들을 모방하거나 실천했을 것이다. 이러한 노력과 돈과 시간이 요구되는 행동들에 헌신하는 팬들은 단순히 스타의 이미지를 소비하는 것이 아니라, 팬덤을 체현하는 과정에서 그들 나름의 '시민 정신'에 익숙해진다. 거리 응원을 주도한 붉은 악마 회원들이 "경기 전날 밤부터 거리 응원에 사용할 도구들과 장비를 점검하고 세팅하며 아침 일찍부터 동아일보 사옥 전광판을 중심으로 자리를 배치하는 것"(이동연, 2002)이나 다양한 응원 도구를 동원하고, 거리의 쓰레기를 치우는 행동 등은 이러한 경험과 모방 덕분에 이루어진 것이다.

십대와 이십대 소녀 팬들이 훈련해 온 이런 익숙한 행동 양식이 붉은 악마의 응원 문화에 접목되었고, 이질적인 집단들을 포용해 나가는 힘을 발휘했다. 축구에 열광한 이유가 축구 선수에 있든 축구 자체에 있든, 하위문화로 취급되어 온 여성들의 '팬문화'가 '세련된 나라'를 만들어 내는 데 기여하면서, 월드컵 기간 동안 주류 문화로 등장한 것이다. 나는 한국에서 십대와 이십대 여성들에 의해 조직된 다양한 팬클럽 활동의 경험이 2002 월드컵의 붉은 악마의 취지를 가장 잘 살려내고, 글로벌 스탠더드에 어울리는 '질서'와 '시민 의식'을 보여 주는 데 기여했다고 평가한다.

축구의 '성애화'

그 짧은 한 달 여의 기간 동안, 연봉 2,400만 원의 소박한 한국의 축구 선수가 연봉 수억대를 바라보는 '글로벌 스포츠 스타'가 되기까지 관여된 여성들의 힘과 욕망은 어디서 나올까? 한국 축구팀이 1승을 더해 갈 때마다 늘어나는 보너스와 월드컵 이후 '억대'의 몸값의 힘만으로는 그들은 '스타'가 될 수 없다. 육체와 운동 기술에 의존하는 축구 선수를 이미지와 욕망을 파는 21세기형 문화 산업의 스타 차원으로 상승시킨 무대 뒤의 힘은 무엇일까? 운동장을 누비는 축구 선수가 스타일과 취향으로 거래되는 문화적 이미지를 만들어 내기 위해서는 그의 '스타성'을 발견하고 만들어 나가는 구매자가 필요하다. 한국 축구 선수들이 매번 달라지는 보너스의 액수와 가족들에 의해 끊임없이 반복되는 휴먼 스토리로 미디어에서 포장될 때, 팬들의 열기도 똑같은 속도로 상승하게 된다. 그러나 '스타 만들기'를 추동하는 여성들의 힘은 더 적극적이다. 그들의 팬덤은 이성애적 욕망의 결과이기도 하지만, 그것은 가부장제의 전형성을 그대로 담지하는 것은 아니다. 에렌라이히(Ehrenreich et al., 1986)는 소녀 팬들의 스타에 대한 열광은 그들이 지닌 엄청난 성적 에너지를 공개적으로 드러낼 수 있는 풍부한 기회를 제공해 준다고 설명한다. 사실 청소년기 이후, 육체적인 성숙에도 불구하고 끊임없이 '비성애적인 존재'로 규정당하고 감시당하는 조건을 지닌 한국의 십대와 이십대 여성들은, 일상에서 자연스럽게 이성애적 욕망을 실현하기가 쉽지 않다. 이들에게 남성 스타에 대한 열광은 사회적으로 억압된 욕망을 '안전하게' 표현하는 방법이 된다. 젊은 여성들이 자신의 태동하는 섹슈얼리티의 판타지를 투사하는 것은 '흥분'된 경험이다.

「월드컵 꽃미남 쇼크, 여성의 원초적 본능 깨운다」는 제목의 기사에서 양성희 기자는 "뙤약볕에 얼굴을 시커멓게 그을린 선수들이 죽기 살기로 공을 쫓아다니는, '단순 무식'하고 촌스러운 스포츠라는 인식이 강했던 축구"의 이미지를 전 세계의 꽃미남 축구 선수들이 완전히 바꾸어 놓았다는 점을 지적하면서, 이 때문에 한국 여성들은 자신의 억눌렸던 성적 판타지를 즐기게 되었다고 설명한다(『문화일보』, 2002년 6월 21일). 특히 축구 선수 팬들은 선수들을 내려다보고 그들의 매력을 '품평'함으로써 팬이 스타에게 일방적

붉은 악마에 가입한 서포터즈나 거리 응원단 중 적지 않은 여성들이 십대나 이십대 때 이런 팬덤의 경험을 갖고 있을 것이고, 최소한 스타를 응원하고 지지하기 위해 해야 할 행동들을 모방하거나 실천했을 것이다. ⓒlillyos

으로 종속되지 않는다는 점에서 '전복적인 스타덤'이다. 이런 의미에서 월드컵은 다양한 타입의 남성들이 자신의 잠재적 매력을 구매당하기 위해 여성들 앞에서 한판 퍼포먼스를 벌인 것이다. 비슷비슷한 유형의 남성들로 구성된 보이 밴드보다는 이백여 명의 다양한 남성들이 전시되었던 축구 경기는 한국 여성들을 흥분시키기에 충분했다. 양성애적 혼종성을 겸비한 베컴부터, 천진한 호나우딩요, 근엄하고 냉혈한 칸, 수줍은 송종국까지, 여성들은 전시장을 둘러보는 잠재적 구매자가 된 기분으로 축구 선수들의 몸을 품평하고, 욕망을 투사했으며, 잠시나마 '시각적'인 쾌락을 경험했다.

한국 여성들이 남성들의 몸매나 얼굴 등을 꼼꼼하고 정교한 언어로 표현한 것은 남성들에게는 꽤나 당황스런 경험이다. '섹시하다', '멋있다'는 찬사를 받는 남성들 옆에서, 평범한 모습으로 존재하는 '현실 속의 남성들'은 자존심이 상하고, 이를 만회하고자 여성의 욕망을 천박한 것으로 비웃고 싶어 한다. 오를 수 없는 미인의 기준으로 '현실 속의 여성들'의 몸과 외모를 평가하며 조소했던 남성들이 보복을 당한 셈이다. 여성의 성애적 욕망이 '공론화' 되면, 빠른 감염 효과를 지니게 되고, 한국의 여성들은 결혼 여부, 나이와 지역과는 상관없이 집단적 성애화sexualization의 경험을 갖게 되었다. 여성들이 '보이는 자'로서 익숙했던 입장에서 벗어나 남성의 몸을 '보는 자'로서 등장하게 된 것은 응시를 통한 남녀간의 권력 관계에 균열을 일으키는 일이었다.

그러나 여성들이 좋아하는 남성의 이미지는 고정된 것이 아니며, 그런 의미에서 2002 월드컵은 다양한 남성 이미지에 대한 여성들의 선호가 확대되고 있음을 보여 줬다. 최근 '꽃미남'에 대한 여성들의 선호도 새로운 해석을 요구한다. 타이완의 페미니스트인 호(2001)는 최근 십대가 우상으로 삼고 있는 남성들이 근육질 육체에 터프한 남성이 아니라 자기 연민을 느끼게 하는 '여성스러운 남성'이 많다는 점을 지적하면서 "거대한 힘을 가진 십대 소녀들과 다소 연약한 이미지를 지닌 그들의 우상과의 극명한 대조"가 이루어지고 있다고 말한다. 십대 여성들은 자신에게 헌신하고 돌봐 주는 남성을 그리워하는 전형적인 이성애적 로맨스에서 벗어나, 적극적인 방식으로 자신의 섹슈얼리티를 표현한다. 생계 부양자의 능력과 성품을 보여 주는 남성을 '가장 매력적인' 남성이라 선호했던 상황에 변화가 일어난 것이다.

「김남일, 날것 그대로!」라는 도발적인 제목으로 김남일 신드롬을 분석한

『한겨레 21』의 김은형 기자(2002)는 김남일이 드러내는 육체성은 1990년대 말부터 인기를 끌어 왔던 '바른 생활 꽃미남 소년' 계보와 '차별성'을 보여준다고 주장한다. 여성들은 김남일한테서 "조작되거나 정제되지 않은 날것 그대로의 이미지"를 보고 환호하고, 근육질의 몸에서 풍겨 나오는 거침없는 행동을 보면서, 김남일의 '맨얼굴', '벗은 육체를 보는 쾌감'을 느낀다는 것이다. 이는 또 다른 대규모의 여성 팬을 확보하고 있는 송종국의 "고운 피부에 선량하고 겸손한 태도의 바른 생활 소년"과는 대조를 이룬다. 바로 김남일이 '친숙한 날라리'로 보이기 때문에 여성들은 어떤 검열도 없이 "남일아 불 꺼라", "남일아 셋만 낳자" 하는 지극히 저돌적이고 농염한 유혹을 감행할 수 있는 것이다.

월드컵은 여성들의 성적 에너지를 '건전한 방식'으로 발산할 기회를 제공했고, 바로 이 점 때문에 남성 스타들에 대한 열광을 연애에 대한 환상이나 일종의 집단주의적 광기로 폄하해서는 안 된다. 또한 김남일, 안정환, 송종국 등은 열광적인 여성 팬들의 후원으로 '스타'가 누리는 전형적인 과정을 경험했다. 축구 선수들은 방송과 행사에 출연하기 시작했고, 광고를 찍었으며, 팬 사인회를 가졌다. 또한 그들의 멋진 몸이 담겨 있는 사진집이 발간되었고, 각종 캐릭터 상품 등 다양한 문화 상품들이 만들어졌다. 또한 산발적으로 존재하던 특정 축구 선수의 추종자 그룹들은 인터넷을 통해, 팬 모임을 만들어 내고, 그때부터 자신들의 '스타'를 '스타덤'에 오랫동안 머무르게 하기 위한 다양한 전략들을 실천한다. 팬이 '조직화' 되면서 팬들이 만들어 내고 유포하는 스타에 대한 담론들이 미디어에 집중적으로 노출되고, 이에 따라 더 많은 팬들이 등장했다. 한국 축구 선수계를 평정하다시피 한 '김남일' 현상은 바로 이런 예 중 하나다. 2002년 그의 팬클럽 사이트는 1천 개가 넘고, 다음 카페의 '베스트 MF 김남일'의 가입자 수는 47만 명에 이른다고 한다. 또한 김남일을 주인공으로 한 창작 소설인 팬픽(팬픽션의 준말)이 등장해 날마다 업그레이드된다고 한다(김은형, 2002). 김남일의 무명 시절 사진이 인터넷을 통해 한 장당 700원에 팔리고, 김남일이 쓴 벙거지 모자는 없어서 못 팔 정도라고 한다(손민호, 2002). 여성들의 보여준 이성애적 에너지는 평범한 한국의 운동선수를 '글로벌 스타' 부럽지 않은 지지 세력과 자원으로 포장해 냈다. 포스트 월드컵이 쓸쓸하지 않은 것은 이런 스타와 관련된 문화 현상이 지속적으로 생산되기 때문일 것이다. 이런 열기 덕분에 축구는 현재에도 한국 사회에서 가장 인기 있는 '국제' 스포츠가 되었다.

여성들의 성애적 욕망과 '신애국주의'의 행복한 결합

안민석(2002)은 한국 스포츠는 생활 체육보다는 '엘리트 체육 패러다임'이 지배해 왔다는 점을 강조한다. 즉, 스포츠가 국위 선양, 국가 이미지 제고와 국민 통합 기제로 활용되면서 국가에 의해 지원, 육성되었을 뿐만 아니라, 북한과의 경쟁에서 체제의 우월성을 입증하는 기제로 활용되어 왔다는 것이다. 바로 이런 이유 때문에 단기간에 '성과'를 내기 위한 업적 위주의 정책이 주로 이루어졌고, 엘리트 중심 스포츠의 기반을 다져 나갔다. 2002 월드컵에서 한국 축구가 거둔 기대 이상의 좋은 성과는 이런 체제가 결실을 맺은 것이며, 선수들은 '태극 전사'의 역할을 성실히 수행했다. 그러나 이들을 응원했던 여성들의 국민 정체성은 단일하지 않았다. 그러나 나는 여성들의 팬덤을 성애적 욕망과 신애국주의의 행복한 결합의 결과였다고 해석한다.

지난 30년간의 근대화 과정에서 한국인들에게는 국민 정체성 이외에 어떤 개별적 자아도 허용되지 않았다. 그러나 국가 동원에 의한 국민 만들기 프로젝트의 영향력이 어느 정도 상실된 지금, 민족주의나 애국주의는 우리 국민의 일차적 정체성이라기보다 상황에 따라 구성되고 변화하는 개인 정체성의 일부분이 되고 있다. 축구 국가 대항전인 월드컵이 우리의 앞마당에서 이루어졌다는 사실은 국제 사회가 보여 주는 인종적, 민족적, 계층적 다양성에 우리가 얼마나 유연하게 협상을 벌일 수 있는지를 테스트하는 계기였다. 사실 한국인들은 6월을 최대의 국민 축제 기간으로 즐겼지만, 월드컵을 글로벌 문화 축제로 '의미화' 했던 세계인들의 역사적 경험에는 철저히 무관심했다. 월드컵 기간 동안, 많은 돈을 들여 만들었다는 2002 월드컵 공식 노래는 거의 들을 수가 없었고, 월드컵의 마스코트인 '애트모'는 그 존재조차 기억 속에서 사라졌다. 우리는 윤도현밴드의 「오! 필승 코리아」와 「아리랑」, 그리고 조수미의 「빅토리」를 들으며 한 달을 보냈다. 우리나라 대표팀이 '승리'를 거머쥐는 순간, 주최국으로서 보여 주어야 할 품위는 우리 머릿속에서 사라져 갔다. 폴란드전 50여만 명, 미국전 77만 명, 포르투갈전 279만 명, 이탈리아전 420만 명, 스페인전 500만 명, 독일전 700만 명, 터키전 210만 명 등으로 늘어나는 한국의 거리 응원단의 수만큼이나 자민족 중심적인 미디어의 편협성이 강화되었고, 자기 자식만 예뻐하듯 우리 국민들의 한국 축구팀 사랑은 커져만 갔다. 2002 월드컵은 국가가 동원하지 않은, 자발적 참여자들의 수가 많았다는 점에서 역사적으로 낯선 경험이었다. 그러나 이러한 역사적 순간은 한편으로는 새로운 현상이지만, 나르시시즘에 기반을 둔 국민 통합의 집단적 퍼포먼스를 행했다는 점에서 역사적 습관을 반복했다.

붉은 악마의 신인철 회장도 한국 사람들이 축구에 열광한 이유가 무엇이냐는 질문에 "(축구가) 민족주의 성향이 강해 우리나라 사람들에게 잘 맞는지도 모르겠다"고 답했다(권태호·김양중, 2002). 여성들도 '민족'이나 '국가'란 기호와 행복하게 결합했다. 경기마다 운동장을 달리는 22명의 젊은 남성들에 대한 여성들의 이성애적 환호가 곧 '애국'과 '나라 사랑'으로 승화되었다. 여성들은 자신들의 환호가 자국의 남성들에게 어떻게 비칠까 걱정할 필요도 없었다. 마음대로 환호하고 축구 선수들을 '멋지다'고 외치고, '사랑한다'고 떠들어도 속물스럽거나 어리석다고 비난할 사람도 없었다. 스타를 좋아하고, 그들에게 찬미를 보낸다는 자체 때문에 늘 도덕적 열등감을 강요당했던 여성들이 처음으로 이러한 열등감에서 벗어나 '애국주의'를 상징하는 기호들로 등장하게 된 것이다. 여성들이 "대~한민국"을 외치면서 왠지 모르게 힘을 받고, 쓸데없이 눈물이 나온 경험을 할 때 그들은 국가와 결속된 자신을 인정하는 경험을 한다.

한국의 남성 중심적인 민족사관이나 국민주의의 오랜 역사 속에서, 종종 여성은 개인주의적 지향은 강하지만 민족의식이 부족한 것으로 쉽게 비판받아 왔다. '영웅 되기'를 열망하는 한국 남성들의 엘리트 사관에서, 민족주의나 애국심은 공적인 영역에서 정치적이고 조직화된 운동을 통해서 드러나야만 그 가치를 인정받았기 때문이다. 여성들은 자연스럽게 남성에 의해 구축된 국민과 국가, 민족주의의 개념을 유일하고 총체적인 '나라 사랑'의 길로 받아들였다. 민족주의나 애국주의가 남성적인 개념으로 정의되는 한 여성들의 경험은 이질적이거나 불연속적인 형태로 드러날 수밖에 없었다. 월드컵에서 남성 축구 선수들에게 환호했던 여성들은 여전히 그들이 애국하는 방식이 지극히 개인적이고 부르주아적이며 임시적이고 사치스러운 형태라는 비하의 소리를 듣게 될 것이다. 그러나 신세대들에 의해 고양된 신애국주의는 배타적이거나 집단적인 국수주의와는 달리, 자신의 국가 정체성을 열등감 없이 표현하는 것이다. 그러므로 그들은 고답적인 민족주의적 이미지에 연루되지 않고, 주의ism를 표방하되 '스타일'을 중히 여긴다. 터키와의 4강전에 보여 준 응원단의 여유는 신애국주의의 표현이었다. "개방적 애국심, 열린 민족주의"(김찬희, 2002)라 불리는 신애국주의는 여성들이 이번 월드컵에서 국가와 맺은 새로운 관계의 틀이었다.

그러나 한국 여성들이 영국의 베컴이나 오언, 포르투갈의 피구, 이탈리아의 토티나 스페인의 모리엔테스 등 서구 미남에만 열정을 보여 주었다면, 사태는 분명 달라졌을 것이다. 그나마 성애적 결속을 욕망하기에는 너무 '아버지' 같은 서구 남성 히딩크와 한국의 안정환·김남일·송종국 등의 친근한 한국식 미남에 열광한 것이 여성 팬들을 그나마 긍정적으로 바라보게 한 것일 게다. 김남일을 좋아하게 된 한 원인으로 인용되는 "미국 선수들과 1대 9로 '맞장' 떴다"는 얘기는 서구 앞에서 무력해지거나 눈치 보지 않게 된 한국 토종의 건강함으로 환영받았다. 일본 여성들이 영국 축구 선수인 베컴을 찬미한다는 사실 때문에 그들의 축구 열기는 무시한 채 '빠순이'들로만 치부하고 경멸하는 한국 언론의 태도는 한국 여성들이 넘지 말아야 할 선이 무엇인가를 극명히 보여 준다. 결국 23명의 태극 전사에 대한 찬미로 귀결되었던 2002 월드컵은 욕망의 주체로 선 한국 여성들의 한계를 보여줬다. 여전히 동 종족 간의 성적 결합에 대한 강한 신념을 가진 사회에서 호나우드나 모리엔테스에 대한 집단적 열광을 보여 주기에는 여전히 수위 조절이 필요한 사회다. '검은 몸'과 '흰 몸'을 원하기보다는 동종의 '누런 몸'이 아름답고 섹시하다고 외치는 것이 마음 편한 사회다. 2002 월드컵은 바로 이런 점에서 여성들의 성애적 욕망과 신애국주의가 행복하게 만난 지점이다.

글로벌 시대의 '여성'이라는 기호

'성 차별, 지역 차별, 나이 차별'의 오래된 벽을 헐고 한 달간의 임시 휴가를 즐긴 우리 사회에서 한국의 축구 선수들은 여전히 '태극 전사'로 불린다. 태극 전사의 위치에 오를 수 없는 한국 여성들은 '열혈 응원 전사'로 만족하며 살아야 할 것인가? 그러나 여성들은 '대한의 딸'도 '태극 전사'의 추종자도 아닌 자신의 개별성을 인정받고 승인 받는 사회를 절실히 원하고 있다. 사실, 월드컵과 여성에 대한 담론들은 이 시대가 여성의 주체성을 형성하는데 어떤 방식으로 개입하고 있는가를 잘 보여 준다.

글로벌 시대는 경계를 넘어 끊임없이 유동하는 이미지와 욕망들의 의미가 생성되는 시대다. 월드컵은 이제 국가간의 승부 경쟁만이 아닌, 대표적인 글로벌 문화 상품이 되고 있다. 여성은 이런 상품의 소비자이며 적극적인 구매자로서 특정한 '성별 경험'을 구축한다. 여성들이 구축해 가는 글로벌 정체성은 새롭게 제공되는 기회들과 이미지들을 적극 수용하여 자신들의 삶의 기반을 제약하는 로컬의 협소함을 벗어나는 것이다. 월드컵에서 여성들은 가부장적 규율 체제에서 오랫동안 익숙해 있던 자기 검열과 감시에서 벗어나 집단적 열정과 욕망을 드러내 보였다.

2002 월드컵은 여성을 비롯한 젊은 세대들의 적극적인 참여로 대외적으로 뿌리 깊었던 한국 사회의 경직된 이미지들을 생동감과 열정으로 대체시키는 데 큰 공헌을 했다. 몇몇 학자들과 오피니언 메이커들은 이런 기세를 몰아, '남녀평등 4강 진입'을 목표로 여성 인력의 활용을 글로벌 수준으로 높여야 한다고 주장한다(이인실, 2002). 국가 선진도의 지표로도 쓰이는 성별 권한 척도GEM에서 늘 하위에 머무는 한국 사회에 대한 씁쓸한 비판들도 이어진다. 즉 월드컵에서 보여 준 여성들의 평등에 대한 열망에도 불구하고, 여전

히 경제적 권력을 갖지 못한 여성들은 진정한 사회적 주체성을 확보하지 못하고 있다는 얘기다(김지영, 2002). 여성들이 응원에서 보여 준 열성과 잠재력을 폭발적으로 이어나갈 수 있는 정책적 뒷받침을 하겠다는 정부 관리의 얘기도 이어진다(김동호, 2002).

그러나 이는 역으로 젊은 여성들의 잠재적이고 준비된 에너지와 능력이 왜 '성적인 에너지'로 분출될 수밖에 없는가에 대한 해답을 제공한다. 아침부터 시청·광화문·잠실 등에 나와 거리를 지킨 그 많은 여성들은 누구였을까? 그들이 돌아갈 일터는 과연 존재했을까? 노동이나 정치와 같은 공적 영역에서 성 차별이 여전히 강력한 힘을 발휘할 때, 여성들은 변화가 쉽게 오지 않으리라는 인식 때문에 무력감을 느낀다. 그들의 이런 좌절감은 연애나 섹슈얼리티 같은 '사적인' 영역에서 저항성과 전복성으로 드러난다. 성애나 친밀성의 영역은 그나마 자신의 의지나 감정으로 바꾸어 놓을 수 있는 유일한 영역으로 느껴지기 때문이다. 이런 의미에서 한국 여성들의 급속한 성적 주체화는 한편으로는 변혁적 힘을 발휘하고 동시에 다른 한편으로는 여성들의 집단적 무력감을 상징하기도 한다. 아시아 최초로 월드컵을 개최할 만큼 급격한 속도로 경제적 부를 이루어 낸 한국 사회에서 여성들은 체형 관리와 교육열, 실험적 성애화를 통해서 자신의 주체를 드러낼 수밖에 없는 구조적 조건 안에 놓여 있다. 여성들은 여전히 일터와 같은 공적 영역에서 제대로 된 성 평등적 변혁을 만들어 내지 못한 한국 근대화 '혁명'의 공허함을 절감한다. 자신의 개별성을 사회적으로 승인하는 다양한 대안들이 존재하지 않는 한국 사회에서 여성의 성적 급진성은 가히 변혁적이지만 동시에 역사적 습관의 반복이다.

2002년 월드컵에서 한국 여성들이 보여 준 활력과 시민 의식을 국가 이미지를 높이는 데 한껏 활용했다면, 국가는 여성들에게 무엇을 줄 수 있을 것인가? 한국 사회에서 여성들은 늘 '기호'와 '이미지'로만 활용되고 동원될 것인가? 폭력과 난동이 없는 한국 월드컵에 대해 전 세계가 찬사를 보낸다는 사실을 연일 접했던 우리들은 자칫 자기만족에서 위안을 얻기 전에, 그러한 축제를 만들어 내는 과정에서 발휘된 여성들의 힘에 대한 충분한 평가와 성찰적 해석을 해 줘야 할 것 같다. 여성과 젊은이들이 주도하여 벌인 2002 월드컵 축제는 그들에게 임시적이고 일시적인 해방 공간이 되서는 안 되며, 그들이 일터와 삶터 모두에서 주요한 행위자가 되어 새롭게 구축되는 글로벌 시민 사회로 이어져 나가야 한다.

8. 일본 대중문화의 소비와 '팬덤'의 형성

> 앞에서는 완강하게 빗장 걸고 뒤에서는 열심히 빗장 열어주기, 왼손으로는 퇴짜 놓고 오른손으로는 허겁지겁 받아먹기 — 이것이 지난 30년간 우리 사회가 일본 대중문화를 향해 보여 온 태도다(도정일, 1998: 2).

『일본 대중문화 베끼기』라는 책의 서문을 쓴 문화 연구자 도정일은 한국 사회가 일본 문화에 보여 온 위와 같은 이중성이 생산과 수용의 두 가지 측면에서 부패 구조를 양산해 왔다고 주장한다. 즉 일본 문화 상품들이 음성적 경로로 광대한 문화 암시장을 형성하면서 상품의 '음성화'를 통해 수용의 부패 구조가 만들어졌고, 공개적인 유통이 차단되는 것을 이용해 한국의 문화 생산자들이 일본 문화 상품의 형식, 내용, 과정을 '베껴' 왔던 것이 생산의 부패 구조를 만들었다는 주장이다. 일본의 문화 유입을 반대하는 측에서는 일본 문화가 '저속하고 저질이며 폭력적'이라는 점을 일관되게 강조하면서 일본 대중문화에 대한 편견을 고착하는 데 기여했다(정현민, 1996). 문화의

■ 이 글은 『한국문화인류학』, 36권 1호(2003)에 실렸다.

창조적 자율성을 강조한 한국의 일부 문화 연구자들은 한국 정부가 일본 문화를 차단한 것이 '표절'을 부추기면서 궁극적으로 한국 문화 상품의 경쟁력을 약화시켰다고 주장한다. 이 두 입장 모두 일본 문화가 구체적으로 어떻게 한국에서 유통되어 왔고 역사적으로 변화했는지를 간과한 채, 일본 문화의 '영향력'에 대한 일반적인 입장만을 강조하고 있다.

1998년 4월 17일, 일본 대중문화의 단계적인 개방 방침이 공식화되었다. 그 해 10월 한일정상회담에서 「21세기 새로운 한일 파트너십 공동 선언」의 선포와 함께 지난 55년간 금지된 일본 대중문화가 1차 개방되었다.* 이는 지난 1965년 한일 국교 정상화 이후, 일본 대중문화 중 유일하게 일본 애니메이션이 일본 원작자와 제작진의 이름을 내보내지 않은 상태에서 TV에 방영되는 것이 허용되고 나서(이동후, 2003), 최초로 이루어진 일본 대중문화에 대한 개방 조치였다.** 그 후 역사 교과서 문제 등을 포함한 한국과 일본의

---

* 1차 개방(1998년 10월 20일)은 영화 및 비디오 부분과 출판 부분, 2차 개방(1999년 9월 10일)은 공연 부분, 3차 개방(2000년 6월 27일)은 극장용 애니메이션 부분과 대중가요 공연, 게임, 방송 일부의 개방이었다. 그리고 마침내 2004년 1월에 일본의 드라마가 케이블 채널을 통해 방영되고, 일본어 가창 음반을 포함하여 일본 대중문화의 개방이 이루어졌다. 그러나 일본 오락 프로그램을 비롯한 전면적인 개방 (5차 개방)의 시점은 확정되지 않은 상태이며, 일본 드라마의 영향력을 고려하여 차후 시점이 마련될 예정이라고 한다. 자세한 내용은 문화관광부(2003)를 참고할 것.

** 1965년 한일 국교 정상화 이후 일본 측은 대중문화 교류를 요구해 왔으나, 한국 국민의 반일 감정으로 뜻을 이루지 못하다가, 1981년에 일본 문화에 대한 개방을 요구했다. 그러나 개방 논의는 1982년 '교과서 왜곡 사건'으로 주춤했다가, 1983년 1월 나카소네 수상의 방한을 계기로 학술, 교육, 스포츠 등에서 양국 간의 문화 교류를 확대해 나가기로 했다. 1984년 '한일문화교류위원회'가 발족되었고, 한일의원연맹은 '한일 문화교류기금'을 발족하여, 한일 국교 정상화 20주년을 맞은 1985년부터 한일 간 초등학생과 중학생들 간의 민박 체험 프로그램을 운영했다(최영일, 1985; 서울시립대 대학문화 편집실, 1986).

정치적 현안으로 몇 차례 개방이 연기되었지만, 마침내 2004년 1월부터 가장 대중성이 높은 일본의 TV 드라마의 수입과 음반 판매가 이루어졌다.

그러나 일본 문화의 한국 유입은 공식 채널이 없던 지난 수십 년간 꾸준히 이루어져 왔다. 지난 몇 년간 다양한 장르의 일본 대중문화의 '팬클럽'이 광범위하게 형성되었을 뿐 아니라, 일본에서 나온 최신 앨범이나 드라마가 한국의 인터넷에 소개되고, 구매되고, 소비될 만큼 '시간적 차이' 없이 한국에 유입되고 있다. 현재 일본의 대중문화는 장르에 따라 라이선스 계약 등을 통해 정식으로 수입되고 있으나 인터넷이 일본 대중문화의 소비 통로가 되면서 일본 문화 소비는 점차 인터넷상의 '정보 공유'란 의미를 획득해 가고 있다.* 일본 대중문화가 정부 정책이나 일본 식민지 지배에 대한 반감 때문에 한국 사회에 '유통'되지 못하고 있는 현실만을 부각하거나 '문화 흐름'이 정치 논리에 의해 규정된다는 것을 강조할 때, 실제 두 국가 간에 지속적으로 이뤄진 문화 흐름들cultural flows의 역사적 맥락을 간과하게 된다.

21세기의 글로벌 문화 산업은 이미지 생산을 통해 새로운 욕망 구조를 만들어 내며, 이미지, 환상, 상상력의 영역까지도 전지구적인 자본주의 질서 속으로 편입시킨다. 그러나 이 글로벌 문화 산업은 특정 지역의 기술적 상황이나 특정 국가의 문화에 대한 사회적 편견 등의 영향을 받는다. 또한 이질적인 '상징 체제'를 지닌 문화들이 국경을 넘어 유통되는 과정에서 다양

---

* 대중문화 장르 중 가장 지속적이며 광범위하게 유입된 만화의 경우, 1980년대와 1990년대까지도 일본 만화를 그대로 불법 복제하는 '해적판' 만화가 유행했지만 1991년 애니메이션 회사인 '대원동화'에 의해 정식 라이선스 계약이 이루어졌고, 그 후 『소년챔프』와 『아이큐점프』 같은 만화 잡지를 통해 정식 계약된 일본 만화가 연재되었다. 1998년 당시 "일본 만화는 정식 계약 만화와 해적판 만화 그리고 일부 마니아들이 일본 만화 원서를 직접 구입하는 경우 등 크게 세 가지 형태로" 국내에 널리 유통되었다(황민호, 1998: 18). 최근 인터넷을 통해서는 스캐닝 되고 번역이 된 일본 만화가 널리 유통되고 있다.

한 소비와 '차용'appropriation이 일어난다. 일본 문화의 공식적 유입을 적극적으로 금지해 온 한국에서 일본의 '문화 상품'들은 한국 소비자에게 적극적으로 소개 또는 홍보될 수 없었기 때문에 일본 대중문화의 수용은 한국 사회의 자발적 소비자의 의지와 '해석'에 의존할 수밖에 없었다. 이런 의미에서 비공식적인 영역에서 이루어진 일본 문화의 한국 내 '수용자'들의 경험을 연구할 필요가 있다. 이 글은 일본 대중문화 유통에 대한 역사적이고 '맥락화'된 해석을 위해서 일본 대중문화를 직접 '소비'하고 자신을 일본 문화의 '팬'으로 규정하는 수용자의 경험을 통해, 한국에서 형성된 일본 대중문화 '팬덤'fandom의 지형을 분석하고자 한다. 특히 1997년 이후 인터넷의 대중적인 확산으로 일본 대중문화 소비가 폭발적으로 늘면서, 일본 대중문화를 소비한 사람들은 그 이전에 일본 문화를 소비했던 사람들과는 다른 경험을 갖고 있다. 일본 문화를 즐긴다는 것이 소수만의 문화적 특권이라고 의식하면서도 한일 간의 정치 경제적 사안에 민감하게 반응할 수밖에 없었던 이전의 문화 향유자와 달리, 이후의 향유자들은 디지털을 통해, 여행이나 연수를 통해 일본 문화를 체험하면서 일본 문화를 '취향'의 하나로 받아들이면서 수많은 동호회를 만들어 내고 있다.

이 연구에서는 문헌 조사, 인터넷 조사와 함께 심층 면접을 했다. 심층 면접은 일본 문화, 즉 가요, 드라마, 만화, 애니메이션, 게임 등의 '팬'이었음을 인정하는 사람들을 대상으로 2001년 3월부터 2002년 10월까지 진행되었다. 연구 참여자의 나이는 인터뷰 당시의 나이로 표시했다. 총 20명에 대한 심층 면접이 이루어졌으며, 연령별로는 삼십대 4명, 이십대 13명, 십대 3명이고,* 성별로는 여성 11명, 남성 9명이다. 연구는 일본 문화의 '팬'이었거

* 이 연구의 참여자들은 십대부터 삼십대까지로, 서울 및 수도권 지역에 거주하는 사람들이다.

나 팬이라고 생각하는 사람들이 언제 어떤 방식으로 일본 문화를 접했으며, 어떻게 적극적인 문화 상품의 소비자가 되었는지를 알아보고, 그 당시 일본 문화의 비공식적인 유통 통로가 무엇이었는지를 조사했다. 그리고 인터넷이 활성화된 1999년 이후 일본 문화의 팬이 된 연구 참여자들을 중심으로 인터넷 동호회의 운영 방식과 참여 방식 등을 질문하여 그들이 일본 문화의 팬으로서 어떻게 다른 사람과 '구별' 짓고, 내부에서 '차별적인 위계화'를 구성해 내는지를 분석했다.

일본 대중문화의 한국 내 소비 과정 : '표절', '혼종화', '팬덤'의 형성

이와부치(2004)는 1990년대에 들어 아시아 나라들의 경제가 성장하면서, 일본의 대중문화가 더욱 초국적인 형태로 확산되고 있고, 일본은 문화 권력의 불균형을 통해 아시아와 일본을 연결하려는 제국주의적 욕망을 드러내고 있다고 주장한다. 이와부치(Iwabuchi, 2001)는 일본의 피식민지국이었던 아시아 각국에서 일본의 대중문화는 '문화 외교'cultural diplomacy의 성격을 띤다는 점을 지적한다. 즉 일본 정부는 일본 대중문화를 「일본국제교류기금」Japan Foundation이나 외무부 산하의 관련 기관을 통해 정책적으로 아시아 지역에 배포함으로써, 일본의 외교 정책의 하나로 활용해 왔다는 것이다. 그러나 한국에서, 일본의 이런 문화 외교는 그 효과를 충분히 발휘할 수 없었다. 한국 정부는 문화 정책을 수립한 1960년 이후 최근까지 자국의 민족주의적 정체

일본 방송을 쉽게 시청할 수 있기 때문에 일본 대중문화의 팬이 많으리라 짐작되는 부산 등지의 지역민을 심층 면접하지 못했다는 한계점이 있다.

성을 강조한다는 점에서 일관성을 유지해 왔고, 이를 위해 일본 문화의 수용을 전면적으로 금지했다.

이렇게 일본의 대중문화 수입 금지가 오랫동안 지속될 수 있었던 것은 일본 대중문화의 유입이 일본 식민 지배가 한국 사회에 가한 식민지 폭력의 기억을 무화無化할 것이라는 국민적 우려가 있었기 때문이다. 최근에 이뤄진 일본 문화의 개방 또한 식민지 경험을 가진 타이완이 1993년에 일본 대중문화의 개방을 단행한 것과 비교하면 상당히 늦은 편이다. 그런데 일본 대중문화는 다양한 '음성적' 통로로 한국 사회에 오랜 기간 존재해 왔다. 미국이나 유럽의 대중문화들이 '문화적 헤게모니'를 획득하여 라이선스 계약, 수입 통로의 확보나 지적 소유권 등 법적 장치를 통해 문화 상품으로 존재하는 것과는 달리, 일본 대중문화는 소위 만화나 소설류의 '해적판'이나, '백판'으로 불리던 LP가요 판 등의 '불법 상품'으로 존재해 왔다. 무엇보다도 우리나라가 일본 위성 방송의 전파 영역권에 놓여 있어, 안테나만 있으면 가정에서도 쉽게 일본 문화에 접근할 수 있었다(김정혜, 1991). 또한 일본 대중문화는 '표절'이나 '혼종화'를 통해 그 문화적 형태가 한국 대중문화에 깊이 뿌리내리고 있다.

일본 대중문화의 '베끼기'를 통해 한국 대중문화 생산과 수용의 '부패 구조'가 광범위하게 형성되어 왔다는 점을 고발한 이연 외(1998)는 청소년 문화, 만화, 애니메이션, 영화, 방송, 대중가요, 패션, 광고, 신문 등 전 영역에 걸친 일본 대중문화의 표절에 대해 분석한다. 이 책에서 한국 영화의 표절 양상을 역사적으로 분석한 양윤모는 "1960년대 시나리오 작가를 '표절하는 기계'"로, 1980년대의 한 영화감독을 "카피하는 복사기 기능밖에 보여주지 못한 것"(1998: 91)으로 평가하며,* 표절의 심각성을 지적하고 있다. 김필동(2001: 265)은 한국 대중문화계가 1980년대 중반까지 "표현과 창작의

일본 대중문화의 '베끼기'를 통해 한국 대중문화 생산과 수용의 '부패 구조'가 광범위하게 형성되었다. 사진은 일본 사이토 고세이 감독의 「쯔미키 구즈시」(1983)를 베낀 것으로 평가되는 한국 영화 「수렁에서 건진 내 딸」의 한 장면.

자유를 억압당했기 때문에 자생력과 창의력을 육성할 수 있는 여건 조성에 실패"해 표절을 통해 그 명맥을 유지할 수밖에 없었다고 진단한다. 그런데도 표절에 대한 공식적인 논쟁이 1990년대 이후가 돼서야 벌어진 것은 '일본 영화 마니아들의 정보 수집과 공유'로, 한국에서 한국과 일본 문화 생산물을 비교하고 평가할 수 있는 소비자들이 생겼고, PC통신의 동호회 등을 통해 구체적인 표절의 내용과 범위에 대한 정보가 유통될 수 있었기 때문이다(양윤모, 1998: 94-95). PC통신은 음성적으로 존재하던 일본 대중문화 소비자들

---

* 양윤모(1998: 88)는 이미례 감독의 「수렁에서 건진 내 딸」(1984)은 일본 사이토 고세이 감독의 「쯔미키 구즈시」(1983)의 "완벽한 한국어판 일본 영화라고 해도 무방할 만큼 베끼기의 전형"이며, 「W의 비극」(1985)은 동일한 제목의 일본 영화(1984)의 완벽한 표절이라고 주장한다.

이 집단적 팬덤을 구성해 내고, '표절' 이나 '혼용' 을 구별하고 고발할 수 있는 일본 대중문화 소비자의 본격적인 공적 언로로 등장하게 된다.

1980년대 유행한 일본 트렌디 드라마와 1990년대 이후 등장한 한국 트렌디 드라마를 비교 분석한 이동후(2003)는 일본의 트렌디 드라마의 내용, 형식, 배경 음악 등의 일부가 '표절' 을 통해, 한국 드라마와 결합되는 양상을 밝히고 있다. 일본 방송에 대한 한국 방송의 모방은 오래된 관행으로 간주되어 왔지만, 이동후는 1990년대 일본 대중문화나 TV 프로그램에 대한 '참조' 가 폭발적으로 증가한 것은 민영 방송국인 SBS의 등장으로 방송국 간의 경쟁 체제가 심화되고, 시청률 조사 기관의 등장으로 드라마가 시청률 경쟁의 중심이 되는 맥락과 관련이 있음을 밝힌다. 또한 1990년대 초반 한국의 방송국이 전지구적 영상 언어를 소화할 수 있는 기술적 환경을 갖추게 된 점도 한 요인으로 지목하고 있다. 그러나 그는 전지구적 소비문화 스타일을 아시아에 소개하고, 서구 미디어를 자국의 맥락에 맞게 바꾸어 낸 일본 방송이 한국의 모델이 된 것과 아울러, 한국 드라마도 전지구적 소비문화 스타일의 추세를 반영한 코드들을 사용하면서 일본 드라마와 비슷해지는 경향을 보이므로, 단순히 이 과정을 '일본화' Japanization라고 부를 수 없다는 점을 지적한다. 이동후(2003: 138-139)는 이 과정이 세계 지역화와 한국 대중문화의 문화적 잡종성을 보여 준다는 점을 강조한다.

TV 드라마, CF, 음반 등에서 일본 대중문화가 '표절' 되거나 '부분적으로 차용' 됨으로써, 한국의 문화 소비자들은 자신들이 소비하는 문화의 '국적' 을 모르는 채 한국과 일본 대중문화가 섞여 있는 '혼성적' 문화 상품을 폭넓게 받아들여 왔다. 혼성화는 한국 대중문화에 '일본식' 취향이 아무런 저항 없이 수용되게 하는 데 주요한 역할을 담당했고, 일상적인 일본 문화 이식의 통로 역할을 했다. 동아시아나 동남아시아에서 일본 노래를 받아들이는 것은 일본이 미국 대중음악을 교묘하게 '아시아화' 함으로써 친근감이 느껴지고 듣기 편한 음악으로 변형시켰기 때문이라는 지적(이와부치, 2004)은 이중의 '문화적 혼용'을 거치고 있다는 점을 잘 보여 준다. 즉 미국의 세련된 팝을 '아시아적 취향'으로 변형한 일본의 대중음악이 다시 한국의 가요적 취향으로 변형되어 유행하는 것은 이미 그 음악 안에 여러 가지 이질적인 문화들을 담지하고 있다는 것을 의미한다.* 실제로 일본 문화의 팬이었거나 팬임을 자처하는 연구 참여자 대부분은 모두 "한국 노래를 들으면 어떤 일본 노래와 비슷하거나, 부분적으로 똑같은 부분을 금방 알아낼 수 있다"고 했다. TV 애니메이션이나 만화책도 일본 것을 번안한 것이 대부분이었기 때문에, 한국에서 일본 대중문화는 한국인의 '정서' 구조에 뿌리 깊게 자리 잡고 있다.

그러나 최근 한국 사회에서의 일본 대중문화의 폭넓은 수용과 인기는 일본 문화를 글로벌 문화 상품의 하나로 소비하는 신세대 소비자층의 등장과도 관련이 있다. 아시아 지역의 급격한 근대화 과정을 통한 신중산층의 폭발적 증가와 신세대 소비자층의 광범위한 형성으로 국적이 다른 문화 상품을 동시에 소비할 수 있게 되었다.** 그러나 일본 대중문화 소비자들이 폭발적으로 늘어났는데도 이들이 어떻게 일본 문화를 경험하고 의미화하는지는

---

* 이렇게 일본 음악이나 드라마의 한국 내 '현지화' 과정은 유통 체제가 확보되지 않은 상황에서 '표절'을 통해 이루어졌다. 한국의 '녹색지대'가 엑스재팬 노래인 「엔드리스 레인」Endless Rain을 표절한 것이 알려진 후, 엑스재팬이 한국에 소개되었고, 한국의 댄스 그룹 '룰라'는 일본 아이돌 그룹 '닌자'의 「닌자의 축제」를 표절해서 사회적 논란이 되었다(菅野朋子, 2000).

** 최근 코리아리서치센터가 전국 남녀를 대상으로 조사한 보고에 따르면 일본 대중문화에 대한 접촉 경험은 70% 수준이고, 여성보다는 남성, 그리고 연령이 낮을수록 접촉 경험이 높은 것으로 나타났다. 경험한 일본 대중문화 종류는 '만화책', '애니메이션', '잡지' 등의 순으로 높게 나타났고, 고연령층에서는 상대적으로 잡지, 비디오, 방송에 대한 접촉률이 높게 나타났다.

별로 논의되지 않았다.*

일본 대중문화가 한국에서 수용, 소비, 의미화되는 과정을 이해하기 위해서는 역사적으로 구성되어 온 일본 대중문화의 팬들의 경험을 연구해야 한다. 특히 일본 문화의 소비를 국가가 오랫동안 '규제'한 상황에서 자신을 팬으로 규정하고 자신의 경험을 언어화하는 것은 사회적이고 '의식적'인 과정이 된다. 본 연구의 참여자들은 일본 대중문화 전반을 폭넓게 수용하기보다는 대부분 특정 장르나 아티스트의 팬으로 자신의 정체성을 구성했다. 이런 의미에서 그들은 특정한 일본 대중문화의 팬덤을 구성하고 있다. 피스크(1996)는 대중문화의 팬덤을 "자발적으로 모인 사람들이, 대량 생산되어 대량 분배된 오락의 레퍼토리 가운데서 특정 연기자(연주자)나 서사체 혹은 장르를 선택하여 자신들의 문화 속에 수용하는 현상"(187)으로 분석하면서, 그들은 피에르 부르디외가 분석한 상징 자본이나 문화 자본 등과 견주어지는 '대중문화 자본'을 적극적으로 생산하고 사용한다고 주장한다. 즉 팬덤은 종속적인 위치에 놓인 사람들에게 "문화적 결핍을 채우는 방법을 제공하고, 문화 자본에 상응하는 사회적 위광과 자존심을 제공한다"(191). 그는 팬덤을 차별과 구별, 생산성과 참여, 자본 축적과 관련하여 분석한다.

---

* 일본 대중문화의 소비 규모에 대한 정확한 통계는 없다. 김필동(2001: 55-56)에 의하면, 일본 복제 만화의 점유율이 80%이며, 1996년 정부 심의를 받고 수입된 만화 중 61.6%가 일본 제품이었고, 일본 가수 팬클럽이 300여 개에 이르며, 일본의 위성 방송을 수신하는 가구는 500만에 이른다. 문화관광부의 2000년 6월 27일 보도자료에 의하면, 일본 대중문화의 접촉 여부는 10대의 경우 출판문화 84.3%, 방송 37.4%, 비디오 50.4%, 영화 49.6%, 게임 63.5%, 대중가요 공연 0.8%로 나타났고, 20대는 각각 64.4%, 40.7%, 47.0%, 41.1%, 39.0%, 1.7%, 30대는 36.4%, 37.3%, 35.5%, 18.2%, 18.2%, 0.5%로, 50대는 6.3%, 24.9%, 12.6%, 7.1%, 1.6%, 0.8% 순으로 나타났다. 젊은층일수록 일본 대중문화를 접촉한 경험이 훨씬 높게 나타났다(문화관광부, 2000).

본 연구의 참여자들은 자신들을 차별화하는 다양한 준거틀이 있었다. 대다수의 많은 한국인들이 '표절'하거나 '혼종화'된 대중문화를 소비하는 것과 대조하여 자신들을 일본 문화의 '진정한' 팬으로 인식하면서, 일본 문화의 '팬'은 "오리지널 일본 대중문화를 직접 경험하고, 즐기고, 소비하는 사람들"로 규정한다. 즉 모방이나 표절을 통해 혼성화된 형태가 아닌 '오염되지 않은' 일본 문화 상품을 직접적으로 소비하는 것이 이들을 진정한 팬으로 자리 매김하는 것이다. 또한 그들은 팬으로 존재해 온 역사, 장르와 아티스트에 대한 지식의 깊이, 일본 원본 소장품의 규모, 동호회에서의 지명도 등에 따라 다양한 위계를 만들어 낸다. 다음에는 개인들의 구체적인 경험을 통해 일본 대중문화가 소비되고 의미화되는 과정을 살펴본다.

일본 대중문화 소비의 역사적 경험들

일본 문화의 한국 내 유입을 다룬 글들은, 공식적 유입이 금지되었음에도 불구하고 일본 문화가 우리나라에 늘 '만연'해 있거나 '포화' 상태에 있음을 공통적으로 강조한다. 일본 문화 개방 이전의 글들은 일본 문화의 침투를 '주체성의 상실'이나 '신식민지적인 지배'의 새로운 양상으로 해석한다. 최근의 개방 논의(강익모, 1999; 김선영, 2001; 김정금, 2000; 김종신, 2001)에는 일본 문화 산업의 경제적 영향력이나 한국 문화 산업에 대한 파괴력 등을 우려하는 목소리(송영웅, 2000)와, 오히려 개방을 통해서 비공식적인 유통 경로로 들어오는 저질적인 일본 문화를 막을 수 있다는 논의(김혜준, 1998), 개방 이후 우려했던 만큼 영향력이 없다는 논의(김휴종, 2000; 정중헌, 2002) 등으로 구분된다.

일본 문화의 '팬' 임을 자처하는 연구 참여자들은 보통 사람이 즐기지 않고 잘 모르는 것을 알고 있다는 '문화적 우월성' 을 느낀다는 점에서 공통점이 있지만, 일본 문화가 '의미화' 되는 시대적 담론에 영향을 받으며, 나름대로 자신의 문화 소비를 통제해 왔다. 연구에 참여한 면접자가 대표성이 있다고는 볼 수 없지만, 기술 양식이 시대에 따라 변하면서 일본 문화가 소비되고 유통되고 해석되는 과정이 달라짐을 강조하기 위해, 일본 문화를 다르게 체험한 세대의 특징을 드러내고자 한다.

'저속한 상품' 과 민족 정체성의 갈등

해방 이후 집권한 이승만 정부는 '반공, 반일' 을 통치 이데올로기로 삼아 일본 대중문화의 유입을 금지했다. 1965년 한일 국교 정상화 이후 대중문화의 유입은 금지되었지만, 경제적으로 일본 자본을 유치하려는 노력이 한창이었고, 일본의 각종 상품들이 대규모로 유입되었다. 1966년에 쓴 글에서 김진만(1966: 28)은 8.15 해방 이전에는 서구 문화를 중재한 일본 문화가 주로 정신적인 가치를 퍼뜨린 것에 비해, 그 후에는 텔레비전, 승용차 같은 일본의 소비품이나 향락물이 대거 수입되고 있는 점을 지적한다. 그는 일본을 통해서 서구의 것을 들여오는 관행이나, 일본 것을 그대로 모방하는 상태에서 벗어나야 함을 강조한다. 당시 '왜색물'倭色物로 통칭되던 일본 문화는 물질적이나 기술적으로는 앞서 있지만, 문명적으로 저급한 것으로 설명된다. 또한 일본 문화가 '퇴폐적' 인 것으로 이해되는 것은 일본 문화의 성격 자체에서 기인한다기보다 한국의 근대화 정책이 일본 자본과 맺은 성격과 관련이 있다. 이영희(1984)는 당시 경제 발전 정책이 우리 국민의 '도덕적, 정신적, 사상적 왜소화' 를 초래한다고 우려하며, 한국 정부의 물질주의적 경제 개발 정책을 비판했다.

1970년대 중엽에 일본의 정치, 경제, 문화, 군사적 힘을 끌어들이는 정책이 한창일 때, 우리 정부는 외국인을 위한 '밤의 꽃'들에게 야간 통행금지 시간을 무시할 수 있는 특전인 '관광요원증'이라는 것을 발급해 주었다. 이 물질주의적 발상! 해방 후 민족정기를 확립하지 못한 탓이다(1984: 214).

한편으로는 일본의 경제 시스템 안으로 깊숙이 통합되었음에도 불구하고, 민족주의와 반일을 국가 통치 이데올로기로 삼아 정권을 유지한 시기였기 때문에, 일본 자본에 대해서는 적극적인 유치를, 일본 문화에 대해서는 일본 문화의 잔재 청산이라는 기조 아래, 문화의 유입을 강력히 통제하는 정책이 관철되었다. 이런 상황에서 일본 남성 자본과 한국 여성들의 성적 교환을 유도했던 '기생관광'이 일본 문화의 '퇴폐적인 성문화'를 보여 주는 상징으로 부각된다.* 1980년대에 쓰인 많은 글들은 일본 문화의 유입을 문화 제국주의나 신식민지적 지배의 양상으로 해석하고, 일본 대중문화는 대체로 "사무라이의 일본적인 것과 에로티시즘의 퇴폐적 양대 문화의 특징을 갖고 있는 것"으로 설명한다(서울시립대 대학문화편집실, 1986: 256; 최영일, 1985). 또한 일본 대중문화의 소비가 억제된 이유는 '생산' 우위의 근대화 정책이 '소비'를 억압한 것과도 관련이 있다. 근대화 정책이 표현의 자유를 억압하는 군사주의 체제와 결합하면서 문화 소비를 극도로 제한하고, 문화의 향유 또한 부도덕한 것으로 인식하게 만들었다.

---

* 1970년대 중반에 생긴 일본인의 기생관광의 양상은 이영희(1984: 214)가 제시한 일본 측의 통계 자료에서도 잘 나타난다. 1983년 한국 관광을 한 일본인은 56만 4천 명이었는데 일본 측의 통계 자료에 의하면 그중 남자가 94%, 여자가 6%로 심한 성별 불균형을 보인다. 같은 자료에 의하면 유럽 지역과 미국을 방문한 일본인 중 남자는 51%, 여자는 49%이며, 대만의 경우 남자 91%, 여자 9%로 한국과 비슷한 불균형을 보이고 있다.

이런 상황에서 1970년대 후반 중학교 때 일본 음악을 처음 접했다는 38세의 여성 '가' 씨는 자신이 '십대로서 일본 음악에 심취한 1세대임'을 확신하면서 일본 음악을 접하게 된 계기를 이렇게 설명한다.

> 중2 때 집에서 VTR을 샀다. 당시 VTR을 가지고 있던 집이 거의 없었고, 베타형이었기 때문에 일본 것밖엔 비디오로 볼 것이 없었다. '롯데일번가'가 처음 생겼을 때인데, 그곳에 일본 비디오테이프를 파는 데가 있었다. 일본 사람을 대상으로 한 물건을 파는 잡화점 같은 데서 샀는데, 비디오테이프가 지금의 복제처럼 싸 보이는 것이 아니라, 굉장히 고급스러웠다. 우리 부모님은 주로 미소라 히바리의 콘서트 실황을 빌려다 보셨고, 나는 옆집 사는 친구와 일주일에 한 번 정도 가서, 가요홍백전 류의 프로그램을 봤다. 당시 마즈다 세이코, 준코, 나오코 등 여자 트로이카들이 나오는 프로를 즐겨 빌려다 봤는데, 세 사람이 노래 대결도 하고, 그들이 아침에 자고 일어나는 것 등 사생활을 다 보여 주는 프로가 많았다.

이 비디오테이프는 주로 일본인 사업가나 그들의 '현지처', 또는 상류층이 이용하였다고 한다. 비디오 대여료도 비쌌고, 그런 일본 대중문화를 볼 줄 안다는 것 자체가 '수준'을 반영하는 것이었고, '희소성'이 있는 문화를 소비한다는 점 때문에 소비자에게 특권 의식을 부여했다고 한다. 당시 한국에 소개된 일본 문화는 주로 일본 콘서트 비디오였고, 한국에는 십대 가수가 거의 없는 상황에서 십대 아이돌 스타의 '깜직하고 귀여운' 모습은 너무나 새롭고 세련된 것으로 느껴졌다고 한다. 그러나 일본 문화의 소비자들은 한국 사회가 일본 문화의 유입을 규제하기 위해 오랫동안 구축해 온 '사회적 담론'에 영향을 받았다. 즉 일본 문화의 '유입'을 막기 위해 가장 쉽게 만들어진 정치적 담론은 일본 대중문화의 '열등성'을 강조하여, 일본 문화에 의한

'오염'의 위험을 강조하는 것이었다. 즉 '지나치게 선정적'이거나 '폭력적'이기 때문에 '유해'하다는 것은 일본 대중문화의 유입을 막는 '사회적 담론'이었고, 바로 이 점 때문에 일본 문화를 경험한 것은 '계층적 특권'을 부여해 주는 경험임과 동시에 '숨기고 싶은 부끄러운 일'이었다고 한다. 직접 경험한 일본의 대중문화가 '저질스럽거나' '선정적'이지 않다 하더라도, 일본 대중문화를 좋아하는 것은 그런 취향을 반영한다는 것이 일본 문화에 대한 사회적 담론이었기 때문에, 일본 문화를 소비하는 당사자들에게는 '상황'에 따라 감추고 싶은 얘기였다.

> 당시(1979년) 일본 잡지 한 권에 3천 원이었는데 굉장히 비싼 가격이었다. 잡지 안에 사람 실물만 한 사진(핀업)들이 들어 있었고, 그것을 떼어 온 방에 도배를 하고, 천장에도 붙였는데, 친구들이 놀러 오면 너무 놀라고 부러워했기 때문에 일본 문화를 소비한다는 것은 '계층'의 표시였다. 그런데 고등학교 때 일본 잡지를 읽으려고, 제2외국어로 일본어를 택했는데, 학교 선생님도 말렸다. 일본어는 당시 공부 못하는 애들이 택하는 외국어였고, 다른 애들은 프랑스어나 독일어를 택했다. 그런데 고등학교 3학년이 되어 남자 친구를 사귀면서, 일본에 대한 관심을 딱 끊었다. 왠지 일본 것을 좋아한다는 것이 남자 친구에게 부끄럽게 느껴졌고, 그래서 내가 일본 것 좋아한다는 것을 숨겼다. 대학에 들어와서는 일본과 관련된 것에 스티그마stigma가 강하기 때문에 일본어도 공부하지 않았고, 일본 노래나 비디오도 보지 않게 되었다. 의식적으로 일본과 관련된 것을 머릿속에서 아주 지워 버리려고 했던 것 같다(37세, 여성, 나).

1970년대 후반부터 1980년대 초, 중반까지 대학가에 널리 퍼진 '탈식민 운동'은 일본 문화나 일본어를 '문화적으로 열등한 것'으로 취급하는 경향이 강했고, 미국이나 유럽의 팝송은 일상적 문화였지만 일본 문화는 거의 대중화되지 못했다. 당시 일본 대중가요에 심취한 사람들은 일본 문화는 '수준이 떨어지는 문화'이고, 천박한 취향이라는 인식이 퍼져 있었기 때문에 일본 문화를 공개적으로 좋아할 수 없는 환경이었다고 한다. 그러나 그런 중에도 「긴기라기니」, 「고이 비토요」, 「블루라이트 요코하마」 등의 가요는 대학가에서 폭발적으로 유행했다. 마르크스를 비롯한 좌파 학자들의 책이 한국에서 '판금' 되거나 수입되지 않았기 때문에, 학생 운동권에서는 일본어판을 몰래 복사해서 운동 서클의 학습 교재로 활용했다. '시대물' 류의 일본 소설이나 처세술 등과 관련된 비즈니스 관련 시사물은 물론이고 학술서들은 '번역'과 '번안'을 통해 한국에서 널리 유통되었다(서울시립대 대학문화편집실, 1986: 256; 최영일, 1985).

'불법 상품'과 '취향'의 발견

1980년대까지만 해도, 청소년들은 문화 상품의 주요한 소비자가 아니었다. 당시만 해도 좋아하는 가수의 '음반'을 사는 것은 극히 소수였고, 주로 라디오에 나오는 음악을 녹음해서 듣는 상황이었다. 1990년대 들어 한국 사회가 본격적인 '소비 자본주의 사회'로 진입하면서 십대와 이십대가 적극적인 문화 소비자로 등장하기 시작했다.

해방 이후부터 1980년대까지 명동이나 청계천 도매상 등에서 불법 복제물로 널리 유통된 일본 소설이나 대중가요를 소비한 사람들은 일본 교육을 받았거나 일본말을 구사하는 당시 오십대 이상의 사람들이 대부분이었지만, 1980년대 중반부터 일본 문화의 새로운 소비자층이 등장하기 시작한다.* 이들은 일본 식민지 문화의 경험이나 영향을 전혀 받지 않은 새로운 소비자층으로, 본격적으로 일본 문화의 '팬덤'을 구성하는 당시의 십대와 이십대들이다. 일본 음반이나 영화, 드라마 비디오테이프도 직접 운반하는 방법으로 대만과 일본에서 한국으로 들어오게 되고, 일본 음반과 가수들의 포스터도 음반 가게들을 통해 유통되기 시작한다. 명동 지역과 강남에 일본 음반과 드라마를 복사하여 판매하는 가게들이 일본 대중문화 소비자들 사이에 알려지면서 일본 문화의 유통지가 되었다고 한다. 이러한 음반 가게들에서 일본 문화의 '복제'와 '정품'이 동시에 판매되기 시작한다. 일본 대중문화를 즐기는 층이 확대되었지만 여전히 일본 문화 상품은 '불법 유통물'이었기 때문에, 적극적 소비자 이외에는 일본 상품을 구매하는 일이 쉽지 않았다. 현재 28세로 중학교 3학년 때부터 일본의 드라마를 보기 시작했다는 남성 '라' 씨는 친구를 통해 알게 된 강남에 있는 음반 가게에서 일본 CD를 구입하기 시작했다고 한다.

강남역 4번 출구에 있는 음반 가게였는데, 보통 가게처럼 보이지만 안에 들어가면 방이 나오고 거기서 일본 것을 따로 팔았다. 중3 때는 아저씨가 CD를 권해 줬지만 '불법'이라는 생각 때문에 두려워서 못 샀다. 하면 안 된다는 느낌이 들었다. 고2 때 다시 강남 그 가게에 가서 처음으로 CD를 구매했다. 당시 3만 원의 돈을 주고 일본에서 수입해 온 것을 샀다. 자주 많이 사다 보니까 '니세모노'(가짜)와 '혼모노'(진짜)를 구별하는 법을 배웠다. 대만이나 홍콩에서 만든 것은 알록달록하고 조잡했고, 일본 것은 세련됐고, 대만 것은 CD가 우툴두툴한 것에 비해 소니 것은

---

* 일본 잡지나 서적들은 주로 외국 서적 전문점 등에서 판매되었는데, 그 중심은 명동이었다. 1986년의 한 면접 조사에 의하면, 당시 명동에는 14개의 외국 서적 전문점이 있었고, 주로 사는 사람은 '상류나 중류 계층 이상의 사람들'로 구입 통로는 주로 "일본에 거주하는 일본인에 의해서도 들여오고, 여행자들에 의해서 들여오는 경우도 있지만 시중에 있는 대부분의 일본 잡지는 문공부 허가에 의해 판매되고 있다"고 했다(서울시립대 대학문화 편집실, 1986: 261).

마무리가 가지런하게 잘 정렬되어 있다. 가격은 2배 정도 차이가 났다.

1990년대 중반부터는 PC 통신을 통해 일본 문화를 즐기는 동호회가 생겨났고, 주로 일본 유학생들이 최신 정보를 보내 주어, 일본 대중문화를 즐기는 사람들의 '공적인 담론과 정보 교환의 장'이 처음으로 생겼다. 이러한 동호회들은 주로 스스로 조직한 정기 '상연회'에서 좋아하는 가수의 공연을 함께 보거나(菅野朋子, 2000), 일본문화원에서 열리는 상영회를 이용하기도 했다(김혜준, 1998: 16). 또한 일본어 학원에서 일본어를 배워 일본 드라마나 영화를 접하게 된 후, 드라마나 특정 아티스트의 팬이 된 예도 많았다. 일본어 학원에서는 일본 드라마를 많이 갖고 있을수록 수강생을 유치하기가 쉽다는 말이 나돌 정도로 일본어 학원이 일본 대중문화의 유통과 소비 통로가 되기도 했다(사카모토, 2002).

30세 '다' 씨와 29세의 '마' 씨는 대학교에 들어와서 일본 문화를 접하게 된 사례다. 그들은 어릴 때부터 TV 만화 영화를 보고 게임을 하면서 일본 문화를 자연스럽게 소비해 온 세대로서, 오랫동안 쌓인 일본 문화에 대한 '익숙함'이 나중에 일본 문화를 친근하게 느끼는 데 주요한 작용을 했다고 한다. '마' 씨는 만화는 유치한 것이라고 생각했다가 일본 만화들을 보게 되면서, 만화가 주요한 문화 텍스트가 될 수 있다는 확신을 했다고 한다.

> 나는 중학교 때 들어와 내가 재미있게 보던 만화가 일본 것이라는 것을 알게 되었다. 일본 만화가 색감이 좋고 여자 캐릭터가 특히 예뻤고, 레이저 광선이 나오는 장면이 멋있어서, 그 후 일본 만화만 찾았다. 고등학교 때는 만화를 본다는 것 자체가 유치한 것 같아, 반 아이들 모두가 「드래곤 볼」을 보는데도, 나는 안 봤다. 대학에 들어왔더니, 일본 만화에 열광하는 애들이 많았다. 특히 미야자키 하야오가 감독

한 만화들을 비디오로 다 돌려서 봤고, 나도 그때부터 친구 자취방에 가서 매주 비디오 복사해 놓은 것을 보게 되었다. 일본 것은 스토리가 강렬하고 전달하려는 메시지가 강했다. 그 후 일본에 대해, 일본 문화에 대해 생각이 많이 바뀌었고, 일본 것은 세련되고 멋있다는 생각이 들었다.

'다' 씨는 대학 시절 자기와 함께 일본 대중문화에 심취한 사람들이 일본에 대해 민족 감정이 없거나 정치의식이 없는 사람들도 아니었고, 사회의식이 강했음에도 불구하고, 일본 만화나 비디오를 열렬한 감정으로 좋아했다고 한다. 정치와 문화는 분리되는 것이라고 생각하는 경향이 강했다고 한다. '바' 씨도 대학에 들어와 일본 문화를 열렬히 소비하게 되었는데, 처음에는 금지되었기 때문에 '호기심' 에서 본 것인데, 당시 문화적 취향을 과시하는 젊은이들 사이의 또래 문화에서 일본 문화를 많이 알고, 즐기는 것이 부러움의 대상임을 알고, 일본 음반과 불법 비디오테이프를 수집하고 친구들에게 빌려 주게 되었다고 한다.

1996년에 대학에 복학하니까, 아이들이 다 문화적으로 새로운 것을 찾아 헤매고 있었다. 일본 문화를 즐기게 된 것은 완전히 또래 문화를 통해서였다. 만약 평론가 등이 나와 일본 문화에 대해 얘기했더라면, 별 영향력이 없었을 것이지만, 가장 친한 친구가 '일본 것 재미있다' 면서 권유하면, 친구이기 때문에 믿고 같이 보게 된다. 내가 일본 문화를 즐기게 된 후, 다른 친구들에게 권유하면서, 아이들이 내게 어떤 것이 재미있냐고 물어보고 하면서, 좀 문화적으로 세련되고, 취향이 독특한 사람처럼 보이게 되는 것 같아 우쭐한 기분이 들었다. 일본 것을 같이 보던 애들끼리 친해지고 함께 몰려다녔다.

1990년대 중반 이후에는 친구나 동료끼리 시디롬으로 일본 만화나 드라마, 가수들의 공연 실황을 복제해서 교환하는 문화가 유행했고, PC통신에 본격적으로 일본 대중문화 동호회들이 나타나기 시작했다. 한국에서 불법 음반을 듣고 비디오를 보면서 일본 대중문화를 적극적으로 소비했던 '라' 씨는 일본어를 배우기 위해 일본에 6개월간 체류하는 동안, 한국에 돌아가면 돈을 벌 수 있다는 생각에 스스로 '복제 비디오'를 만들었다. 그는 일본 드라마들의 비디오를 대량 구입해서, 한국에 들어와 대학가 앞에서 판매하기 시작했다고 한다. 일본 상품을 구매하던 적극적 소비자에서 스스로 '보따리상'이 되어, 일본 드라마를 유통하기 시작했다.

> 일본에서 돌아올 때 가방 3개에 비디오 복사한 것을 가지고 들어왔다. 내가 가장 좋아하던 여배우가 나오는 모든 드라마의 비디오를 복사해서, 5천 원을 받고 친구들에게 빌려 줬다. 당시 한국의 음반/비디오 가게에서는 1만 원~1만 5천 원이었는데, 나는 싸게 판 편이다. 주로 사본을 두 개의 비디오로 계속 떠서(복사해서), 대학가를 중심으로 팔았는데, 선전지를 돌리고, 학교 앞에서 만나 돈을 받고 물건을 건네주는 식이었다. 사는 사람들은 주로 일본어 공부하는 사람들이거나 여자들이 다수였다. 두 달 정도 장사하다가 너무 힘들어서 그만뒀다.

이렇게 '복제물'이 잘 팔릴 수 있는 것은 상품의 희소가치뿐만 아니라, 일본 대중문화가 '불법'이기 때문에 한국에 들어오기까지 시간적인 차이가 있었기 때문이다. 즉 일본에서는 유행이 지나도 한국에서 특정 스타나 드라마 등의 마니아 그룹이 뒤늦게 생겨나면, 중고품도 고가에 팔릴 수 있었고, 복제나 불법판도 '원본'과 같은 가치를 지니며 유통될 수 있었다. 인터넷을 통한 '동시적'인 소비의 시대가 되면서 이런 복제 비디오의 유통과 판매가 사라졌다. 1990년대 한국의 일본 대중문화 소비자들은 정치적 이데올로기와 문화적 취향은 '분리'될 수 있다는 의식 하에 일본 문화 텍스트를 광범위하게 소비하고 유통시켰다. 즉 "일본 애니메이션의 팬이지 일본 사회 전체에 호감을 갖고 있는 것은 아니다"는 말에는 대중문화의 국적이 자신이 문화를 소비하는 데 참고하는 주요한 지침이 더는 아니라는 의미가 담겨 있다.

세련미와 성별성의 파괴

현승문(1998: 23)은 1980년대 이후 '안전지대' 등 일본 가수들의 음반이 LP와 사진 등으로 유입되면서, 일본 가수의 복장과 헤어스타일 등의 패션이 동시에 유행하기 시작했는데, 이를 '통합적 유행 모드'로 부르고 있다. 즉 특정 가수의 노래뿐만 아니라, 그들이 표현하는 스타일의 '비주얼'한 측면을 좋아하고 모방하는 팬들이 생겨남으로써 팬들은 특정 스타를 '수행'perform하는 역할을 하게 된다. 일본 대중문화의 한국 팬들 중 일부는 일본 문화의 강한 영향력을 '비주얼'한 측면이 강하다는 말로 표현했다. 특히 연구에 참여한 일부 면접자들은 일본과 한국 대중문화의 큰 차이를 '성별성'과 관련된 기호와 이미지와 관련하여 언어화했다. 전통적인 성역할과 이분법적인 젠더 이미지가 정형화되고 고착되어 있는 한국 사회와는 달리, 일본 가수들의 '성별성'은 늘 과장되거나, 또한 '성별 혼재'gender blending가 두드러졌고, 이런 점이 판타지를 자극하고, 한국 대중문화와 구분되는 '세련됨'과 '모방' 효과를 만들어 낸다고 한다.

1980년대 초에 일본 음악을 비디오로 본 '가' 씨는 당시 일본 남자 가수들이 한국 남성과는 달리, 파마한 긴 머리가 많고, 얼굴도 예쁘고, 심지어 치마를 입고 나오기도 하는 것이 일본이 선진화되고 세련되었기 때문이라고 생각했다고 한다. 1980년대 중, 후반에는 일본 패션 잡지 모델을 흉내 낸 '시스

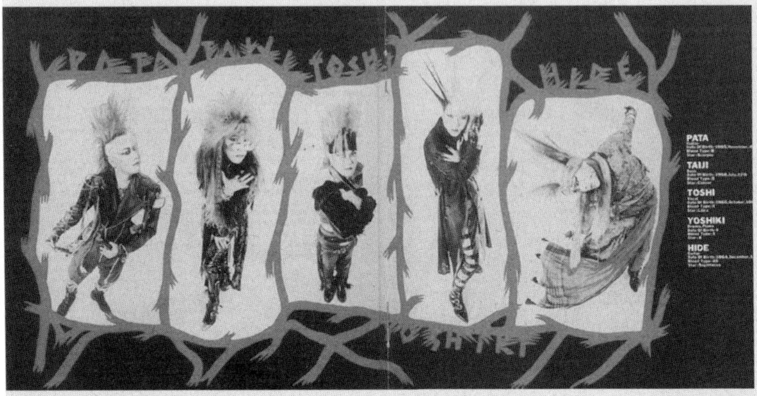

일본 대중문화가 추구해 온 '성별 혼재'는 한국 소비자에게 도시적 세련미와 신비감으로 읽히고 있다. 사진은 엑스재팬 화보.

터 보이'나 '앙논족'이라 불리는 사람들, 즉 외모를 통해서는 남자와 여자를 구별하기 어려운 차림을 하는 일본 문화의 한국 팬들이 종로나 명동 등에서 목격되었다(최영일, 1985: 229; 서울시립대 대학문화 편집실 1986: 257). 당시 이렇게 '성을 판별하기 힘든 차림새를 하는' 젊은이들은 일본 잡지를 통해 '무의식적으로 소비하고, 향락적 왜색 문화'에 감염된 사람으로만 인식되었다(최영일, 1985: 229). 그러나 이러한 성별성의 파괴가 패션 등을 통해서 표현되었다 하더라도, 이는 한국이라는 지역의 문화가 줄 수 없었던 문화적 상상력과 자원을 제공해 준다는 점에서 소비자들에게는 '수행성'에서 오는 전복의 힘을 줄 수 있다.

한국에서 가장 큰 인기를 끌었고, 대규모 팬 층을 형성하고 있는 '엑스재팬' X-Japan도 양성적 이미지를 교묘하게 결합한 대표적인 예다. 비주얼밴드인 엑스재팬의 팬인 '라' 씨는 엑스재팬의 멤버인 히데가 사망했을 때 일본의

성별 혼재는 최근 '일본식 꽃미남'에 대한 한국 소녀들의 열광으로 이어진다. 사진은 1998년에 결성된 한국 비주얼 록그룹 이브.

장례식까지 갔던 열성적인 팬으로서, 엑스재팬의 노래가 "심금을 울리기 때문에 너무 좋아했다"고 한다. 당시 한국에 없는 비주얼 록이라는 장르가 록 음악이 표현하고 있는 저항성과 남성성을 강하게 재현하면서도, 화장을 하고 머리를 치장한 '여성적' 이미지를 결합시켰기 때문에, 매우 신비스럽고 세련돼 보였다고 한다.* 일본 대중문화가 추구해 온 '성별 혼재'는 한국

---

* 비주얼 록 visual rock이란 말은 1988년 일본의 밴드인 엑스재팬의 데뷔로부터 기원한다. 그들은 일본의 록 현장 Rock scene을 바꾸는 데 결정적인 역할을 했고, 환각적 폭력 phychedelic violence과 죄악의 시각적 충격 crime of visual shock이 주요 컨셉이었다. 이 비주얼 쇼크 visual shock란 말로부터, 엑스재팬처럼 비주얼을 중시하는 밴드를 비주얼계라고 부르게 되었다. 그러나 비주얼 록이란 말이 대중적으로 유통되기 시작한 것은 1992년 루나 시가 데뷔한 이후, 잡지들을 통해서였다. 비주얼이란 말이 만들어지기 전까지는 화장을 통해 아름다움을 추구하는 밴드는 화장 밴드나 게이 밴드라는 이름으로 존재했다. 글레이, 라르크 앙 시엘, 샤즈나 등이 비주얼 밴드로 분류된다. 그러나 글레이나 라르크 앙 시엘은 비주얼이란 말이, 실력은 없는데

소비자에게 도시적 세련미와 신비감으로 읽히고 있다. 성별 혼재는 최근 '일본식 꽃미남'에 대한 한국 소녀들의 열광으로 이어진다. 17세의 '하' 씨는 일본의 다른 문화에는 관심이 없고, 자신이 즐기는 것은 자니스 소속 자니스 주니어에 대한 것뿐이라고 한다.

> 자니스라는 일본 기획사에 소속된 남성들(자니스 주니어)들이 너무 좋다. 남자지만 예쁘고 섬세한 '꽃미남'들이 많다. 주로 자니스 주니어들이 나온 드라마와 CF들이 다 올라와 있는 사이트에 간다. 그들에게 편지를 쓰려고 일본어 학원에 다녔다.

15세의 '아' 씨는 일본 음악과 만화를 즐겨보며, 금년부터 코스프레에 참여했다고 한다.* '아' 씨는 일본 만화인 「헌터 앤 헌터」hunter & hunter의 캐릭터로 코스프레에 참여했는데, 자신은 여자지만 남자 캐릭터 분장을 할 수 있고, 자신의 성별과는 상관없이 새로운 성별로 '변화'할 수 있다는 것이 재미있다고 했다. 즉 '아' 씨의 경우처럼, 한국 만화는 여전히 너무 순정 만화 위주이고, 전형적인 성역할에 기반하여 한국의 십대들에게 성별 전환gender switch의 재

외모나 의상만으로 떴다는 의미로 받아들여지는 것에 거부감을 표현하며, 비주얼의 호칭을 거부하고 있다.

* 코스프레는 "코스튬 costume과 플레이 play를 합친 일본식 조어로 주로 만화나 애니메이션, 게임 등에 등장하는 인물의 복장을 재현해 입고 즐기는 것"이다. 1990년대 초에 우리 나라에 처음 도입된 코스프레는 1996년부터 본격적으로 활성화되면서 유니텔 등에 동호회가 형성되었다고 한다. 인터넷 커뮤니티 '다음'에 있는 관련 카페가 1,000개에 달하고, 전국적으로 600개가 넘는 코스프레 모임이 있다고 한다. 코스프레닷컴 등 코스프레 의상 제작업체도 있고, 2002년에 열린 '2002 서울 국제 만화애니메이션 페스티벌 SICAF' 코스프레 행사장에는 1만 명의 인파가 몰렸다고 보고되었다(『대한매일』, 2000년 10월 30일, 16면).

미를 제공해 주지 못하는 반면, 그들은 일본 만화의 코스프레를 통해, 현실에서 자신의 젠더를 변화시켜 낼 수 있는 퍼포먼스performance를 하는 것을 즐긴다. 코스프레를 통해 "평소 억눌린 자신의 또 다른 모습을 드러낼 수 있다"거나 "일탈 행위, 금지된 모험을 하는 것 같아 좋다"는 이야기(『대한매일』, 2002년 10월 20일, 16면)는 일본 문화 소비를 통해 대중문화 자본을 획득해 가는 청소년들의 정체성을 보여 준다.

일본 대중문화가 제공하는 성별성의 파괴는 일본의 트렌디 드라마를 즐기는 한국 팬들의 문화 소비 과정에서도 의미를 갖고 있다. 28세 여성 '자' 씨는 일본 트렌디 드라마가 주로 12부로 구성되어 내용이 압축적이며, 모든 것을 설명하고 전형적인 방식으로 결말을 내는 한국 드라마보다 훨씬 머릿속에 오래 남는다는 점을 지적한다. 16부 또는 인기에 따라 18~20부까지 연장되는 한국 드라마의 스토리 텔링 방식보다는 시각적인 것과 음악을 통해 '이미지'에 더 많이 의존하는 일본 트렌디 드라마는 소비자들을 적극적인 '해석'의 과정으로 끌어들인다. 한국 드라마가 성별 정형성(착한 여자, 악녀, 헌신적인 구애 남성, 물질적인 부를 제공하는 또 다른 헌신적인 남성 등)뿐만 아니라 선악의 명료한 이분법을 중심으로 극이 구성되고 전개되는 반면, 일본 드라마는 여리고 예쁘장한 남자 주인공과 주관이 강하고 독립적인 여자 인물들이 많이 등장하고, 또한 한 인물이 선과 악의 자질을 모두 갖고 있기 때문에 여운이 더 많이 남는다고 말했다. 즉 언어화되지 않는 부분과 규정되지 않은 부분을 시청자가 주관적으로 해석할 가능성을 제공함으로써, 일본 드라마는 소비자를 적극적인 '의미화' 과정에 참여하게 만든다는 해석이다.

'동시적' 일본 대중문화 소비 시대

> 「신세기 에반게리온」 최종편 개봉일에 도쿄로 향하는 정기 노선 비행기는 우리나라 애니메이션 마니아들의 전세기나 다름없고 「그 남자 그 여자의 사정」의 신작 에피소드가 담긴 CD가 발매 당일에 정확히 서울의 한 컴퓨터에서 생생하게 플레이되는 시대이다(이용배, 2000: 19).

위의 인용은 일본 문화의 팬들이 인터넷을 통해 최신의 흐름들을 어떻게 동시대적으로 소비하고 있는지를 단편적으로 보여 준다. 한국 사회는 모뎀에서 ADSL 같은 상용 인터넷 망으로, 핸드폰을 통한 모바일 넷 접속까지 짧은 시간 내에 통신 수단의 변화를 연속적으로 체험하고 있기 때문에 문화 소비의 행태도 빠르게 변하고 있다. 하루 꼬박 걸려야 다운받을 수 있던 애니메이션 비디오도 빠른 시간 내에 자료로 올리고 다운을 받을 수 있게 된 현재의 ADSL 환경은 일본과 한국 대중문화의 '동시적 교환'을 가능하게 했다. 인터넷을 통해 글로벌 문화를 자신의 컴퓨터로 접속하는 새로운 세대가 문화 소비의 주역으로 등장한 것이다. 일본 대중문화 또는 특정 아티스트의 이름 등 키워드만 치면, 일본의 최근 가요부터 드라마까지 모든 정보를 동영상과 함께 얻을 수 있는 세대에게 일본 대중문화는 '취향'이며 '선택'으로 이해되고, '원전'의 국적이 소비 여부를 결정하는 데 별 영향을 미치지 못한다. 또한 각종 '번역' 사이트의 존재와 자발적으로 일본어를 한국말로 번역해서 올려 주는 팬들 덕에 언어에서 오는 어려움도 크게 줄일 수 있게 되었다.

이런 소비와 취향의 동시성은 '전이'와 '이동'을 쉽게 만든다. 즉, 한국 가수의 팬에서 장르가 비슷한 일본 가수의 팬으로 이동을 하거나, 만화책 같은 인쇄 매체에서 다른 영상 매체로 전이 등을 통해 끊임없이 '유동'하는 특징을 지닌다.

'전이' 와 '이동' 의 경험

① 아티스트

일부 일본 가수 팬들은 한국 가수의 팬 사이트에서 일본 가수를 알게 되었다고 한다. 21세의 '차' 씨는 한국의 여성 그룹인 에스이에스SES의 열렬한 팬이었다가, SES가 일본의 소녀 밴드인 스피드Speed를 모방했다는 것을 듣고, '원전'을 보고 싶다는 생각에서 스피드를 보게 됐고, 그 이후, 비슷한 소녀 밴드인 모닝구 무스메의 열렬한 팬이 되었다. 보아의 팬이던 '파' 씨는 보아의 일본 진출을 응원하다가 에스엠SM기획사와 제휴하고 있는 아벡스 음반회사 소속 일본 가수의 팬이 되었다. 마찬가지로 15세의 '아' 씨는 1년 6개월 전부터 일본 대중문화를 즐겼는데, 그 계기는 한국 가수인 SES 팬클럽 모임에 접속하다가 게시판에 올려 있는 일본 가수들의 노래를 듣게 된 것이라고 한다.

에스이에스 팬 카페 소모임 방장 언니가 제이팝을 무척 좋아했다. 특히 스피드의 히로코를 좋아했는데, 에스이에스와 스피드가 일본에서 한 무대에 선 적이 있고, 그 후부터 스피드 음악을 좋아하게 되었다고 했다. 그 언니가 일본 가수들의 공연 동영상을 올려놓아서 스피드, 각트, 말리스, 글레이, 하마사키 아유미, 아무로 나미에 등의 노래를 듣기 시작했다. 스피드가 해체된 후에는 히로코, 다카코, 에리코가 각자 활동을 해서 그들 노래를 듣기 시작했다. 내가 부를 수 있는 노래는 스피드의 「올 마이 트루 러브」All My True Love인데, 보통 일본말 자막이 올라와 있고, 그 밑에 한국말로 발음이 적혀 있기 때문에 따라 부를 수도 있다. 가사를 이해하려고 혼자 일본말 사전을 찾으며 공부하기도 한다. 어떤 노래는 한국말 발음이 없지만, 노래를 따라 하고 싶다고 게시판에 올려놓으면, 한국말 발음을 보내 주기도 한다.

공식적인 유통 통로가 많지 않지만, 관심만 있으면 일본 대중문화의 '소비자'가 되는 것에 아무런 어려움이 없다는 것을 의미한다.* 아날로그 세대가 '문화'의 대중화는 정책적 규제와 정치적 조건에 의해 좌우된다고 믿는 반면, 디지털 세대는 인터넷이 제공하는 무차별적이고 동시적인 '정보'의 하나로 일본 대중문화를 경험하고 있다.

전 세대들이 일본 대중문화를 접하면서 일본 문화 전반에 대해 열광을 하거나 평가를 하는 것에 비해, 현재 십대들은 미국 팝, 한국의 가요, 일본의 가요 등을 선택해서 듣거나 소비하면서, 자신들을 '글로벌' 문화 소비자로 자리 매김하고 있다. 이때 아티스트의 국적보다는 자신의 취향에 맞는 선택의 다양성으로 일본 대중문화가 선택되기도 한다. 그들은 일본 문화에 대한 총체적인 이미지와 아이디어를 갖고 일본 문화를 평가하거나 좋아하기보다는, 일본 대중문화의 특정 장르나 스타가 좋기 때문에 '소비'하는 세대이다. 22세의 남성 '타' 씨는 일본 것이라고 무조건 좋아하거나, 다 싫어하는 것이 아니라, 일본의 록이 좋기 때문에 일본 록을 듣는다고 말한다.

똑같이 엑스재팬을 좋아하는 팬들 중에서도 하드코어 록이라는 우리나라에서 드문 장르 때문에 엑스재팬을 선호하는 사람들이 있는 반면, 발라드류의 「엔드리스 레인」Endless Rain 등의 음악을 듣는 애들도 있다. 무조건 일본 가수의 음악을 다 좋아하는 것은 아니다. 엑스재팬의 록을 듣는 애들은 한국 것도 주로 이브나 언더

---

* 한국 최대의 팬클럽을 가진 엑스재팬은, 음반의 국내 반입이 금지되었음에도 불구하고, 20여만 장이 유통되고 있으며, 해적판까지 포함하여 1백여만 장이 유통된 것으로 추측된다(이은우, http://home.mokwon.ac.kr/~thepress/321/321-6-일본.htm).

그라운드 록 밴드의 음악을 듣는다.

② 단일 문화 텍스트에서 복합 매체적 텍스트로 '전이'의 경험

21세기 문화 산업은 개별적인 문화 상품 간의 유기적인 연결을 통해 최대의 이윤을 확보하는 문화 복합체를 지향한다. 특히 일본 대중문화 산업은 장르 및 소재가 다양하고, 홍보 전략이 뛰어나며, 복합 매체적인 성격을 띠는 것으로 유명하다. 한국처럼, 매체 간의 분절과 경계가 확고한 것과는 달리, 일본 대중문화는 제작 단계부터 다매체를 지향하면서, 이윤을 극대화하는 생산의 다층화를 지향한다. 이러한 일본 대중문화 산업의 특징은 '임시적'이 아닌 열렬하고 충성스러운 팬들을 만들어 내는 데 기여한다. 즉, 자신이 좋아하는 한 장르에 머무르지 않고, 다양한 장르로 계속 전이를 경험하면서, 팬덤을 구성해 내고 있다. 예를 들어, 일본의 인쇄 만화는 주간지(동인지)를 통해 처음 소개되고, 그 이후 인기를 끌게 되면, 단행본으로 만들어진다. 똑같은 원전의 만화는 비디오와 극장용 애니메이션으로 만들어지면서 DVD로 팔려 나간다. 애니메이션의 오리지널 음악은 CD로 발매되고, 애니메이션의 내레이션을 담당했던 성우들이 부른 노래들도 CD로 발매된다. 이러한 일련의 과정을 소비하게 되면, 특정 작가나 특정 성우의 '팬'이 된다. 일본 문화 산업의 이런 특징 때문에 소비자들은 문화적 호기심을 끊임없이 유지하고 만족할 수 있는 일련의 경험들을 하게 되고 이를 통해서 확고한 팬덤이 구성된다. 연구에 참여한 사람들은, 이런 일련의 과정에서 특정 가수나 작가의 팬이 된 예가 많았고, 최소한 두 개 이상의 다른 매체를 옮겨 다니면서 일본 문화 상품을 소비했다.

「북두신권」이나 「공자강도」라는 만화를 아주 좋아했는데, 이 만화들이 동시에

게임 팩이랑 함께 발매됐거든요. 만화책 보고 나면 게임도 엔딩까지 한번 깨 보고 싶은 욕구가 생겨서 꼭 하게 되더라고요(24세, 여성, 이).

제이 팝J-Pop의 팬은, 프로듀서와 기획사, 또는 음반사로 관심 영역이 확장되는 예도 많다.

1997년도에 검색 사이트에서 일본 음악을 눌렀는데, 아무로 나미에 사이트가 나와 우연히 들어가 봤는데, 샘플 동영상을 듣고 너무 좋았어요. 당시 한국 가수들은 다 립싱크 하는데 춤을 추면서 노래를 하는 거예요. 그래서 물어물어 강남에 가서 CD를 사서 들었어요. 아무로의 프로듀서가 고무로 테츠야인데, 고무로 테츠야가 '손을 대면' 다 성공한다는 말을 잡지에서 읽고, TK(고무로 테츠야 별칭) 스타일 가수들을 좋아하기 시작했어요. TRF 그룹, 가하라 토모미, 히토미, 미즈키 아리사 등을 인터넷을 뒤져서 찾았고, 좋아하기 시작했어요. TK 가수들이 다 아벡스 소속이라 아벡스에서 나온 노래들을 많이 듣는 편이지요(22세, 남성, 김).

인터넷 동호회 문화

일본 대중문화와 관련된 동호회는 현재 수천 개에 이르고, 장르와 분야, 아티스트, 작가군, 기획사별로 세분화돼 있다. 동호회는 특정한 취향을 가진 사람들의 모임이지만, 끊임없는 정보와 '번역'을 통해 집단적인 '팬덤'을 구성하고, 유지하는 데 결정적인 역할을 한다. 1998년 일본 대중문화 동호회를 결성한 25세인 '정' 씨는 한국에서 초고속 인터넷이 등장한 1998년에 일본의 인터넷 상황이 좋지 않아서 일본에서 자료를 올리는 사람이 없어 한국 동호회는 한국인들이 자료를 축적하는 '자생적' 성격이 컸다고 말한다.

인터넷 동호회에 가입만 하고 활동을 하지 않는 사람부터, 매일 매일 정보를 올리는 충실한 멤버까지 구성원이 다양하다. 현재 음악 동호회의 자료실 운영진의 한사람인 '김' 씨는 하루 중 일정 시간을 동호회의 자료 게시판 정보를 업데이트하는 데 쓴다. 그는 2년 전까지는 제이팝에 대해 잘 몰랐지만 다른 사람한테 도움을 받아 많은 정보를 얻었기 때문에, 일종의 사명감으로 이 일을 한다고 한다.

정보는 주로 NHK에서 따오거나 일본 연예 신문인 스포니치도 봐요. NHK의 편성표를 보고 가수 콘서트를 녹화하여, 동영상을 올려 주고, 잠깐 잠깐 다른 사이트에 가서 퍼오기도 해요. 일본 웹을 뒤져서 정보를 갖고 오기도 하고요. 일본은 인터넷 사정이 좋지 않지만 잘 찾아보면 정보가 있는 곳이 있어요. 다른 동호회한테 이런 곳은 비밀로 해요. 왜냐하면 자료의 양에 따라서 회원 수가 달라지기 때문입니다.

취향을 공유하는 사람끼리 '동호회'를 만들고, 이 동호회를 좀 더 결속력이 강한 커뮤니티로 유지하기 위해 끊임없이 '정보'를 올려 주면서, 다른 동호회와 경쟁을 한다. 이런 심리 때문에 일본 대중문화의 확산은 PC통신과 인터넷을 기반으로 한 동호회 문화에 대한 의존도가 높다. 동호회의 활동은 일본 문화를 '동시적'으로 소비하게 하는 데 결정적인 역할을 한다.

일본에서 7월 30일에 음반이 발매된다고 하면, 레코드 상점에 28일쯤 CD가 들어가거든요. 그러니까 하루 정도 먼저 살 수 있지요. 예전에는 한 달을 기다려야 인터넷으로 볼 수 있었거든요. 그런데 요즘엔 7월 29일이면 벌써 인터넷에 다 떠 있어요. 그러니까 일본 사람들보다 더 빨리 듣는 것도 가능해진 것이죠(23세, 용).

일본에서 방영된 TV 드라마가 몇 시간 만에 '번역'되고 자막 처리되어 동호회 게시판에 올려진다. 이런 번역과 자막 처리를 하는 사람들은 그 신속성과 정확성 때문에 동호회에서 '존경'을 받게 되고, '능력' 있는 사람으로 인정을 받게 된다. 동호회에서 '능력' 있는 사람은 좋은 사이트에서 정보를 구해 오고, 이것을 한국말로 번역해서 올려 줄 수 있는 사람을 의미한다.

> 자막만 만드는 사람, 업로드가 취미가 되어 버린 사람들이 있어요. 별로 유명하지 않아서 마니아들만 보는 드라마나 애니메이션은 이런 유명한 사람들한테 보내서 자막 만들어 달라고 부탁하면 들어줘요. 그에 대한 대가로 희귀한 동영상을 보내 주지요(22세, 여성, 고).

동호회 멤버들 중 일부는 '적극적인 팬'에 머무르지 않고, 실제로 자신의 스타를 적극적으로 모방하기도 하는데, 음악 관련 동호회 멤버끼리 자신의 좋아하는 밴드의 모방 밴드copy band를 만들어 연주를 하기도 한다. 또한 운영자와 동호회 멤버들은 집단적 팬 정체성을 구성하면서, 최신 버전을 공동구매하거나, 물건들을 사고팔면서 '신뢰' 관계를 지속적으로 구축한다.

그러나 최근 개방을 앞두고, 동호회는 일본 상품의 판권을 구매한 한국의 기업들과 '긴장' 관계를 유지하고 있다. 일본 만화를 즐기는 '곽' 씨는 "통신망 동호회 자료실마다 한번씩 '피바람'bloody wind이 불었다"는 말로 현재의 긴장 관계를 설명한다.

> 일본 만화의 판권을 구매한 D사와 Y사가 자료실에 올라와 있는 모든 자료들이 불법이라며 지우라고 해서, 지운 적이 있어요. 이것을 위반하면 동호회가 폐쇄되니까 어쩔 수 없이 지우는 거죠. 자료실에 올라온 「에반게리온」도 오래전 것이지만 판권이 D사에 있고, 신작 만화들도 다 판권을 사 버린 상태라, 공짜로 보기가

점점 힘들어질 것 같아요.

일본 대중문화 자료들을 자유롭게 공유한 동호회들은 이제 한국 기업들의 통제를 받기 시작하면서, 새로운 공유 방식을 모색하고 있다. MP3방식을 이용한 복제가 금지되면서, 동호회 구성원들은 WinMX을 포함한 다양한 공유 프로그램을 이용해, 기업들의 '권리' 주장에 대항하고 있다.

팬 정체성 : '마니아' 와 '라이트'

일본 대중문화의 팬들 사이에 팬의 범주화는 두 가지 방식으로 이루어진다. 하나는 '세대별' 구분으로 어떤 아티스트나 작가의 작품을 즐겼느냐를 중심으로 팬덤의 역사적 계보를 따지는 방식이고, 다른 방법은 스타와 또는 특정 장르와 맺고 있는 관계의 '충성도'와 '전문 지식의 유무'에 따라 구분하는 것이다.

만화 팬인 23세의 '곽' 씨는 한국의 만화 팬들을 3세대로 분리한다.

> 1기는 '마크로스' 세대(또는 '건담' 세대)로, 한국에 수입된 만화를 통해 팬이 된 세대이고, 2기는 '여신님' 세대로, 불법 비디오나 통신을 통해 「오! 나의 여신님」을 본 세대로 이때 만화 팬이 폭발적으로 증가했지요. 제가 2기에 속해요. 3세대는 구분하기가 힘든데, 워낙 다양한 것들이 많이 나와서, 그래도 「에반게리온」 정도, 주 우상principal idol이 누구냐에 따라 분류되는 것이지요. 제 보물이 「여신님」의 DVD예요.

한국에서 제이팝으로 유명한 사이트의 운영자인 '정' 씨는 한국 제이팝 세대를 다음과 같이 구분한다.

한국에서 '산업 세대' 쪽에 속한 사람(삼사십대)은 나가부치 츠요시, 삼십대 초반부터 중반까지는 '안전지대'를 좋아했어요. 이 사람들은 청계천에서 옛날에 '빽판'이라는 것을 구해다 들었어요. 이십대 중반 이후는 엑스재팬인데, 엑스재팬이 한국에서 인기를 끈 것은 95, 96년 이후였거든요. 그 밑에 지금 이십대는 세계 추세처럼 완전 다양해요. 이제는 일본도 하나의 스트림stream보다는 상업성으로 가거나, 그 사이에서 자기들 세계를 추구하거나 하는 것 같아요.

자신을 진정한 팬 또는 '마니아'라고 정의하는 일본 대중문화의 팬들은 일본 문화를 어떤 방식으로 소비하느냐에 따라 '구별'을 만들어 낸다. 인터넷은 일본 대중문화 소비자를 광범위하게 확산시키는 데 기여했지만, 돈을 지불하지 않고, 소비하는 '가벼운' 소비 방식을 정착시켰다. 이러한 소비 조건의 변화는 일본 문화 시장 개방과 관련하여 '팬'의 범주를 구분하고, 위계화하는 방식의 담론을 만들어 낸다. 자신을 일본 문화의 충성스런 또는 순수한 팬이라고 규정하는 사람들에게 팬이란 적어도 한 장르의 대중문화에 깊이 파고들거나, 특정 작가와 아티스트에 대해 오랜 기간의 결속을 통해, 심층적인 지식을 확보한 사람들이다. 무엇보다도 자신의 팬 정체성을 실천하기 위해, '원본'을 꾸준히 구매하거나 소장하기 위해, '지속적으로 비용을 지출'하는 사람이다. 이들은 문화적 소비뿐만 아니라, 구매를 통한 경제적 소비까지 하는 사람을 진정한 마니아나 팬으로 인식한다.

일본 만화와 애니메이션의 팬이라고 규정한 20세의 '카' 씨는 "거의 빌려서 보거나, 통신에서 받아 보지, 특별히 이런 데다 돈을 소비하지 않는다"고 말하면서, 자신을 '소극적인 소비자'로 규정한다. 이런 부류의 소극적인 소비자들을 마니아들은 '라이트'lite라고 부르는데, "인터넷이 확산되면서, 공짜로(다운받아서) 대중문화를 소비하는 층"이기 때문에 "깊이 들어가지 않은 사람"으로 정의된다. 마니아가 원본의 구매나 수집, 일본 문화 판매상과의 친분, 일본 인터넷 사이트를 통해 직접 물건 구매, 동호회에 적극적인 자료 공급, 일본어 구사 능력 등의 특징들로 일반화된다면, '라이트'들은 이런 경험이 없거나 기여하는 것이 없는 사람들이다. 마니아들이 짓는 이러한 구분은 그들의 '우월 의식'에 의거하기도 하지만, 과거에 일본 문화 상품의 '희소성' 때문에 최신 정보를 획득하고 물품을 구매하기 위해, 열심히 노력했던 '경험'에 대한 '기억'에서 나온다. 자신의 인생에 특정 시기를 '열정'으로 몰고 갔던 팬으로서의 경험이 현재의 자부심으로 의미화되고 있다.

> 가게마다 '정보'가 다 다르기 때문에 발로 뛰어야 했어요. 어디어디에 뭐가 있다 하면 아무리 멀어도 달려가서 사지요. 가게를 잘 알아 놓고 단골이 되면, 알아서 연락을 해 주었거든요. 제 취향을 아니까. 저는 여신님 끝날 때까지 애니메이션을 좋아할 것 같아요(곽).

'라이트'들은 "일본 문화가 개방되어 라이선스 물품이 들어와도 사지 않을 사람들"로 분류된다. 그만큼 가볍게 관여하고 있기 때문에 언제든지 떠날 수 있다는 의미다. 자신을 마니아와 '라이트'의 중간이라고 정의한 '박'씨는 "라이선스 음반이 들어오면, 저렴한 가격으로, 가까운 동네에서 자기가 좋아하는 아티스트의 시디를 사는 것이 가능해지기 때문에 라이선스 음반을 사겠다"고 말한다. 일본 대중문화의 팬이 상대적으로 넓게 확보되어 있지만, 자신이 좋아하는 가수의 최신 정품 음반을 싼 가격에 살 통로가 없는 상태에서 인터넷에서 다운받는 방식이 가장 보편적으로 활용된다. 이는 일본 문화의 소비자에게만 해당하는 현상이 아닌, 21세기 아시아적 문화 소비의 양식이 되고 있다.

"인터넷이 없어서 통로가 많지 않았을 때 오히려 마니아들이 많았다"는 말처럼 일본 대중문화를 소비함으로써 문화적 우월성을 갖게 되고 이 과정에서 '팬'으로서 실천을 하는 것을 당연하게 여기는 사람들과 더 쉽게 일본 문화를 접한 사람들 사이에 누가 '진짜 팬'이냐는 논쟁의 여지가 생긴다. 확고한 팬 정체성을 가진 사람들은 일본 문화 개방의 영향력이 생각보다 크지 않을 것이라고 말한다.

> 개방이 되도, 사는 사람(팬)은 일본 원판을 구입할 것이고, 나머지 사람들은 공짜가 아니면, 라이선스라도 구매하지 않을 겁니다. 재미는 있지만 돈 내고 볼 정도는 아니라고 생각하기 때문에 다 떨어져 나갈 거예요. 한국에서도 직접 일본에 있는 공식 팬클럽에 가입한 사람들이 있는데, 라이브 콘서트를 직접 예매할 수 있고, 정보를 체계적으로 받을 수 있어요. 이들은 계속 직접 일본에서 상품을 구매할 겁니다(용).

일본 대중문화의 개방은 지난 30년간 축적돼 온 일본 문화 팬덤의 계보학을 '논쟁적인' 방식으로 바꿀 것이다. 일본 문화의 팬덤은 문화 향유나 지식의 문제보다는 특정 아티스트와 장르에 대한 충성도와 원전의 구매 여부 등을 통해 팬의 진정성을 정의 내리고 있다.

맺음말

이질적인 문화들이 국가 간의 경계를 넘어 만날 때 그 문화가 읽히고 해석되는 것을 이해하는 것이 중요하다. 한국에서 일본 문화가 유통되고 소비되는 방식은 큰 맥락에서는 두 국가 간의 정치적이며 정책적 조치들에 의해 규정되거나, 기술적 조건에도 영향을 받는다. 공식적인 채널이 부재한 상황에서 일본 대중문화는 다양한 비공식 채널을 통해 한국에서 유통되고 소비되어 왔고, 일본 문화 수용자들의 정체성은 역사적 상황에 따라 변화를 경험해 왔다. 이 글은 어떻게 일본에서 생산된 텍스트가 한국에서 소비되고 경험되는가에 대한 실증적인 연구를 통해 한국 내 일본 대중문화 팬덤이 어떻게 역사적으로 의미화되어 왔는가를 분석했다.

탈경계적 문화 흐름이 활발해지는 상황에서 특정 취향을 소비하고 그 의미를 해석하는 글로벌 문화 소비자들의 등장으로 일본의 대중문화는 한국 사회에서 빠르게 유통되고 있다. 현재 일본 대중문화의 개방과 인터넷을 통한 동시대적인 소비를 통해 '일본적'인 것의 희소성은 사라지고, 한국의 일본 문화 수용자들은 자신의 소비 경험을 더는 '설명할' 필요성을 느끼지 않는다. 이들 중 몇몇은 '일본적'인 것에 관심을 갖는 것이 아니라, 장르나 아티스트에 대한 관심과 취향 때문에 우연히 일본 것이 선택된 것뿐임을 강조한다. 그러나 이러한 유동적인 글로벌 문화 소비자들과는 달리 여전히 '일본' 대중문화의 팬이라는 문화적 정체성을 확보하고자 하는 사람들은 한국 정부의 정치적 논리를 통한 문화 규제와 일본 대중문화를 수입, 유통하는 기업의 이윤 추구 논리와 싸우면서 일본 문화 동호회의 질서를 구축하고 진정한 팬덤을 유지하려고 한다. 일본 문화의 공식 개방이 이루어진 상황에서 일본 대중문화의 팬들에 대한 경험 연구는 국가, 문화 산업, 팬덤이 맺게 될 복잡하고 중층적인 관계를 이해하는 데 시사점을 줄 수 있으리라 기대된다.

9. 한류와 '친밀성'의 정치학

'한류'韓流란 아시아에서 급속하게 유행하게 된 드라마, 영화, 대중가요, 애니메이션, 게임 등 한국 대중문화의 인기를 지칭하는 단어다. 한류는 한국 대중문화 '열풍', '바람' 또는 '붐'boom이란 의미로, 이 말이 처음 어떻게 쓰였는지에 대해서는 의견이 분분하나, 1999년 문화관광부가 홍보용으로 기획, 제작해서 한국 공관을 통해 배포한 한국 가요 음반의 제목에서 유래되었다는 설이 설득력이 있다.*

기원이 어떻든 한류란 말이 대중적으로 널리 퍼진 것은 한국 언론을 통해서였기 때문에 이 말은 한국 중심적인 단어다. 한국 대중문화의 인기가 높은 지역에서조차 한국 언론에서 보도하듯, 한국 대중문화가 다른 국적의 문화

---

* 원래 '한류'란 말은 '한국 가요의 흐름'이란 뜻을 전하기 위해 만들어졌는데, 나중에 중국에서 한국 가수들이 갑작스레 인기를 얻게 되자, 중국 신문이 "'한류'가 중국을 강타했다"는 기사 제목을 뽑았고, 한국 언론이 이 용어를 차용하기 시작했다고 한다(윤태진, 2004). 그러나 한류의 진원지라고 알려진 대만에서 이 용어가 처음 사용된 것은 한국 드라마와 음악을 대대적으로 홍보하기 위해 '여름날에 강추위가 몰려왔다'는 의미의 '하일한류'夏日寒流에서였다. 신선한 충격으로 다가온다는 것을 강조하기 위해 쓰였던 말이었는데, 여름이 지나서 '하일'夏日을 빼고 한류만 쓰게 된 것이 현재의 '한류'韓流라는 말이 되었다고 한다(김현미, 2003).

들을 모두 압도할 만큼 총체적인 장악력과 경쟁력이 있지 않다. 한류에 담긴 한국 사회의 욕망 때문에 한국에서 진행되는 한류 관련 연구물들은 한국 문화의 보편적 우월성을 강조하거나 경제 제일주의에서 비롯된 한류의 경제적 효과를 강조하는 경향이 있다. 한류를 다룰 때 무엇보다 중요한 관점과 시각은, 몇몇 한국 대중문화 장르의 인기나 한국 스타에 대한 열광을 근거로 한국 문화 자체의 우월성으로 논의를 비약하지 않는 것이다.

'한류'라 불리는 새로운 문화 흐름의 시대적이며 지역적인 의미를 이해하고 각국에서 일어나는 한류의 특수한 성격을 정확히 분석하는 것이 가장 중요하다. 즉 한국의 대중문화가, 이를 소비하는 한국과 아시아, 다른 문화권의 수용자들과 맺게 되는 '관계'를 이해하는 것이다. 예를 들어, 2003년 이후 일본에서 큰 인기를 얻고 있는 「겨울연가」는 한일 관계를 개선하려던 그 어떤 국가적인 노력보다 더 '한국'에 대한 긍정적인 관심을 끌어 냈다. 또한 대만에서는 중국과 관계를 발전시키기 위해 1992년 국교 단절을 한 한국을 불신하는 분위기가 팽배해 있던 상황에서 한국 드라마와 스타들이 인기를 얻으면서 수천 개의 팬클럽이 생겼다.

한류는, 지역적으로 가까움에도 불구하고 서로에 대한 관심과 이해가 부족했던 아시아인들이 '대중문화'라는 비정치적인 영역을 통해 의사소통을 할 수 있는 계기가 마련된 한 예다. 또한 한류를 한국 대중문화의 초국가적 문화 흐름transnational cultural flow이란 맥락에서 이해해 볼 때, 한류는 오랜 기간 동안의 서구 또는 일본의 문화적 독점성에 '균열'을 일으킨 아시아의 문화 상품이다. 서구, 특히 미국의 할리우드 영화, 팝 음악, TV 시트콤이나 일본 가요와 드라마 등이 '외국 대중문화'의 주류를 이루던 아시아 지역에서 한국 대중문화의 갑작스런 부상과 꾸준한 인기는 매우 놀라운 현상이었다. 한류는 아시아 지역의 대중문화 권력 구도가 다층화, 다면화되고 있는 사례를

'한류'라 불리는 새로운 문화 흐름의 시대적이며 지역적인 의미를 이해하고 각국에서 일어나는 한류의 특수한 성격을 정확히 분석하는 것이 가장 중요하다. 즉, 한국의 대중문화가, 이를 소비하는 한국과 아시아, 다른 문화권의 수용자들과 맺게 되는 '관계'를 이해하는 것이다.

제공해 준다. 또한 미국이나 일본과는 달리 '한국'이란 나라에서 모방할 만한 문화적 이미지도 찾을 수 없었고 한국 경제 모델에 대한 선망도 크지 않았던 일본, 대만, 홍콩, 태국, 싱가포르 등에서 한국 대중문화가 인기를 얻게 된 것은 문화의 국적보다는 개별적 취향과 기호를 중심으로 문화를 '선택'하는 새로운 글로벌 소비자층의 등장과 연관이 있다.

그렇다면 한국의 대중문화를 적극적으로 소비하는 수용자들이 누구며, 이들이 한국 대중문화를 수용하고 소비하면서 만들어 내려는 자신들의 '정체성'은 무엇인지를 이해하는 것이 중요하다. 아시아 지역에서 한국 대중문화를 '한류'라는 갑작스런 '붐'으로 만들어 낸 수용자들이 주로 여성이란 사실은 어떤 의미가 있는가?

나는 이 글에서 한국의 대중문화가 국가 간의 역사적 갈등이나 아시아 신중산층의 세대·계급·젠더gender 갈등에서 오는 불안을 담론화하는 데 활용되는 문화적 텍스트라는 점에 주목할 것이다. 나는 대만과 일본의 사례 연구를 중심으로 국경을 넘어 유통되는 한국의 문화적 텍스트가 특정 지역에서 어떤 '의미'를 만들어 내며 여성들을 '이동'시키는 데 어떻게 기여하는가를 분석함으로써 한류와 아시아의 젠더 관계의 상호 관련성을 해석할 것이다. 문화 텍스트는 '완결된' 의미망으로 구성되어 있지 않다. 이미지는 텍스트 자체에서 '발견'되는 것이라기보다는 보는 사람이 특정 이미지를 어떻게 해석하고 경험하는가와 이런 이미지들이 모이는 '맥락'을 포함하는 사회적 관계를 통해 의미가 생산된다는 의견이 대두되고 있다(Sturken and Cartwright, 2001: 45). 이미지가 관객을 구성하는 것과 마찬가지로, 보는 자들도 이미지에서 의미를 창조해 낸다. 한국 대중문화, 특히 드라마의 인기는, 아시아 여성들이 보는 자로서, 재현된 이미지를 해석하는 데 자신의 경험과 연상들을 동원하고 적극적으로 참여함으로써 만들어진 것이다. 여성들은 이미지를 단순하게 해석하는 데 머무르지 않고, 팬덤을 구성해 내는 등 사회적, 공적 영역의 활동과 연결하면서 집단적 힘을 발휘한다.

아시아의 근대성과 성별 불안정성

한국의 대중문화 중 '한류'를 이끈 것은 TV 드라마다. 한국의 드라마 수출은 2000년 이후 괄목할 만한 성장을 보인다. 일반적으로 아시아 지역에서 한국 드라마가 갑작스럽게 인기를 끄는 것은 크게 드라마의 내용이나 기술,

배우들의 매력 때문인 것으로 분석된다(신윤환, 2002).* 다른 한편에서는 한국 대중문화를 수용하는 나라가 처해 있는 과도기적 경제, 문화, 정치 상황 때문이라는 분석이 있다. 즉, 경제적으로는 지속적 성장으로 어느 정도 생활 수준에 이르렀지만, 그 수준에 어울리는 문화는 존재하지 않는 상황에서 자국내 '대체 문화'가 없으므로, 그 자리를 한국의 대중문화가 일시적으로 메우고 있다는 설명이다. 이 예로서 중국의 '한류' 현상이 거론된다(신윤환, 2002: 18; 이민자, 2002).

'한류'의 성공을 문화적으로 해석하는 대부분의 글에서 보이는 공통점은 한국 대중문화가 소위 가족 중심주의와 장유유서 등 유교적 가치관을 반영하고 있기 때문에 친근감을 준다는 해석이다. 이런 해석은 아시아 문화의 동질성이나 아시아적 가치의 공통성에 기반을 둔 해석이다. 그러나 나는 한국 드라마의 인기가, 새롭게 세력화되고 있는 아시아 신중산층 여성들의 욕망의 '동시성'에 기인한다는 점을 강조하고 싶다.

스티븐스(Stivens, 1998)는 경제적 풍요 속에 등장한 아시아의 신중산층의 근대성에 대한 체험을 성별 불안정성gender instability이란 개념으로 분석한다. 성별 불안정성은 전형적인 성별 역할이나 성별 구도를 변화시킬 만한 경제력을 갖추기 시작한 중산층 여성들이 기존의 젠더 관계를 다양한 방식으로 '불안'하게 만드는 상황으로, 새로운 남녀 관계를 모색하는, 과정상의 '이동' 단계라고 할 수 있다. 즉 근대의 전형적인, 혹은 억압적인 가족 관계 내에

---

* 드라마가 줄거리나 구성 면에서 진부하지 않고 참신하고 변화의 굴곡이 큰 역동성이 있다든가, '일상생활에서 흔히 발견되는 친근한 소재'라든가, 작품 제작 기술이 뛰어나 배경 설정, 세팅, 배경 음악이 좋고, 특히 카메라 워크가 좋다든가 하는 점이다. 또한 배우들의 수려한 미모, 돋보이는 개성, 감각적인 패션과 뛰어난 연기력이 한국 드라마를 인기가 있게 만드는 요인으로 분석된다(신윤환, 2002).

서 의사소통이 점차 불가능해지고, 친밀성에 바탕을 둔 민주적인 관계를 지향하는 욕구는 강해진다. 신중산층이라는 계층적 지위는 여성들에게 이미지와 상품들에 대한 '소비'를 가능하게 해 주며, 소비와 해석을 통해 여성들은 새로운 근대성을 체험한다. 이 과정에서 아시아적 가족주의의 기반이 되었던 사적/공적 영역의 이분법과 여성, 남성 역할에 대한 고정관념이 의문시되거나 강화되면서 여성들은 새로운 정체성을 열망하고 성찰하는 주체로 부상한다. 여성들은 소위 사적인 영역으로 취급되어 충분히 정치화되지 않았던 주제들인 근대적 개별성과 친밀성, 섹슈얼리티의 문제들을 공적인 의제로 만들어 내고 싶은 '욕망들'을 갖게 된다. 즉, 전형적인 여성성과 남성성에 대한 믿음에 기반을 둔 젠더 관계들에 다양한 '균열'을 만들어 내면서 성별 불안정성이 강화되고 있는 것이 아시아 신중산층이 경험하는 새로운 근대 체험이다.

한국의 대중문화가 아시아의 근대성과 성별 불안정성이라는 전이transitions 과정에 서 있는 아시아 여성들에게 새로운 상상력을 제공해 주는 문화적 소비물로 부상했다. 비록 한국의 드라마들은 그 내용이나 형식 면에서 여전히 특정 세대를 겨냥하거나 진부한 플롯으로 구성되고는 있지만, 이를 '소비'하는 로컬local의 수용자들은 조금은 이국적인 한국의 대중문화를 자신이 속한 사회가 제공해 줄 수 없는 문화적 상상력을 보충하는 데 활용할 수 있다. 즉, 한류가 한국 대중문화의 질적인 우수성이나 문화적 고유성 때문에 생겨난 것이라기보다는 급격한 산업 자본주의적 발전을 겪은 아시아 사회 내부에서 일어나는 성별 또는 세대 간 의사소통의 불능을 가장 세속적인 자본주의적 물적 욕망으로 포장해 내는 한국 대중문화의 '능력' 덕분에 생긴 것이다.

아시아 지역에서 신중산층의 급부상은 소비 능력이 있는 여성들을 많이 만들어 냈고, 여성들에게 근대적 개별성에 대한 탐색은 자아의 욕구와 욕망을 실현시키려는, 변화에 대한 새로운 상상력을 만들어 내고 있다. 대만에서 「불꽃」과 「대장금」이 인기를 얻은 것이나 일본의 「겨울연가」 열풍과 '욘사마' 현상은, 두 나라의 중장년층 여성들이 친밀성에 대한 욕망이나, 젠더 관계를 새롭게 구성하고 싶은 희망을 이국적 텍스트에 투사하고 만족을 얻음으로써, 이것이 한국 사회 전반에 대한 관심으로 확장된 결과다. 특히 가장 '현실적인' 텍스트로 인식되는 TV 드라마가 한류를 이끈 것은 드라마를 소비하는 수용자의 일상적인 삶에 개입하여 감정 이입을 이끌어 내는 데 성공했기 때문이다.

무엇보다도 한국의 대중문화는 소비 능력이 있는 아시아 신중산층 여성이 자신의 개인적 상상력과 판타지를 구체적이며 도달 가능한 '현실'로 체험할 수 있는 일련의 소비 경험으로 연결시켰다. 스타 관련 상품을 구매하고 드라마 촬영지를 보기 위해 해외 '관광'을 가는 것 같은 일련의 행위는 미디어와 현실의 '괴리'를 극복하여 상호 연결된 체험으로 만들어 주는 아시아 문화 산업의 전략 구도 안에서 포섭되었기 때문이다. 서구의 스타들이 말 그대로 하늘에 있는 스타star in the sky라면 한국의 스타는 도달할 수 있는, 접근할 수 있는 현실로 변형될 수 있었다. 한국의 스타들은 우리에게 이미 익숙해진 기획사 주도의 팬미팅을 대만이나 일본 등지에서 열면서, 아시아 여성 팬들에게 생생한 '존재감'을 확인시켜 준다. 안재욱은 아시아 팬들과 캠프를 함께하고, 주로 전문직 종사자들로 구성된 대만의 차인표 팬클럽 '표동인심' 회원들은 한국에 와서 차인표를 만난다. 이런 의미에서 아시아에서 만들어지는 대중문화 상품이나 스타는 수용자들이 드라마에 대한 감동이나 스타에 대한 열정을 '유보'할 필요 없이 즉각적이며 연속적인 방식으로 이어나갈 수 있었다. 그러므로 개인적 열정을 단순한 사적 체험이나 취향으로 남겨두지 않고 조직화되고 집단화된 팬덤으로 발전시키고, '소비'를 통한 체험된 실재로 만들어 낼 수 있었다.

이제 내가 현지 조사를 한 대만과 일본의 사례를 통해 아시아 여성들의 친밀성의 정치학을 분석할 것이다.

'대남자주의'에서 '신여성주의'로

대만은 한국 드라마를 가장 많이 수입하는 나라이고, '한류'가 시작된 나라로 일컬어진다. 내가 2002년 1월과 2월, 약 열흘간 현지 조사를 하면서 만난 사람들은 한결같이 요즘 TV를 켜면 어디서든 한국 드라마를 볼 수 있다는 말을 했다.* 또한 한국 드라마의 갑작스러운 부상은 특히 '저자본'에 의해 운영되어 온 대만 연예 산업 종사자들의 '불만'을 살 만큼 주목거리가 되고 있었다.** 한국 드라마가 인기를 끌게 된 요인 중 하나로 지목된 것은

---

* 대만의 케이블 방송의 특징상 본 방송 이후 두 번까지 재방이 가능하고, 주말에는 주중에 한 것을 모아서 재방송하기 때문에, 특정한 채널에서는 일 주일 내내 한국 드라마가 방송되는 듯한 느낌을 줄 수 있다.

** 2001년 5월 1일자 『뻬이타이』北台의 「연예인 노조 오늘 가두로 나서다: 일본/한국 드라마의 침입으로 대만 연예인 생존 공간 협소해져」라는 기사는 대만 연예인 노조가 노동권과 생존권을 쟁취하기 위해, 5.1 노동절 대시위에 참가한다는 내용을 담고 있다. 이 기사는 대만 연예인들이 고정된 고용주가 없고 최저 월급도 보장되어 있지 않기 때문에 카메라 앞에서의 화려함과는 대조적으로 가장 열악한 노동자 계급이라는 노조 이사장 양꽝요楊光友 씨의 말을 인용했다. 이 기사는 대만 연예인들의 상황을 더욱 악화시키는 요인으로 외국에서 수입되고 있는 드라마들의 인기를 지적한다. "일본 드라마와 한국 드라마는 배우들의 준수한 얼굴과, 사람의 속마음을 감동시키는 줄거리와 플롯을 이용하여 국내 시청자들의 초점을 석권하여, 타이완 연예인들의 생존 공간을 더욱 확연히 좁히고 있다"는 것이다.

한국 드라마가 저소득층이나 지방 사람들이 이해할 수 있도록 민남어로 더빙된 점이다. 대만에서 방영되는 일본 드라마는 일본어를 이해하는 인구층이 많아 자막 처리만을 하는 것과 달리, 한국 드라마는 '민남어'로 더빙이 되어 대만의 남부 지역에 살고 있는 저소득층과 저학력층도 한국 드라마의 주요한 시청자가 될 수 있었다고 한다. 그러나 한국 드라마의 인기는 '여성 소비자'들을 빼놓고는 이해될 수 없는 현상이었다. 대만 AC닐슨의 조사에 의하면, "일본 드라마는 학생들을 사로잡고, 한국 드라마는 아줌마들을 끌어들이고, 홍콩 드라마는 직장인 남성들을 끌어 들인다"(『星報』, 2001년 4월 20일). 위 기사에 의하면 대만에서 일본 드라마의 주 시청자는 직장인 여성과 학생이고, 한국 드라마 시청자는 50% 가깝게 직장인 여성과 가정주부에 편중돼 있으며, 홍콩 드라마는 직장인 여성들 외에도 25% 정도는 직장 남성들을 끌어들인다고 한다. 대만에서 한국 드라마의 주 소비자층이 여성 또는 주부라는 점을 이해하기 위해서는 먼저 대만에서 한국 드라마가 소비되어 온 역사적 과정을 살펴보고, 한국의 문화적 텍스트를 소비하는 여성들의 해석 과정을 분석하는 것이 중요하다.

대만에서 한국 드라마가 적게나마 방영되기 시작한 것은 1997년이었다. 이때부터 한국 드라마를 수입해서 공급해 온 파오 씨에 따르면, 초기에는 대만의 지역 문화와 관련된 프로그램을 방영하던 P방송국에서 「장녹수」나 「아씨」 등을 방영했지만, 보는 사람이 없어 다 실패했다. 그때만 해도 한국 드라마를 아는 사람이 거의 없었고, 한국의 현대 생활에 대해서도 사람들이 잘 몰라, 주로 사극을 수입했다는 것이다. 「장희빈」이 그나마 인기를 약간 끌었는데, 그것은 드라마에서 보이는 한국 왕실 문화가 중국 문화가 잃어버린 '전통'을 보유하고 있다는 향수가 깔려 있었기 때문이라고 한다. 그래서 평소 TV 드라마를 안 보던 고학력 지식인들이 이 드라마를 좀 본 것 같다고 한다. 파오 씨에 따르면, 한 역사과 교수가 "한국이 중국 황실의 문화를 따라 했을 것이기 때문에 300년 전에 중국이 어땠을까를 알기 위해, 이 드라마를 본다"고 말했단다.

그 후, 당시 수입된 「만강」 등은 속도가 너무 느리고 갑작스러운 결말을 맺고 끝나기 때문에, 한국 드라마가 기술적인 측면에서나 내용에서나 아직 '낙후된' 상태에 머물러 있다고 믿었다고 한다. 이후에 수입된 「미망」 등 몇 개 안 되는 한국 드라마들은 대부분 6.25전쟁 등 과거를 다룬 것들이었고, 대만인들이 가졌던 한국의 이미지는 '대남자주의'大男子主義와 '가난'이었다고 한다. 여자들에게 폭력을 휘두르거나 여자를 무시하는 장면이 자주 나오는 한국 드라마는, 한국 사회의 물질적 '저발전'이 곧 정신적 후진성을 보여주는 것으로 인식하게 만들었다.

대만에서 한국 드라마 소비 방식은, 지역적 근접성과 인적, 물적 교류에도 불구하고 여전히 국가 이미지의 영향을 받았다. 미국이나 일본과는 달리 '한국'이란 나라에서는 모방할 만한 문화적 이미지도 존재하지 않고, 한국의 경제 모델에 대한 선망도 없었다. 이런 상황에서 한국의 대중문화 텍스트인 TV 드라마는 대만 사회에서 중국인의 지나온 과거를 반영하는 것, 또는 여전히 '글로벌 스탠더드'에 도달하지 못한 전근대적 '속도'와 남성 중심주의를 반영하는 것으로 비쳤다.

그러나 한국 사회에 대한 이미지는 1999년 이래로 대만에 수출된 한국 '트렌디' 드라마에 의해 급격하게 변화했다. 이동후(2003: 134)는 한국 트렌디 드라마를 일본에서 '수입된' 장르로 정의하고, 트렌디 드라마는 "영상세대의 기호를 충족하고 외모 중심의 신세대 스타에 의존하며 유행을 민감하게 반영하는 드라마 장르로 해석된다"고 설명한다. 한국에서 유행한 트렌디 드라마는 1990년대 이후 부상한 신세대의 새로운 문화적 취향이 반영된 것으로, 전지구적 소비문화의 빠른 확산을 통해 만들어진 문화 생산물이다. 대만에서 일본 드라마의 방영 금지 조치가 해제된 1993년 11월 이후 최근까지 일본의 트렌디 드라마는 꾸준한 인기를 누려 왔다. 아름답고 환상적인 도시적 공간과 치밀한 구성을 내세운 일본 트렌디 드라마의 인기는 대만의 젊은이들을 일본풍의 패션과 음악의 소비로 이끌었고, 일본 관광 붐을 일으켰다고 한다. 그러나 일본 내에서도 트렌디 드라마가 퇴조하면서 공급이 줄어들고, 일본 드라마의 수입 단가가 높아지면서, 대만의 TV들은 새로운 문화물이 필요했다. 아름다운 화면과 잘생기고 예쁜 배우들을 내세워 만들어진 한국형 트렌디 드라마들은 값은 상대적으로 저렴하지만, 일본 드라마의 공백을 메울 수 있을 만큼 일본적 '혼종성'을 보여 주었다. 또한 한국 드라마는 장르가 다양하지 않고, 미니 시리즈 위주의 연애 드라마가 주류를 이루는데, 이는 일본의 트렌디 드라마에 '익숙해진' 대만 시청자들에게 친근하게 다가왔다.

연애 중심의 한국 트렌디 드라마를 수입한 대만의 방송사들은 그전의 한국 드라마에서 연상된 이미지들을 삭제하고, 새로운 시청의 욕망desire of viewing을 만들어 내야 했다. 한국 드라마를 본격적으로 방영한 대만의 케이블 채널 GTV는 한국 트렌디 드라마의 관객을 새롭게 '구성'하는 데 성공했다. 이전의 대만 시청자들이, 한국 드라마가 질이 낮고 선정적이라는 고정관념을 가지고 있었기 때문에 GTV는 새로운 이미지와 관객을 구축해야만 했다. GTV는 일본 텔레비전 드라마에서 빌려 온 광고 기법을 이용하고, 정기적으로 미디어의 주목을 얻어 내고, 대만에 한국 스타들을 초대해서 자신들의 방송을 선전하는 등의 방법으로 최근의 한국 미니 시리즈 드라마를 성공시킬 수 있었다(Lin, 2001).

2000년 10월 GTV에 「화화」火花라는 제목으로 방영되어 차인표와 이영애를 '국민 스타'로 만들어 놓은 드라마 「불꽃」은 문화 텍스트를 소비하는 과정에서 대만 시청자들이 어떻게 한국의 대중적 이미지를 구성할 수 있는가를 보여 준다. 이 드라마는 한국 문화 상품에서 재현된 한국 사회의 전통적이고 권위주의적인 이미지를 바꿔 놓는 데 결정적인 기여를 했다고 한다. 애초에 「불꽃」은 '진정한 사랑을 이루기 위해 갈등하는 네 남녀의 엇갈린 사랑'을 소재로 진정한 사랑의 의미를 보여 주겠다는 제작 의도를 갖고 있었다. 그러나 이 드라마의 새로움은 각자 약혼자가 있는 남녀 주인공이 여행 중에 갖게 되는 하룻밤 사랑one night stand이 결국 진정한 사랑으로 이어져, 한국 드라마에서도 보기 드문 성적 친밀성의 문제를 제기했다는 데 있다. 대만에서도 '불륜'은 사회적으로는 이슈가 되고 있지만 드라마에서 정면으로 다뤄지지 못한 소재이기 때문에 주목을 받았다. 이 드라마는 쉽게 연애할 수 있는 신세대들에게 호소하기보다는 삼사십대 주부들의 '욕망'과 '친밀성'에 질문을 제기하면서 대만 여성들에게 많은 인기를 얻었다. 또한 「불꽃」은 그 결말이 '여성이 가족으로 복귀하거나 처벌을 받는' 전형적인 방식이 아니었기 때문에, 한국 사회의 '신여성주의'를 표방하는 드라마로 평가되었다고 한다.

「불꽃」의 인기를 몰아 한국적 트렌디 드라마의 입지를 굳히는 데 공헌한 드라마는 「가을동화」다. 「가을동화」는 드라마의 인기에 힘입어 소설로 각색되었을 뿐 아니라, OST도 인기를 얻었다. 그 이후에 우후죽순으로 수입된 모든 트렌디 드라마들은 공통적으로 전문직에 종사하는 젊은 남녀의 낭만적 사랑이 중심적인 이야기였다. 바로 이 점 때문에 '성별' 이미지는 현대 한국 사회의 특징을 대표하는 중요한 문화적 아이콘으로 간주되었다. 이런 드라마에서 일관되게 등장하는 '경제적으로 여유 있고 잘생긴' 남자들이 여성에게 일방적으로 '헌신'하는 것은 이제 한국 사회가 '대남자주의' 사회에서 '신여성주의' 사회로 변화했음을 보여 주는 상징으로 해석되었다. 연

「가을동화」는 드라마의 인기에 힘입어 소설로 각색되었을 뿐 아니라, OST도 인기를 얻었다. 이런 드라마에서 일관되게 등장하는 '경제적으로 여유 있고 잘생긴' 남자들이 여성에게 일방적으로 '헌신'하는 것은 이제 한국 사회가 '대남자주의' 사회에서 '신여성주의' 사회로 변화했음을 보여 주는 상징으로 해석되었다.

애뿐만 아니라 돈이나 경제적 문제가 주요한 갈등 관계로 등장하는 대만 드라마에 비해, 여전히 연애와 사랑이 최고의 가치로 등장하는 한국의 트렌디 드라마들이 그만큼 여성의 '욕망'을 반영하는 것으로 이해되었고, 이런 현상을 신여성주의란 말로 번역하게 된 것이다. 이때, 신여성주의는 복잡한 인간관계의 하나로 '성별' 갈등을 제시하고 이에 대한 다양한 사유 방식을 제공하는 페미니즘 텍스트와는 구별되는 것으로서, 여전히 가부장적 환상에 근거한 성별 전형성을 기본으로 한다. 어처구니없는 사고나 출생의 비밀, 죽음으로 갑작스런 결말을 내는 것, 눈물을 짜내는 전통적인 멜로드라마의 반복이나 맹목적인 헌신을 하는 부유한 남자들의 존재 등은 현실성이 없는 구성이다. 또한 한국의 텍스트들은 여성의 욕망이 아닌 주류 방송계가 만들어 내는 남성 욕망을 반영하고 있을지 모른다. 즉 아시아 사회의 남성성의 위기와 불안 속에서도 여전히 '여성의 구원자'로 자신의 위치를 설정하고 싶어 하는 남성들의 환상을 담긴 '남성 멜로물'일 수 있다. 이런 의미에서 신여성주의 텍스트는 대중문화를 비판해 온 엘리트들에게는 여전히 '현상을 고착시키고 퇴행적인 가치관을 갖게 만드는 것'일 수 있다.

그런데도 한국 드라마들은 중장년층 여성 관객을 만드는 데 성공했다. 한국 드라마들은 관객들을 극에 참여하게 하고, 참여자들은 낚시를 하듯, 드라마에서 부분적으로 감정 이입을 하는 방식으로 '의미'를 생산해 내는 것이다. 한국 드라마들은 무엇보다도 유사한 삶의 경험을 이미 공유하고 있는 여성들에게 호소력이 있다. 이 시청자들은 드라마 속의 이야기가 그들 자신의 삶의 모든 폭풍과 꿈과 희망들이 아름답고 시적인 화면으로 바뀌어 그들 앞에 재생되고 있다 생각하기 때문이다(Lin, 2001). 이런 의미에서 대만의 소비 형태 속에서 한국 트렌디 드라마는 대만 여성들, 특히 기혼 여성들이 직장, 가정일, 경제적인 문제 등의 지극히 '현실적인' 공간에서 벗어나, 가장 실현 가능성이 없는 현대적 사랑 신화가 가져다주는 쾌락을 경험하는 곳이다. 이 드라마들은 감정을 극도로 고양시키는 멜로드라마적 미학을 보여준다(Hollows, 2000).

이전의 한국 드라마들이 남성 주인공 관점의 대남자주의 서사로 구성되었다면 최근의 트렌디드라마들은 여성의 관점과 서사를 강조해 로맨틱한 미학을 최고도로 증가시켰다. 대만 여성들의 한국 드라마 소비는 한국의 국가 이미지를 대남자주의에서 신여성주의로 바꿀 만큼 미디어적 현실을 구성해 냈다. 최근에 인기를 끌고 있는 「대장금」은 전통 사극의 형식을 띠지만, 전문직 여성이 만들어 내는 화려한 요리와 신비한 의술로 신중산층 여성들의 성취 지향적인 자아를 한층 북돋았다. 이 드라마에서도, 늘 곁에서 도와

주는 사려 깊은 민정호(남성 배역)와 최고 권력자인 중종 사이에서 신여성주의 각본의 전형성을 답습하고 있는 주인공 대장금의 모습이 보인다.

「겨울 연가」와 여성 동맹, '커섹'

메리 엘렌 브라운은 여성 드라마 시청자의 팬 네트워크를 문화 연구자 그로스버그Grossberg의 용어를 빌려 '커섹'cathect 즉 여성 동맹으로 표현했다(2002: 297). 커섹은 드라마를 통한 여성들 사이의 동맹 관계를 표현하는 용어로, 여성들의 삶의 제한적 조건 내에서 드라마 시청을 통해 여성들이 만들어 내는 사회적 실천의 의미를 적극적으로 해석한 개념이다. 여성들은 드라마나 스타에 열광하지만, 똑같이 이를 좋아하는, 처지가 같은 여성들끼리 서로 관계를 맺을 때, 또는 추구하는 즐거움을 지원하고 고무해 주는 동료를 만날 때 가장 큰 즐거움을 느낀다. 드라마 텍스트가 여성들의 우정과 일상적인 모임의 중요한 부분을 차지하고 자신들의 일상적 제약에서 벗어나 여성적 문화를 공유하고, 관심을 갖게 되면서 즐거움을 얻는다. 이때 팬클럽 네트워크는 즐거움의 생산지이며 동시에 '파워'를 부여하는 근거지로 기능한다. 브라운의 팬 여성 동맹인 '커섹'은 일본에서 「겨울연가」의 인기와 배용준의 팬클럽을 이해할 수 있는 중요한 개념이다.

2003년 4월 일본 NHK BS를 통해 처음 방영된 「후유소나타」, 즉 「겨울연가」는 불과 1년도 되지 않아 한류를 만들어 낸 중심 텍스트가 되었다. 일본에서 '한류'는 드라마의 연속적인 인기에 기인하기보다는 「겨울연가」라는 드라마와 배용준이란 남성 스타가 만들어 낸 영향력과 열기에서 비롯된 것이다. 이미 배용준의 팬들에게는 널리 쓰이던 '욘사마'라는 말이 일본 언론에 처음으로 출현한 것은 2004년 3월 31일이었다(李智旻, 2004). 배용준의 팬인 한 일본 여성이 신문의 독자 투고란에 배용준을 '욘사마'로 지칭한 후, 4월 6일 이후 일본 언론에서도 '욘사마'로 부르기 시작했다고 한다. 사마 호칭을 받는 또 다른 영국 축구 선수 베컴의 경우는 미디어가 먼저 명명했던 것에 비해 욘사마는 팬들이 먼저 명명하고 미디어가 차용한 것이다. 「겨울연가」와 배용준의 인기는 수천 개의 팬클럽을 만들어 냈으며, '기이한' 현상으로 언론의 관심을 받았다. 이 현상은 한국 사회를 '흥분하게' 만들었으며 대부분의 논의는 일본 팬덤이 만들어 내는 경제적 효과에 주목했다. 「겨울연가」가 촬영된 서울의 플라자 호텔, 강남의 레스토랑, 가회동의 중앙고등학교, 춘천은 공간 자체가 「겨울연가」 관광 상품으로 재발견되었고, 2004년 1월부터 10월까지 한국을 방문한 일본인은 199만 명에 이른다고 한다(히라타, 2005: 110).

내가 아는 일본 남성은 "배용준에 대해 비판적이던 나는 이미 모든 것을 포기하고 아내의 열정을 그대로 수용하기로 했다. 다만 내가 바라는 것은 아내가 배용준의 사진을 차곡차곡 수집하는 것은 좋지만, 제발 집안의 모든 벽과 공간에 붙여 놓지 않았으면 한다"고 말했다. 배용준에 관한 모든 정보를 수집하고 전시하고 담론화하는 여성들의 열기는 '아내'나 '어머니'로서 전형적인 관계를 맺어 오던 그 여성들의 남편이나 아이들의 사적 공간의 질서를 교란했을 뿐 아니라, 여성들의 문화 '권력'의 장을 구성한다. 실제로 배용준의 일본 팬 페이지www.yongjoon.jp에 올라온 글을 분석한 함한희·허인순(2005)은 팬들 중 주부들은 집안일을 마치거나 식구들이 잠자리에 들어 자신만의 시간을 가질 수 있는 밤 10시 이후에 인터넷에 접속하기 때문에 수면 부족에 시달린다. 인터넷은 집이라는 공간을 벗어나지 않으면서도 '커섹'과 감정적 동반자성을 만들어 내고 유지하고 확장하는 데 기여했다. 인터넷

배용준에 관한 모든 정보를 수집하고 전시하고 담론화하는 여성들의 열기는 '아내'나 '어머니'로서 전형적인 관계를 맺어 오던 그 여성들의 남편이나 아이들의 사적 공간의 질서를 교란시켰을 뿐 아니라, 여성들의 문화 '권력'의 장을 구성한다.

팬클럽은 "타인들과 스스럼없이 만나서 자기 속마음을 터놓고 자유롭게 말할 수 있는 시간을" 가질 수 없던 여성들에게 '놀이와 교제'를 가능하게 한 사회적 공간이 되었다(함한희·허인순, 2005: 52). 또한 일부 여성들은 「겨울연가」와 배용준을 통해 "사람을 생각하는 마음을 일깨웠고", "가족 사이에 사랑을 되찾았다"면서 팬으로서의 변형적 효과를 강조한다고 한다.

짧은 시간에 사회적 파장을 일으키며 구성된 일본 여성의 팬덤을 어떻게 이해할 수 있을까? 「겨울연가」의 인기를 분석하는 담론들은 일본 중장년층 여성들의 '노스탤지어' 욕망을 강조한다. 장기간의 경제 침체를 겪고 지쳐 있는 현대 일본 사회에서 1970~80년대 좋았던 시절에 대한 향수가 일었는데, 이런 향수가 순수하고 열정적인 사랑의 순애보를 담고 있는 「겨울연가」에 접속되어 폭발적인 열기로 표현되었다는 얘기다. 그러나 내 생각에 일본 여성들의 열정은 과거를 향한 회귀나 욕망이기보다는 일본의 젠더 관계를 변화시키고 싶어 하는 '현재적' 욕망이다. 일본의 「겨울연가」 열풍 또한 일본 사회의 젠더 관계의 재편성에 대한 여성들의 욕망이 「겨울연가」라는 이국적 텍스트에 투사된 것으로 볼 수 있다. 여성들은 이미 포스트적 자기 분열로 자기중심적이 된, 또는 개인화돼 버린 일본의 남성성과는 다른, 「겨울연가」에서 보여 준 '준상'과 '민영'이라는 이질적인 남성 페르소나에서 이성애적 친밀성의 의미를 발견해 냈다. 즉 근대적인 도덕적 가치 체계를 옹호하지만 현대식 세련미, 상냥함, 예의, 스타일이 매력적으로 결합된 남성으로서 준상, 민영 그리고 그 둘의 결합체인 배용준에 열광한다. 배용준이라는 배우는 TV에서 튀어나온 실재로 해석되고, 추구하고픈 남성성의 '상징'으로 승화된다. 즉, 지성적이지만 냉정하지 않은, 여성의 사랑을 얻기 위해 적극적이고 표현적이지만 여성에게 귀 기울이고 여성의 감정을 배려하는 남성이다. 자기의 자아보다는 여전히 여성과의 낭만적 결합을 추구하는 클래식한 남성성에 도회적인 세련미가 결합된 배용준은 이질적인 시공간대의 이상적인 남성성을 묘하게 결합한 형상이다. 그의 도시적 세련미는 결코 차갑거나 근접하기 어려운 성질이 아니고 부드럽고 예의 바른 풍취를 담고 있다. 「겨울연가」를 집필한 두 명의 여성 작가는 나와 한 인터뷰에서 자신이 창조해 낸 새로운 캐릭터를 이렇게 표현했다.

> 거창하게 말하고 싶지는 않지만, 여자들이 꿈꾸는 남자 캐릭터가 이 드라마(겨울연가) 이후로 변한 것 같아요. 그 전에는 다 갖춘 남자가 나타나 여자한테 '나만 믿어' 하면서도 실제로는 냉정하고 딴 사람한테 안하무인인 경우가 많았잖아요.

한 여자한테만 집중해서 결혼해 일가를 이룬 남성의 이야기가 주로 그려졌지요. 그런데 저희가 만든 남성 캐릭터는 자기가 사랑하는 여자를 존중해 주고 다른 사람도 배려할 줄 아는, 여성들이 정말 좋아하는 남성을 보여 준 거죠.

1990년대 이후 여성 작가들의 대규모 진출은 여성 소비자/수용자/관객을 이해하는 감각의 언어들을 만들어 내고 있다. 그러면서 그들은 드라마라는 문화 상품을 매개로 생산자와 소비자의 공유된 경험을 형성하는 새로운 여성 문화를 만들어 냈다. 이런 점에서 여성 작가–여성 수용자의 국경을 넘는 관계가 '한류'의 생성을 이끈 중심적인 연결 구조의 하나다(김현미, 2005).

「겨울연가」와 배용준에 대한 열광으로 일본 여성들이 공적으로 당당하게 주장하게 된 것은 자신들이 욕망하는 새로운 형태의 남성성masculinities이었다. 지극히 사적이고 개인적인 영역에서만 논의되던 이상적인 남성성에 대한 열망, 배려와 친밀성을 지닌 남성성에 대한 적극적인 주장 등은 한국 드라마라는 이국적 텍스트를 활용하여 표출될 수 있었다. 배용준을 통해 폭발된 일본 중년 여성들의 사회적 에너지는 소위 여성화된 행위 양식과 예의를 강조했던 일본의 근대적 이상적 여성성과는 거리가 먼 것이었다. 소위 '가정성'domesticity을 지배하던 지극히 이성적이고 절제된 관계를 지향하던 일본 여성들이 보여 준 과도한 열정은 그 자체가 기존의 성별 관계에 균열을 일으킬 만큼 강력한 것이었다. 그들은 남녀 관계의 감정적 '과다함'을 지극히 후진적인 것으로 폄하했던 근대적 성별 관계에 대한 저항을 표현했다.

현재 아시아에서 급격하게 형성되고 있는, 한국 대중문화를 소비하는 여성들은 로컬에서 자신의 문제를 '읽어 내고' 그 문제를 이국적 텍스트의 소비를 통해, 집단적 운동의 열기로 이어지게 하면서, 이상적인 남성성이 무엇인지를 공적으로 선포하는 집단적 팬덤이라는 사회적 연결망을 구축하고 있다.

도달 가능한, 소비 가능한 한국의 스타들 : 메타 상품 '욘사마'

일본에서 스타 배용준은 거의 신격화된 인물로 인기를 얻고 있지만, 이 인기는 여성들이 배용준에게 '친근감'을 느끼며 구체적인 관계를 맺는 대상으로 그를 상상한다는 점에서 독특하다. 일본이나 미국 드라마와 스타에 대한 광범위한 팬덤을 구축해 온 경험이 있는 대만 사람들은 한국의 스타에게는 카리스마보다는 '친근감'이 느껴지기 때문에, 스타가 '동경'하고 모방하기보다는 언제든지 '소비'할 수 있는 대상으로 보인다고 한다. 일본 드라마와 한국 드라마를 방영하는 위래 방송의 비비안 시에Vivian Hsieh 씨는 "한 가지 이상한 것은 일본 드라마가 인기를 끌면서 일본 옷이나 스타일과 패션 상품이 함께 들어와 유행했는데, 한국의 경우는 드라마가 인기가 있어도 스타들의 스타일이 유행하는 일은 없다"는 점을 지적한다. 특정한 캐릭터를 구성해 내는 데 사용된 다양한 패션 상품보다는 스타에 대한 즉각적인 소비가 이루어진다는 것이다. 즉, 스타가 드라마에서 표현하는 문화적 이미지를 '모방'하기보다는, 한국의 스타는 만져지고, 만날 수 있고, 교류할 수 있는 구체적인 실재로서 인기를 얻고 있다. 한국의 스타들은 신비감 때문에 '근접 가능성' 자체를 차단하는 저기 먼 곳에 있는 대상이 아닌, 여행을 가서 만나서 얘기를 나누고 싶은 동시대 사람으로 다가온다. 아시아 여성들의 친밀성에 대한 욕구는 스타를 '인격화'해 내면서 스타와 관련된 일련의 소비 경험으로 유도한다.

중산층 여성들의 소비 능력과 구매력은 한국 드라마를 부가 가치를 생산하는 복합 문화 상품으로 변화시키는 데 기여했다. 영화와 달리 지역적 가공에 상대적으로 열려 있는 드라마들은 다양한 지역화의 과정을 통해 팬덤을 생성, 유지했다.* 일본의 대중문화 연구자인 모리(毛利嘉孝, 2004)는 「겨울연가」, 특히 배용준에 대한 팬덤은 일본의 중장년 여성들에게 일종의 '오타쿠' 문화를 만들어 냈다고 주장한다. 실제로 '원본'을 제공한 것은 한국 방송국이지만, 「겨울연가」의 팬들이 다양한 관련 상품의 소비를 통해 열정을 지속할 수 있었던 것은 일본 문화 산업의 복합 매체적 생산 기술이다(이 책 8장 「일본 대중문화의 소비와 '팬덤'의 형성」 참조). 「겨울연가」와 배용준의 경제 가치는 바로 이런 고도의 일본 문화 산업과 '접맥'해 창출되었다. 2004년 12월까지 「겨울연가」는 일본에서 네 번이나 방송되었고, 팬들은 일본적 가공이 들어간 더빙 판에서부터 배용준의 직접적인 목소리를 들을 수 있는 자막판,

---

* 인터넷을 통한 '무료' 사용과 불법 복제가 자연스러운 소비 형태가 된 아시아 지역 내의 대중문화의 유통과 소비는 '경제적 환원'을 예상하기 어려운 고위험의 사업이 된다. 문화 상품의 고부가 가치적 성격이 확보될 수 없는 유통 환경이나 경제적 위험 때문에, 한국의 대중문화를 수입하는 대만과 일본의 에이전트들은 다양한 방식들을 개발해 이런 환경에 적응하고 있다. 드라마의 경우, 드라마의 인기 여부에 따라 다양한 부가 상품을 생산하고 그 판매권을 획득하는 것으로 위험 부담을 줄일 수 있다. 예를 들어 한국의 드라마가 유명해지면, 이 드라마를 각색하여 '소설'이 만들어지고 드라마 속의 명장면과 배우들의 사진이 들어간 사진집을 만들어 VCD와 함께 판매한다. 지역화 과정은 드라마 텍스트의 '혼종성'을 수반하기도 한다. 예를 들어, 드라마 방영권을 산 방송국들은 한국 드라마의 '원전'을 그대로 방영하지 않는다. 주로 드라마의 앞, 중간, 뒷부분의 '시간'은 광고주나 음반 회사에게 판매된다. 대만의 음반 회사들은 한국 드라마 타이틀 자막과 엔딩 크레디트가 올라가는 시간대를 방송국에서 사서, 자사가 제작한 신인 가수의 노래를 틀어 준다. 방송국에서는 한국 드라마에 삽입된 OST를 빼고 대만 노래를 삽입하기도 한다. 드라마를 '완제품'으로 팔아 더 많은 이익을 얻으려는 한국 방송사와, 되도록 음악이나 음향 효과를 뺀 제품으로 싸게 들여와 지역적 가공을 하려고 하는 대만 방송 관계자들과 수입업자들 사이에 갈등이 일어나기도 한다. 자세한 내용은 김현미(2003)을 참조할 것.

축약판에서 완전판으로 드라마를 소비할 기회를 가짐으로써 드라마와 스타에 대한 지속적인 헌신을 유지할 수 있었다. 이 과정에서 한국 드라마나 배용준을 전혀 몰랐던 사람들도 사회적 담론의 영향을 받아 새로운 소비자가 되었고, 후에 일련의 후속적인 팬덤을 구성할 수 있었다.

그들은 드라마를 보고, OST 음악을 듣고, DVD를 구입해서 몇 십 회를 반복해서 매일 본다. 그때마다 느낌을 팬 페이지에 접속해서 '언어화' 하고 「겨울연가」와 배용준에 대한 담론 만들기에 참여한다. 배용준과 관련된 모든 정보를 검색, 분류, 통합, 수집하면서 스타에 대한 심층적인 지식을 확장하고 거기에만 '골몰' 한다. 그들은 배용준을 만났을 때를 대비해 한국말을 배우고, 살을 빼며, 한국 음식을 먹고, 한국 여행을 하면서 "배용준을 따라서 인생을 살고 싶어 한다"(「KBS 스페셜」, 2004년 7월 25일). 그들의 팬 활동은 사적인 영역에 머무르지 않고 다양한 공적인 영역으로 확장된다. 배용준 팬클럽 여성들은 「겨울연가」 촬영지인 춘천 명동 지역 청소하기 등 '트랜스내셔널' 한 자원 봉사 활동에도 참여한다.

아시아에서 한국 드라마와 스타의 인기는 한국에서 '신한류' 라 불리는 새로운 흐름을 만들어 냈다. 신한류란 유행하는 대중문화를 재가공하여 관광, 쇼핑, 패션 등 연관 산업 분야에서 실질적이고 경제적 성과를 창출하는 새로운 조류 및 풍조를 지칭하는 말이다. 그것은 대중문화의 생산지인 한국에서 부는 대중문화의 붐이라고 할 수 있는데, 즉 한국의 가수와 공연을 보기 위해 또는 드라마 촬영지를 답사하거나 한국 배우와의 팬클럽 만남에 참여하기 위해 한국을 찾는 것 등을 포함한 일종의 '기획된 열풍' 을 가리키는 말이다(전성홍, 2002: 73-74). 이때 드라마는 '기획이 가능한 상품' 으로 인지되며, 문화적 텍스트에서 벗어나 관련 산업을 통해 가공 가능한 '상품' 으로 발전한다. 예를 들어, 대만에서 최고 인기를 얻은 「가을동화」(대만 방영 제목은 「엔드리스 러브」Endless Love)나 「겨울연가」 등은 일련의 재상품화 과정을 겪는다. 린천쉬Lin Chun Shwi의 책 『가을동화 여행』Endless Love Voyage은 드라마 속 주인공들의 집, 일터, 극중에서 키스하고 싸움이 일어난 장소뿐만 아니라 중요한 대화를 나눈 장소까지 세부 사항이 꼼꼼히 적힌 여행 책이다. 「가을동화」의 대중적 인기로 인해 속초 아바이마을, 대관령목장, 피닉스파크 등 「가을동화」에서 아름다운 풍경 속에 로맨틱한 감정을 불러일으켰던 장소가 관광 루트가 되었고, 대만 여성들은 한국 강원 지방을 여행하면서 '마치' 드라마 속에서 살아 보는 듯한 경험을 할 수 있었다. 이 여행이 2002, 2003년에 대만에서 엄청난 붐을 일으켰다.* 최근에는 「대장금」의 촬영지였던 양주 오픈 세트장의 '대장금 테마파크'가 새로운 관광 명소로 부상했다.

히라타 유키에(2005)는 이렇게 드라마의 촬영지를 관광하는 수용자들을 '여행하는 시청자', 즉 관(광)객이란 개념으로 분석한다. 그에 의하면 '겨울연가 투어'에 참여한 여행하는 여성 시청자들 중 적지 않은 사람들이 드라마에서 본 아름다운 풍경에 감동을 받고, 직접 춘천, 서울 등지를 관광하면서 '반일 감정, 가난하다, 저질 제품, 더럽다' 등으로 상징되던 한국 이미지에 많은 변화를 가져왔다는 것이다. 여성들이 글로벌 미디어를 매개로 국가의 경계를 넘어 가면서 새로운 문화 해석자가 되고 있다는 의미다.

배용준은 아파두라이가 지적한 '메타 상품'이 되고 있다(아파두라이, 2004: 187). 즉, 배용준이란 스타는 "스스로를 팔지만, 한편으로는 다른 상품들을

* 그러나 미디어 텍스트가 유도해 내는 '관광'은 한국 드라마가 처음이 아니라 대만 시청자들에게는 익숙한 경험이었다. 대만에서 일본 드라마의 방영 금지 조치가 해제된 1993년 11월 이후 일본 트렌디 드라마의 인기는 일본풍의 패션과 음악의 소비, 일본 관광 붐을 일으켰다. 마찬가지로 일본에서도 도시의 현란한 아름다움이 드러난 트렌디 드라마의 팬들은 드라마 촬영지를 경험하기 위해 도쿄 등으로 관광을 갔다고 한다.

팬들은 욘사마와 겨울연가 관광 상품을 소비하면서 그들의 소비와 구매 행위를 팬으로서 경험하는 일련의 통과 의례이며 필연적인 과정으로 이해한다. 메타 상품 배용준을 어디까지 소비할 수 있느냐는 여성들의 경제력을 반영하고 팬 내부에서 계층적 차이를 만들어 낸다.

순환시키는 역할을 담당한다." 욘사마는 관련 상품들을 유통시키고 관광업을 성장케 하고, 한국어 교육 붐을 일으키면서 한국어 학원을 부흥시키고, 한국 음식점을 북적이게 만든다. 배용준은 한국과 일본 모두에서 '효자 상품'이나 '히트 상품'으로 선정되었다. 일본의 작은 가게에서도 「겨울연가」의 폴라리스 목걸이와 욘사마 관련 상품을 쉽게 구입할 수 있다. 배용준과 관계없어 보이는 다양한 물건들도 욘사마의 이미지 한 컷이 새겨지면 배용준 관련 상품으로 '의미'를 부여받으며, 순환되고 소비된다. 욘사마 명상 VCD, 포토북, 명함집, 우표, 달력, 머그컵, 열쇠고리, 펜, 수건, 벽걸이 등 일상 용품에서, "30만 원에 상당하는 준베어(배용준 곰 인형)까지 인기리에 팔리고 있다"(함한희·허인순, 2005: 16). 팬들은 욘사마와 겨울연가 관광 상품을 소비하면서 그들의 소비와 구매 행위를 팬으로서 경험하는 일련의 통과 의례이며 필연적인 과정으로 이해한다. 메타 상품 배용준을 어디까지 소비할 수 있느냐는 여성들의 경제력을 반영하고 팬 내부에서 계층적 차이를 만들어 낸다.* 배용준은 그의 팬들을 '가족'이라고 호명하고, 여성 팬들은 배용준에 대한 사랑은 영원할 것이라고 주장함으로써 메타 상품 배용준이 만들어 내는 자본주의 상품 회로의 척박성을 비가시화한다.

이동하는 아시아의 여성과 문화 횡단적 '여성 담론'의 구축

나는 드라마 생산국 한국의 페미니스트 문화 연구자로서 한국 드라마와 스타들의 인기를 둘러싸고 벌어지는 다양한 담론들의 경합의 장에서 매우 복잡한 심경을 갖게 된다. 한류의 지속 가능성을 토론하는 세미나에서 한 학자는 멕시코를 비롯한 남미 여러 국가가 집단주의, 감성주의, 상하의 위계질서, 남성 우월주의 등 우리 문화의 속성과 비슷한 면이 많기 때문에, 이런 점을 고려하면 남미 시장에서 한류 붐을 일으킬 수 있는 충분한 잠재력이 있다고 말했다. 문화 유사성론에 근거한 가부장적 텍스트를 경제적 환원성을 위해 수출해야 한다는 소리가 들릴 때마다 한국 드라마가 '현상을 고착시키고 퇴행적인 가치관을 갖게 하는' 남성들의 환상을 전 세계에 유포하고 있는 것이 아닌가 하는 의문이 들기도 한다. 그럼에도 불구하고 아시아 신중

---

* 「겨울연가」나 배용준과 관련된 일본에서 제공하는 관광 상품은 최저 2만9천 엔(약 30만 원) 짜리부터 다양한 가격대가 나와 있다. 일본 최상류층의 배용준 팬들은 전세기를 활용하여 한국에 다녀가기도 한다.

산층 여성들이 만들어 내는 이동성은 여러 면에서 새로운 여성주의 문화 번역의 긴급성을 보여 준다.

여성주의 문화학자인 미셸 바렛(Barret, 1982)은 여성주의적 예술 또는 문화는 처음부터 존재하는 것이 아니라, 여성 관객이 그것을 소비하면서 정치적 의미를 만들어 낼 때 비로소 여성주의적 예술 또는 문화가 될 수 있다고 주장한다. 이런 의미에서 번역자로서 여성주의 문화 연구자는 작품 속에 내재한 여성주의적 속성을 통해 정치적 투쟁을 선도하기보다는 상상력이 풍부한 방식으로 여성주의적 비전이 생산되고 소비될 수 있도록 수용자들의 담론이 만들어지는 문화적 환경을 만들어 내야 한다. 즉, 여성 수용자들은 문화적 텍스트를 그대로 받아들이는 수동적 소비자라기보다는 사유하고 해석하고 대안적 비전을 제시하는 적극적 행위자로 '위치' 시켜야 한다. 이런 의미에서 엘리트적 남성주의의 비난과 조롱에서부터 한국 드라마의 팬인 아시아 여성들은 '구제' 되어야 하고, 의미를 생산하고 사회 변화를 추동하는 행위자로 해석되어야 한다. 「불꽃」, 「가을동화」, 「겨울연가」, 「대장금」 열풍은 대만과 일본 사회의 젠더 관계가 새롭게 재편성돼야 한다는 열망이나 증후를 보여 주는 것일 수도 있고, 과도한 의미를 부여할 필요가 없는 일시적인 현상일 수 있다. 또한 드라마에 대한 취향을 구체적인 '소비 상품' 으로 연결할 수 있는 어느 정도의 경제력은 갖추고 있으나, 다양한 젠더 관계의 상상력은 점점 고갈되어 가는 중산층 여성의 문화적 빈곤화를 상징하는 사건일 수 있다. 그러나 한국의 드라마들은 무엇보다도 유사한 삶의 경험을 공유하고 새로운 방식으로 자신의 정체성을 구성해 가고 싶은 아시아 여성들에게 근대의 전형적 성역할이나 의사소통의 부재와 친밀성의 결핍을 이미지의 소비를 통해 해소하는 사회적 '계기' 를 제공해 준다.

마르티네즈(1998)가 지적하듯이, 대중문화를 다르게 소비하는 소비자들

배용준 팬클럽 회원들이 2005년 9월 10일 한국관광공사 지하1층 한류관에서 영화 「외출」 개봉을 맞아 글로벌 번개 모임을 가졌다. ⓒ한국관광공사

의 능력 덕분에 대중문화의 장은 전통, 현재, 미래, 국민 정체성, 성 정체성, 계급 정체성 등이 반영되거나 강요되고 파편화되며, 창조 혹은 재창조되는 협상의 공간이라고 할 수 있다. 대중문화의 소비와 팬덤의 형성이 단일 국가를 넘어 아시아를 횡단하며 이루어질 때 우리는 협상의 공간을 새롭게 사유해야 한다. 이러한 트랜스아시아적 협상 공간은 두 가지 정치학을 구성한다.

첫째는 동시적인 텍스트 소비 경험과 물리적 경계 넘기인 여행을 통해 타자의 이미지를 좀 더 현실적인 방식으로 설명하는 의미 생산자를 만들어 낸다. 예를 들어, 한국을 가난한 나라 또는 반일 감정을 가진 나라, 폭력적인 경향이 있는 나라로 보던 대만과 일본 사람들의 시각은 최근에 드라마에서 재현된 이미지를 통해 '물질적 화려함'과 '욕망의 동시성'simultaneity of desires을 대표하는 나라로 변했다. 동아시아 여성들은 한국의 드라마에서 그리고 있는 모던하고 도시적인 우아함을 통해 한국 사회가 자신들의 경험을 인지할 수 있는 자본주의적 세련미를 갖춘 나라로 인식하게 되었고, 자신들의 일상적 삶의 경험에서 오는 문제들을 설명하고 해결할 수 있는 평등적 '동시대성' coevalness을 갖고 있다는 것을 처음으로 발견했다. 여성들은 이국적인 차이를 해석하면서 자신들의 문화적 한계를 상상적으로 이동시키는 데 이 차이를 활용한다. 이 여성들은 국경을 넘나드는 이동을 통해 한국에 대한 새로운 이미지를 획득했으며 자신들의 일상생활까지 변화시킨다(히라타, 2004: 103). 여성이 국경을 넘어 이동하는 것은 새로운 것은 아니지만 아시아의 여성들이 대규모로 기존의 국가 간에 부착된 의미를 해체하고 새로운 대안적 '의미'를 만들어내는 자로서 문화적 힘을 발휘한다.

두 번째로 트랜스아시아적 협상 공간에서는 여성들이 자신의 지역성을 인지하고 뛰어넘는 트랜스로컬의 정치성을 발휘한다. 즉, 여성들은 스타나 드라마 장르에 대해 비슷한 취향을 가진 다른 국가의 팬들과 적극적인 연계를 맺는 과정에서 다양한 '이동'을 경험하게 된다. 이러한 이동은 문화적 상상력, 지식, 정보, 세계관의 이동을 의미하기도 하고, 실제 여행자나 팬으로서 국경을 넘어 물리적 이동을 하는 것을 포함한다. 인터넷 이병헌 팬클럽에 가입한 아시아 여성들을 연구한 김영옥은 여성들은 국가 간의 문화 교류를 조율하고 중재하는 예민한 문화 번역가로서 활동하며 트랜스로컬적 협상력을 발휘한다고 말한다.

> 드라마를 매개로 서로 상이한 영토와 문화 환경에 살던 여성들이 언어를 교환하고 서로의 감정 속으로 섞여 들어가는 일은 이제 더 이상 그렇게 낯선 일이 아니다. 자신이 좋아하는 드라마가 촬영되었던 곳을 직접 '순례'하거나 이곳의 팬들과

만나 카탈로그, 잡지, 기사, 사진, 기념품 등을 교환한다. 이들은 인터넷을 통해 서로 다른 나라들의 팬 페이지에 들어가 게시판을 공유하고, 그곳의 글들을 서로 '퍼'가거나 번역해서 팬으로서의 자신들의 감정을 '실시간으로' 공유하고 나눈다(김영옥, 2004: 226).

스타의 흔적이 묻어 있는 장소에 가 보기 위해 이들은 한국을 방문하고, 새로운 지식을 습득하고, 인터넷 매체를 통해 '언어'가 다른 여성들과 적극적인 협상을 벌여 나간다. 이를 통해 자신이 몸담고 있는 지극히 폐쇄적이고 단일 국가 중심적인 네트워크를 벗어나는 새로운 경험을 하게 된다. 이런 의미에서 아시아의 한국 드라마 팬들은 아시아 시민-소비자 간의 대화를 가능하게 하는 '문화 횡단적' 소통 체제를 구축하는 데 기여한 바가 크다(조한혜정, 2003).

맺음말

'욘사마'를 외치며 눈물을 흘리는 일본의 중년 여성들이나 「겨울연가」 촬영지를 보기 위해 영하의 날씨에 남이섬을 활보하는 대만 여성들은 한국 사람들에게는 '기이한' 존재들이다. 그만큼 한국 사회에서 중년 여성들이 무언가에 열광하며 자신에게 부여된 성역할을 무시하는 것 자체가 도덕적으로도 비난받는 행위였다.

이 글에서 나는 한국 드라마의 아시아 여성 소비자들의 팬으로서의 수행성을 적극적으로 해석하고 '페미니즘 문화 정치학'의 지평 속에서 풀어 보려고 했다. 아시아의 급부상한 신중산층과 소비 능력을 갖춘 여성들은 대중문화의 적극적인 수용자의 지위를 넘어 자신의 로컬의 한계를 극복하고 자신의 삶을 전이 또는 이동시키는 데 이국적 텍스트를 활용하고 있다. 이 여성들은 전지구화 시대의 매체와 이미지의 이동이 만들어 내는 현대적 주체성의 자질의 하나로서 상상력의 확장을 경험하고 있다.

일본의 여성 팬들은 국민 주체의 틀 안에서 '한국'이라는 타자를 바라보았던 익숙한 시선에서 다양한 방식으로 '이동'하고 있다(김은실, 2004). 트랜스내셔널transnational 드라마로서 한국의 드라마는 아시아 여성들 간의 소통 양식을 새롭게 만들고 구성하는 '지점'의 역할을 하기도 한다. 또한 여성들에게 한국 드라마는 일상적 사회적 기획으로서 자기 이미지를 만드는 원천으로 기능한다(아파두라이, 2004). 이 과정에서 가장 비정치적이며 세속적인 것으로 비하되어 온 대중문화를 통해 여성들은 사회적으로 의미 있는 정치학을 수행한다. 친밀성과 상호 배려에 대한 아시아 여성들의 욕망은 가장 사적이고 개인적인 문제를 가장 열광적이고 사회적인 의제로 부상시키면서 글로벌 미디어를 통한 새로운 정체성의 형성에 시사점을 제공한다.

참고문헌

1. 글로벌 도시, 서울

김은실, 2004,「지구화시대 근대의 탈영토화된 공간으로서 이태원에 대한 민족지적 연구」, 한국여성연구회 편,『변화하는 여성문화 움직이는 지구촌』, 푸른사상.

김경민, 2005,「르포/외국인마을을 가다」,『매일경제신문』, 3월 31일.

박천응 편, 2002,『국경없는 마을과 다문화 공동체』, 안산외국인노동자센터.

사센, 사스키아, 1998,『경제의 세계화와 도시의 위기』, 남기범·유환종·홍인옥 옮김, 푸른길.

설동훈, 2003,『외국인노동자 실태 및 지원서비스 수요조사』, 한국국제노동재단.

설동훈·박경태·이란주, 2004,『외국인 관련 국가인권정책기본계획 수립을 위한 연구』, 국가인권위원회.

설동훈·한건수·이란주, 2003,『국내 거주 외국인노동자 아동의 인권실태조사』, 국가인권위원회.

이남희, 2005,「외국인 자치구역. 한국 속 작은 이국들」,『신동아』, 544호, 1월 1일.

장세훈·이유종, 2004,「서울 하늘 아래 이국지대 속으로」,『서울신문』, 8월 17일.

정동근, 2004,「서울 프랑스인들에 불어로 한국사강좌」,『문화일보』, 10월 1일.

홍성태, 2004,『서울에서 서울을 읽는다』, 궁리.

Castles, Stephen & Alastair Davidson, 2000, *Citizenship and Migration: Globalization and the Politics of Belonging*, New York: Routledge.

Cohen, Robin, 1997, *Global Diasporas: An Introduction*, Seattle: University of Washington Press.

Hammar, Tomas, 1990, *Democracy and the Nation-State: Aliens, Denizens, and Citizens in a World of International Migration*, Aldershot: Avebury.

Martiniello, 1994, "Citizenship of the European Union: a critical view," in R. Baubock ed., *From Aliens to Citizens*, Aldershot: Avebury.

Levitt, Peggy, 2001, *The Transnational Villagers, Berkeley and Los Angeles*, London: the University of California Press.

Sassen, Saskia, 1998, *Globalization and Its Discontents*, New York: The New Press.
_____, 2002, "Global Cities and Survival Circuits," in Barbara Ehrenreich and Arlie Russell Hochschild eds., *Global Women: Nannies, Maids, and Sex Workers in the New Economy*, New York: Metropolitan Books.
Sklair, Leslie, 2001, *The Transnational Capitalist Class*, Malden: Blackwell Publishing.

2. 문화 번역

강내희, 2001, 「흉내 내기와 차이 만들기— 신식민지 지식인을 위한 유령학」, 『흔적』, 제1호, 173-216쪽.
로살도, 레나토, 2000, 『문화와 진리』, 권숙인 옮김, 아카넷.
무어-길버트, 바트, 2001, 『탈식민주의! 저항에서 유희로』, 이경원 옮김, 한길사.
바바, 호미, 2002, 『문화의 위치: 탈식민주의 문화이론』, 나병철 옮김, 소명출판.
이옥순, 1999, 『여성적인 동양이 남성적인 서양을 만났을 때』, 푸른역사.
크라니어스커스, 존, 2001, 「번역과 문화 횡단 작업」, 강내희·김소영 옮김, 『흔적』, 제1호, 315-332쪽.
Anzaldua, Gloria, 1987, *Borderlands: La Frontera*, San Francisco: Spinsters/Aunt Lute Books.
Behar, Ruth, 1993, *Translated Women*, Boston: Beacon Press.
Corbey, Raymond, 1997, "Ethnographic Showcases, 1870-1930," in Jan Nederveen Pieterse and Bhikhu Parekh eds., *The Decolonization of Imagination*, Delhi: Oxford University Press.
Fabian, Johannes, 1983, *Time and the Other*, New York: Columbia University Press.
Godard, Barbara, 1990, "Theorizing Feminist Discourse/Translation," in Susan Bassnett and Andre Lefevere eds., *Translation, History & Culture*, London: Cassell.
Kuhiwozak, Piotr, 1995, "Translation as Appropriation: The Case of Milan Kundera's The Joke," in Susan Bassnett and Andre Lefevere eds., *Translation, History & Culture*, London: Cassell.
Palsson, Gisli ed., 1994, *Beyond Boundaries: Understanding, Translation and Anthropological Discourse*, Oxford, Providence: Berg.
Rafael, Vicente L., 1988, "Contracting Colonialism: Translation and Christian Conversion," in *Tagalog Society under Early Spanish Rule*, Ithaca and London: Cornell University Press.
Sengupta, Mahasweta, 1995, "Translation, Colonialism and Poetics: Rabindranath

Tagore in Two Worlds," in Susan Bassnett and Andre Lefevere eds., *Translation, History & Culture*, London: Cassell.
Simon, Sherry, 1996, *Gender in Translation*, London: Routledge.
Stefansson, Halldor, 1933, "Foreign Myths and Sagas in Japan: the Academics and Cartoonists," in Gisli Palsson ed., *Beyond Boundaries: Understanding, Translation and Anthropological Discourse*, Oxford, Providence: Berg.
Wolf, Eric, 1982, *Europe and the People without History*, Berkeley: University of California Press.

3. 글로벌 사회는 새로운 신분제 사회인가?

김선욱, 2000, 「세계화와 한국여성정책」, 이화여자대학교 한국여성연구원 주최 '동아시아의 근대성과 여성' 한·중·일 국제 학술대회 자료집.
김현미, 1996, 「노동통제의 기제로서의 성연구」, 『한국문화인류학』, 29권 2호.
리프킨, 제레미, 1996, 『노동의 종말』, 이영호 옮김, 민음사.
무디, 킴, 1999, 『신자유주의와 세계의 노동자』, 사회진보를 위한 민주연대 옮김, 문화과학사.
바네트·캐버나, 1994, 『글로벌드림스 I, II』, 황홍선 역, 고려원.
배리, 캐슬린, 2002, 『섹슈얼리티의 매춘화』, 정금나 외 옮김, 삼인.
백재희, 2000, 「외국여성의 한국 성산업 유입에 관한 연구 — 기지촌의 필리핀 여성을 중심으로」, 이화여대 여성학과 석사학위 논문.
브룩스, 데이비드, 2000, 『보보스: 디지털 시대의 엘리트』, 형선호 옮김, 동방미디어.
세넷, 리처드, 2002, 『신자유주의와 인간성의 파괴』, 조용 옮김, 문예출판사.
사타-아난드, 수완나, 1996, 「타이의 매춘 문제와 여성인권의 조건에 대한 논쟁」, 『계간 사상』, 겨울호.
스피베이, 토니, 2000, 「민족국가체계의 시민」, 롤런드 로버트슨·브라이언 터너 외, 『근대성, 탈근대성, 그리고 세계화』, 윤민재 편역, 사회문화연구소.
엘슨, 다이앤 외, 1998, 『발전주의 비판에서 신자유주의 비판으로』, 권현정 외 옮김, 공감.
윤경자, 2000, 「금융보험업의 세계화와 여성노동 이미지의 정치경제학」, 이화여대 여성학과 석사학위 논문.
이숙진, 2000, 「글로벌 자본의 현지화와 지역여성의 정치」, 이화여대 여성학과 박사학위 논문.
조순경, 1998, 「민주적 시장경제와 유교적 가부장제」, 『경제와 사회』, 38호.
하비, 데이비드, 1994, 『포스트모더니티의 조건』, 구동회·박영민 옮김, 한울.

마르틴, 한스 피터 외, 1997, 『세계화의 덫』, 강수돌 역, 영림카디널.
홍기혜, 2000, 「중국 조선족 여성과 한국 남성 간의 결혼을 통해 본 이주의 성별 정치학」, 이화여대 여성학과 석사학위 논문.
Constable, Nicole, 1997, *Maid to Order in Hon Kong: Stories of Filipino Workers*, Ithaca and London: Cornell University Press.
Ehrenreich, Barbara and Arlie Russell Hochschild eds., 2002, *Global Women: Nannies, Maids, and Sex Workers in the New Economy*, New York: Metropolitan Books.
Enloe, Cynthia, 1989, *Bananas, Beaches and Bases: Making Feminist Sense of International Politics*, Berkeley: University of California Press.
Kassim, Azizah, 1998, "International Migration and Alien Labor Employment: The Malaysian Experience," in Toh Thian Ser ed., *Megacities, Labour, and Communications*, Singapore: Institute of Southeast Asian Studies, pp. 67-102.
Ling, L. H. M, 1997, "The Other Side of Globalization: Hypermasculine Developmentalism in East Asia," a paper presented to the international conference sponsored by the University of Hong Kong, November.
Margold, Jane A., 1995, "Narratives of Masculinity and Transnational Migration: Filipino Workers in the Middle East," in Aihwa Ong ed., *Bewitching Women, Pious Men: Gender and Body Politics in Southeast Asia*, Berkeley: University of California Press.
Matsui, Yayori, 1999, *Women in the New Asia: From Pain to Power*, London & New York: Zed Books.
Nash, June & P. Fernandez-Kelly eds., 1983, *Women, Men, and the International Division of Labor*, Albany: State University of New York Press.
Pettman, Jan Jindy, 1999, "Globalization and the Gendered Politics of Citizenship," in Nira Yuval-Davis & Pnina Werbner eds., *Women, Citizenship and Difference*, London & New York: Zed Books.
Sassen, Saskia, 1998, *Globalization and Its Discontents*, New York: The New Press.
_____, 1999, *Guests and Aliens*. New York: The New Press.
Tolentino, Rolando B. 1999, "Bodies, Letters, Catalogs: Filipinas in Transnational Space," in Shirley Geok-Lin Lim et al. eds., *Transnational Asia Pacific: Gender, Culture, and the Public Sphere*, Urbana & Chicago: University of Illinois Press.
Lim, Shirley Geok-Lin et. al. eds., 1999, *Transnational Asia Pacific: Gender, Culture, and the Public Sphere*, Urbana and Chicago: University of Illinois Press.

4. "네 문화의 옷을 벗어라"

김현미, 1996,「노동통제의 기제로서의 성연구」,『한국문화인류학』, 29권 2호.

라츠, 조지프, 1996,「복합문화주의란 무엇인가」, 이영철 엮음,『21세기 문화 미리보기』, 백한울 외 옮김, 시각과 언어.

로버트슨, 롤랜드, 1996,「사회이론, 문화의 상대성, 세계성의 문제」, 이영철 엮음,『21세기 문화 미리보기』, 백한울 외 옮김, 시각과 언어.

로살도, 레나토, 2000,『문화와 진리』, 권숙인 옮김, 아카넷.

『서울경제』, 1989년 8월 20일.

쉴러, 허버트, 1995,『문화: 공공의사표현의 사유화』, 양기석 옮김, 나남출판사.

월러스타인, 임마누엘, 1996,「민족적인 것과 보편적인 것: 세계문화란 가능한가」, 이영철 엮음,『21세기 문화 미리보기』, 백한울 외 옮김, 시각과 언어.

이관희 편저, 1989,『오늘의 한국적 경영』, 경문사.

이기을, 1988,『민족문화와 한국적경영학』, 법문사.

이동연, 1997,『문화연구의 새로운 토픽들』, 문화과학사.

이욱정, 1994,「국내 방글라데시 노동자들의 생활 실태와 적응 전략에 관한 사례 연구」 서울대학교 인류학과 석사학위 논문.

이학종, 1993,『한국의 기업문화: 한국기업의 문화적 특성과 기업문화 개발』, 박영사.

장수현, 2003,「중국내 한국기업의 현지 적응 과정과 문화적 갈등」,『한국문화인류학』, 36권 1호, 83-118쪽.

최석신, 1996,「한일 양국기업의 기업문화에 대한 연구」,『국제 한국학회지』, 제1권, 105-122쪽.

Banaji, J. and R. Hensman, 1990, *Beyond Multinationalism*, New Delhi: Sage Publication.

Cole, Robert, 1979, *Work, Mobility, and Participation*, Berkely: University of California Press.

Escobar, Arturo, 1988, "Power and Visibility: Development and the Invention and Management of the Third World," *Cultural Anthropology*, Vol.3 No.4, pp.428-443.

Fabian, Johannes, 1983, *Time and the Other: How Anthropology Makes Its Object*, New York: Columbia University Press.

Gordon, Andrew, 1991, *Labor and Imperial Democracy in Prewar Japan*, Berkeley: University of California Press.

Janelli, Roger L. & Janelli Yim, 1993, *Making Capitalism*, Stanford: Stanford University Press.

Luke, Timothy, 1990, *Social Theory and Modernity*, Newbury Park: Sage Publications.
Vogel, Ezra F, 1979, *Japan as Number One : Lessons for America*, Cambridge: Harvard University Press.
Walder, Andrew G. 1986, *Communist Neo-Traditionalism*, Berkeley: University of California Press.

5. 경계에 선 여성 노동자는 말할 수 있는가?

김선재, 1990,「미국 본사 원정 농성, (M기업)노조 3명 귀국」,『한겨레신문』, 7월 19일, 14면.
김정배, 1990,「(M기업) 노조대표 3명, 체임담판 위해 도미」,『중앙일보』, 4월 12일, 18면.
김혜경 · 신현옥, 1990,「제조업 생산직 기혼 여성노동자의 상태와 문제」,『여성과 사회』, 가을호, 창작과비평사.
유점순, 1990,「돈보다는 자존심 되찾고 싶다」,『한겨레』, 7월 11일, 7면.
이상영, 1990,「한국 외자기업 노동운동의 현황과 과제」,『다국적 기업과 노동운동』, 백산서당.
『언론노련신문』, 1990년 4월 5일.
M기업 노동조합, 1989,「민족의 자존심」,『노조회보』, 6월 9일.
정연주, 1990a,「'(M기업) 아줌마' 미국 원정시위 나선다」,『한겨레신문』, 4월 6일, 10면.
______, 1990b,「(M기업) 노동자 본사앞서 '풍물시위'」,『한겨레신문』, 4월 24일, 10면.
______, 1990c,「임금 떼먹은 미국인사장 쫓아 원정시위, (M 기업) 노동자 끈질긴 싸움 한달째」,『한겨레』, 5월 15일, 5면.
『조선일보』, 1989년 3월 23일.
______, 1990년 4월 13일.
______, 1990년 7월 15일.
『중앙일보』, 1990년 4월 11일.
한국여성개발원, 1994,『여성관련 사회통계 및 지표』, 한국여성개발원.
한국통계청, 1997,『경제활동인구조사』, 한국통계청.
Abelmann, Nancy, 1996, *Echoes of the Past, Epics of Dissent: A South Korean Social Movement*, Berkeley and Los Angeles, CA: University of California Press.
Kim, Hyun-Mi, 1997, "Gender/Sexuality System as a Labor Control Mechanism: Gender Identity of Korean Female Workers in a U.S. Multinational Corporation," *Korea Journal*, Vol. 37, No. 2, pp.56-70.
Kim, Seung-Kyong, 1997, *Class Struggle or Family Struggle? The Lives of Women*

Factory Workers in South Korea, Cambridge, England: Cambridge University Press.
Korea Update, 1990, "Company M's Korean Union Representatives Bring the Korean Labor Struggle to the U.S," May-June, pp.8-9.
Loomba, Ania, 1991, "Overwording the Third World," *Oxford Literature Review* 13, pp.164-91.
Maass, Peter, 1989, "Foreign Firms a Target in South Korea Workers at Overseas-Owned Companies Grow Increasing Militant." *Washington Post*, May 21, H3.
Manguno, Joseph P. 1989a, "Company M's Abrupt Exit from South Korea Could Inflame Anti-Americanism in Korea," *Wall Street Journal*, Eastern Edition, March 30, p. A8(E).
______, 1989b, "Plant's Closing Tensions in South Korea: Plant Closing Aggravates Anti-Americanism in Korea," *Asia Wall Street Journal*, March 30, p.1, p.7.
Mohanty, Chandra Talpade, Ann Russo and Kourdes Torres, 1991, *Third World Women and the Politics of Feminism*, Bloomington, IN: Indiana University Press.
Moore, Hannah, 1989, "South Koreans Riot Over Departure of US Company," *Journal of Commerce*, March 23, 1A, 5A.
Parker, Andrew, Mary Russo, Doris Sommer and Patricia Yaeger eds., 1992, *Nationalisms and Sexualities*, New York: Routledge.
Schoenberger, Karl and Nancy Yoshinara, 1989, "L. A. Firms Shuts S. Lorea Unit; Claims Left Hanging," *Los Angeles Times*, March 30, p.2, p.15.
Spivak, Gayatri C. 1988a, *In Other Words: Essays in Cultural Politics*, New York: Routledge.
______, 1988b, "Can Subaltern Speak?" in G. Nelson and L. Grossberg eds., *Marxism and Interpretation of Culture*, Chicago, IL: University of Illinois Press, pp. 271-131.
Yuval-Davis, Nira, 1993, "Gender and Nation," *Ethnic and Radical Studies*, Vol.16, No.4, pp.621-32.

6. 글로벌 '욕망' 산업과 이주 여성 엔터테이너

김엘림·오정진, 2001, 『외국인 여성노동자의 인권보장 연구』, 한국여성개발원.
김현미, 1999, 「아시아 여성학과 탈식민주의」, 『철학과 현실』, 가을호, 철학과 현실사.
김현선, 2002, 「한국 성산업에 유입된 이주여성의 실태와 해결방안」, 아시아 성산업 근절을 위한 네트워크 결성과 성매매방지 특별법 제정을 위한 국제 심포지움 발표문, 여성부.
백재희, 2002, 「I'm entertainer, I'm not sex worker」, 막달레나집 엮음, 『용감한 여성들, 늑대를 타고 달리는』, 삼인.
부산 외국인 노동자 인권을 위한 모임, 2000, 「부산 지역 성산업에 유입된 러시아 이주여성 실태조사 보고서」.
설동훈·김현미·한건수·고현웅·셸리 이아, 2003, 「외국 여성 성매매 실태조사」, 여성부.
손승영·김현미·김영옥, 2004, 「탈성매매 및 재유입 방지 방안 연구」, 국회여성위원회.
이수자, 2004, 「이주 여성 디아스포라」, 『한국사회학』, 제38집 2호, 217쪽.
첸실링, 2002, 「사랑을 배우고, 사랑에 죽고」, 막달레나집 엮음, 『용감한 여성들, 늑대를 타고 달리는』, 삼인.
한국교회여성연합회, 1999/2002, 「성산업에 유입된 외국인 여성에 관한 실태조사 보고서」.
한국염, 2004, 「한국의 이주의 여성화 실태와 그 과제」, 제 9차 아시아 이주노동자회의워크숍 자료, 아시아이주노동자회의.
Anzaldua, Gloria, 1987, *Borderlands: La Frontera*, Spinsters/Aunt Lute Book.
Hochschild, Arlie Russell, 2003, *The Commercialization of Intimate Life: Notes from home and work*, University of California Press.
Kofman, Eleonore, Annie Phizacklea, Parvati Raghuram and Rosemary Sales, 2000, *Gender and International Migration in Europe: Employment, Welfare and Politics*, Routledge.
Kempadoo, Kamala, 1998, "Introduction: Globalizing Sex Workers' Rights,"in Kamala Kempadoo and Jo Doezema eds., *Global Sex Workers: Rights, Resistance, and Redefinition*, Routledge.
Piper, Nicola and Mina Roces eds., 2003, *Wife or Worker?: Asian Women and Migration*, Rowman and Littlefield Pulishers.
Tavernise, Sabrina, 2003, "Women Redefine their Roles in New Russia," *The Russia Journal* (http://www.therussiajournal.com)
Troung, Than Dam, 1990, *Sex, Money, and Morality: the Political Economy of Prostitution and Tourism*, London & New York: Zed Books.

7. 2002 월드컵의 '여성화'와 여성 '팬덤'

고수유, 2002, 『붉은 악마』, 리더스.

권태호·김양중, 2002, 「거리응원 통해 억눌렸던 공동체성 회복」, 『한겨레신문』, 7월 2일, 28면.

김동호, 2002, 「"거리 응원 통해 여성 잠재력 확인," 현정택 여성부 차관」, 『중앙일보』, 7월 3일, 25면.

김은형, 2002, 「김남일, 날 것 그대로」, 『한겨레 21』, 8월 1일, 419호, 24-27쪽.

김지영, 2002, 「월드컵 여성, 주체 또는 군중?」, 『경향신문』, 7월 23일, 6면.

김찬희, 2002, 「포스트 월드컵 — 한국의 힘 세계로 간다」, 『국민일보』, 7월 4일, 8면.

손민호, 2002, 「귀여운 불량기 'I LOVE 김남일' 현상」, 『중앙일보』, 7월 26일, 45면.

안민석, 2002, 「월드컵 성과의 시민 사회적 계승: 스포츠클럽 통한 새판과 큰 틀 짜기」, 민주사회정책연구원, 문화개혁을위한시민연대, 체육시민연대 주최 월드컵 평가 대토론회, '월드컵은 우리 사회에 무엇을 남겼는가' 자료집, 6-7쪽.

양성희, 2002, 「월드컵 '꽃미남 쇼크'/여성의 '원초적 본능' "깨운다」, 『문화일보』, 6월 21일, 27면.

이동연, 2002, 「카니발의 문화와 시민 운동의 과제」, 민주사회정책연구원, 문화개혁을위한시민연대, 체육시민연대 주최 월드컵 평가 대토론회, '월드컵은 우리 사회에 무엇을 남겼는가' 자료집, 53쪽.

이인실, 2002, 「남녀평등도 '4강' 가자」, 『문화일보』, 7월 27일, 7면.

호, 조세핀, 2001, 「'스파이스 소녀'로부터 '원조교제'로 — 대만 십대 소녀들의 성애화」, 『연세여성연구』, 7호, 63-86쪽.

홍성태, 2002, 「'붉은 악마 현상'의 사회적 형성과 의미」, 민주사회정책연구원, 문화개혁을위한시민연대, 체육시민연대 주최 월드컵 평가 대토론회, '월드컵은 우리 사회에 무엇을 남겼는가' 자료집, 41쪽.

Ehrenreich, Barbara, Elizabeth Hess and Gloria Jacobs, 1986, *Re-Making Love*, New York: Anchor Book.

8. 일본 대중문화의 소비와 '팬덤'의 형성

강익모, 1999, 「일본 대중문화 '단계적 개방' 정책에 따른 대응방안 연구: 일본 대중영화와 한국 시청각 문화 산업을 중심으로」, 서강대 언론대학원 석사학위 논문.

김선영, 2001, 「일본 대중문화 개방과 청소년들의 의식 변화에 관한 일고찰」, 세명대학교 교육대학원 석사학위 논문.

김정금, 2000, 「일본 대중문화 개방을 전후한 언론의 보도형태 분석」, 강원대학교 정보과학 대학원 석사학위 논문.

김정혜, 1991, 「한국 청소년들의 일본 위성 방송 시청에 관한 연구」, 고려대학교 신문방송학과 석사학위 논문.
김종신, 2001, 「일본 대중문화에 대한 개방과 수용태세에 관한 연구」, 중앙대학교 행정대학원 석사학위 논문.
김진만, 1966, 「무엇을 받아들일 것인가」, 『고대문화』, 5월호, 27-30쪽.
김필동, 2001, 『리액션의 예술, 일본 대중문화』, 새움.
김혜준, 1998, 「한국영화, '인디'도 '메이저'도 없다」, 『뉴미디어저널』, 62호, 15-17쪽.
김휴종, 2000, 「영향 미미, 문화 수출 기회로 활용해야: 일본 대중문화 3차 개방의 의미와 영향」, 『신문과 방송』, 356호, 144-148쪽.
『대한매일』, 2002, 「'코스프레' 이젠 당당한 대중문화」, 10월 30일.
도정일, 1998, 「일본 대중문화 베끼기 2 — 부패 구조 '서문'」, 이연 외, 『일본 대중문화 베끼기』, 나무와 숲, 53-110쪽.
사카모토 치즈코, 2002, 「금지된 문화에 대한 욕망과 소비행동: 일본 대중문화 커뮤니티 변천을 예로서」, 연세대학교 사회학과 2002년 1학기 문화연구 기말 논문.
송영웅, 2000, 「빗장 풀린 일본 대중문화: 사실상의 완전개방, 여과장치 마련 서둘러야」, 『주간한국』, 1829호.
문화관광부, 2003, 「2002 문화정책백서」, 문화관광부.
문화관광부, 2000, 보도자료, 6월 17일, http://www.mct.go.kr/uw3/dispather /korea/data_room/open_date.html.
서울시립대 대학문화 편집실, 1986, 「일본문화, 침투의 배경과 실태」, 『서울시립대 대학문화』, 9호, 248-267쪽.
양윤모, 1998, 「표절논쟁으로 본 해방 후 한국영화」, 이연 외, 『일본 대중문화 베끼기』, 나무와 숲, 53-110쪽.
이동후, 2003, 「한국트렌디 드라마의 문화적 형성」, 『'한류'와 아시아의 대중문화』, 연세대학교 출판부.
이연 외, 1998, 『일본 대중문화 베끼기』, 나무와 숲.
이영희, 1984, 「일본의 문화침투를 경계한다」, 『신동아』, 300호, 206-215쪽.
이와부치 고이치, 2004, 『아시아를 잇는 대중문화 — 일본, 그 초국가적 욕망』, 히라타 유키에·전오경 옮김, 도서출판 또 하나의 문화.
이용배, 2000, 「일본 대중문화 3차 개방과 한국 애니메이션의 발전 방안」, 『민족예술』, 61호, 18-21쪽.
이은우, http:home.mokwon.ac.kr/~thepress/321-321-6-일본.
정중헌, 2002, 「한일 영화시장 개방, 득인가 실인가」, 『문화예술』, 273호, 18-24쪽.
정현민, 1996, 「일본 대중문화의 개방에 관한 연구: 한국 문화산업의 발전을 중심으로」, 부산 대학교 대학원 사회학과 석사 논문.

최영일, 1985, 「한일 문화교류의 현황과 본질」, 『고대문화』, 25호, 223-233쪽.
피스크, 존, Fiske, John, 1992, 「팬덤의 문화 경제학」, 『문화, 일상, 대중: 문화에 관한 8개의 탐구』, 박명진 외 옮김, 한나래, 187-209쪽.
현승문, 1998,「다양성, 치밀한, 그리고 '가수의 상품화' 배워야」, 『뉴미디어저널』, 62호, 23-25쪽.
황민호, 1998, 「국내만화 발행 의무화 필요」, 『뉴미디어저널』, 62호, 18-19쪽.
菅野朋子, 2000, 好きになって和いけない国一韓国 J-Pop世代が見た日本, 東京: 文芸春秋.
Iwabuchi, Koichi, 2001, "Uses of Japanese Popular Culture: Trans/nationalism and Postcolonial Desire for 'Asia'", *Emergences*, Vol.11, No.2, pp.199-222.

9. 한류와 '친밀성' 의 정치학

김영옥, 2004, 「지구화시대의 대중문화 실천과 새로운 정서 교육:팬덤 현상을 중심으로」, 한국여성연구회 편, 『변화하는 여성문화 움직이는 지구촌』, 푸른사상.
김은실, 2004, 「초국가적 문화현상으로서의 겨울연가와 새로운 문화수용/번역가로서의 아시아 여성의 부상」, 김옥길 기념 학술대회 발표문, 2004년 10월 15일.
김현미, 2003, 「대만 속의 한국대중문화」, 조한혜정 외, 『'한류'와 아시아의 대중문화』, 연세대학교 출판부.
_______, 2005, 「문화산업과 성별화된 노동」, 『한국여성학』, 21권 2호,
마르티네즈, 돌로레스, 2000, 「성, 경계의 이동 그리고 세계화」, 돌로레스 마르티네즈 엮음, 『왜 일본인들은 스모에 열광하는가』, 김희정 옮김, 바다출판사.
브라운, 메리 엘렌, 2002, 「소비와 저항, 즐거움의 문제」, 메리 엘렌 브라운 엮음, 『텔레비전과 여성문화』, 김선남·안홍엽 옮김, 한울아카데미.
신윤환, 2002, 「동아시아의 '한류' 현상: 비교 분석과 평가」, 『동아연구』, 42호, 서강대학교 동아연구소.
아파두라이, 아르준, 2004, 『고삐 풀린 현대성』, 현실문화연구.
윤태진, 2004, 「중국의 한류 현상에 대한 한국미디어 보도경향 연구」, 한국방송학회 국제세미나 '당대 한국문화와 중국' 발표문.
이민자, 2002, 「중국개혁기의 청소년 분석: '한류'를 중심으로」, 『동아연구』, 42호, 서강대학교 동아연구소.
전성흥, 2002, 「대만에서의 '한류': 현황과 전망」, 『동아연구』, 42호, 서강대학교 동아연구소.
조한혜정, 2003, 「글로벌 지각 변동의 징후로 읽는 '한류열풍'」, 조한혜정 외, 『'한류'와 아시아의 대중문화』, 연세대학교 출판부.

함한희·허인순, 2005, 『겨울연가와 나비 환타지 — 일본한류를 만나보다』, 소화.
히라타 유키에, 2005, 『한국을 소비하는 일본 — 한류, 여성, 드라마』, 책세상.
毛利嘉孝, 2004, 「『冬のソナタ』と能動的ファンの文化実践」, 毛利嘉孝 編, 『日式韓流－『冬のソナタ』と日韓大衆文化の現在』, せりか書房.
李智旻, 2004, 「新聞に見る「ヨン様」浸透現象—呼称の定着と「オバファン」という存在」, 毛利嘉孝 編, 『日式韓流 —「冬のソナタ」と日韓大衆文化の現在』, せりか書房.
『北台』, 2001년 5월 1일.
『星報』, 2001년 4월 20일.
Barrett, Michelle, 1982, "Feminism and the Definition of Cultural Politics," Rosalind Brund and Caroline Rowan eds., *Feminism, Culture and Politics*, London: Lawrence and Wishart.
Hollows, Joanne, 2000, *Feminism, Femininity and Popular Culture*, Manchester and New York: Manchester University Press.
Lin, Eric, 2001, "Taiwan's New Must-See TV: Korean TV Dramas," *Sinorama*, 2001, cited from http://www.sinorama.com.tw/en/search/show_issue.
Stivens, Maila,1998, "Theorizing gender, power and modernity in affluent Asia," *Gender and Power in Affluent Asia*, New York: Routledge.
Sturken, Marita and Lisa Cartwright, 2001, *Practices of Looking: An Introduction to Visual Culture*, Oxford University Press.
Taiwan Gazette, 2000년 12월 15일.

찾아보기

가부장적 상상력 59-60
가부장적 텍스트 262
가부장적(인) 보호(주의) 담론 131, 132
가부장제 59-60, 78, 190: — 사회 128
가사 서비스 노동자 73, 148
가족주의 29, 90, 102, 243
개발도상국 70, 116
검은 원숭이 56
게이 26: — 밴드 223
「겨울연가」 239, 244, 252-256, 258- 262, 263, 266: — 투어 19; 「후유소나타」를 찾을 것
경계 짓기 98, 102
경계에 선 여성(들) 10, 60, 70, 116, 146
경제 제일주의 239
계급 42, 54, 67, 74, 81-82, 95, 106, 110, 115, 116, 118-119, 135, 140, 141, 145, 146, 153, 165, 241: —성 126; (노동) —의식 127, 140, 142; —의 이분화 74, 77; — 이해 135; — 정체성 264; —적 위치 114; 국제적인 — 분화 74; — 계급 74; 서비스 — 74; 서비스 —의 여성화 68; 성 —화 81; 성별화된 — 67-68; 여성 하인 — 73; 제3세계 여성 노동자(프롤레타리아) — 71-72
관(광)객 260
국가 7, 8, 9, 11, 20, 23, 28, 45, 58, 68, 69, 70, 76, 77, 81, 83-85, 86-87, 93, 95, 96, 103, 108, 109, 117, 126, 130-132, 138, 139, 146, 147, 149, 154, 178, 184, 185, 194-197, 198, 199, 203, 210, 236-237, 239, 241, 247, 251, 260, 262, 264, 265-266: 개발 — 20; — 권력 21; 국민 — 6, 7, 24, 26, 40; —법 44; —적 경계 6, 47; —주의 184
국경 없는 마을 28
국제 이주 147, 149, 156, 169: — 노동 73, 75, 148
국제결혼 7, 79, 80, 148
국제적 연대 운동 86
국제적 하청 70
군대 이주자 36
근대 47, 51, 55, 242, 263: —성 57, 61, 114, 241-243 ; —적 개별성 243-244
근대화 20, 70, 78, 84, 86, 87, 89, 114, 116, 195, 199, 209, 213: —화 이론 91; —화 정책 212; —화 프로젝트 120; 산업 자본주의적 — 66
글로벌 공장 70, 122
글로벌 도시 9, 19, 21, 22-25, 45
글로벌 문화 산업 203
글로벌 문화 상품 198, 209
글로벌 문화 소비자 237
글로벌 문화 정치학 20
글로벌 문화 축제 195

글로벌 스탠더드 5, 7, 30, 45, 82, 94, 100, 106, 189, 247
글로벌 시대 45, 46, 62, 76, 88, 115, 152, 179, 184, 198
글로벌 '욕망' 산업 10, 75, 147, 150, 164-165, 178
글로벌 이동성 6, 23
글로벌 페미니스트 정치학 81, 82
글로벌 회사 시민 23
글로벌라이제이션 6, 8, 9, 21, 67, 73, 74, 77, 86, 152, '세계화'를 볼 것
기생관광 213
기업 문화 88, 90-92, 105: '기업 문화 연구'는 '문화연구'를 볼 것
기지촌 클럽 156, 159
기혼 여성 120-123, 130, 251
기획된 열풍 259
김남일 192-194, 197
김영옥 165-166
김은실 26, 267
김현미 71, 107, 150, 151, 238, 256, 258, 155
꽃미남 190, 192-193, 224

나타샤 156
남성 멜로물 251
남성 페르소나 255
남성성 97, 139, 183, 223, 243, 251, 255-256
네팔거리 36
노동 운동 102, 117, 118, 128
노동권 71, 74, 82, 83, 142, 149, 164, 179: 초국가적 노동권 144
노동력의 유연화 72
노동의 여성화 68
노동자 대투쟁 117, 130
노동자 정체성 125, 128, 164
노스텔지어 욕망 254
능력주의 77, 82

다국적 기업 8, 10, 23, 32, 58, 68-70, 74, 87-88, 92, 93-115, 117-120, 124, 127, 132, 135, 136, 138, 139: 미국계 — 96, 100, 115, 136-138; 사무직 — 106, 107; 생산직 — 88, 107, 111, 135
다국적 자본 75, 96, 103, 119, 132
다문화 해독 능력 45
다문화주의 32, 88, 94
다중성 55, 145
다중적 주체 60, 61
단신 이주 45
대남자주의 247, 249, 251
대만 여성 249, 251, 260, 266
「대장금」 244, 251-252, 260, 263
대화적 관계 48
댄서 150, 155, 172, 179
데니즌 23, 24, 26, 43
독일 마을 33
돌봄의 공동화 74
동부이촌동 20, 33
동시대성 50
동시적인 소비 220: 동시적 일본 대중문화 소비 226
동호회 11, 185, 204, 205, 207, 211, 218, 220, 224, 230-233, 235, 237
디아스포라 20, '이산'을 볼 것

라 말린체 58-60
라이선스 203, 206, 235-236
라이트 233-235
라파엘, 빈센트 57
러시아촌 36
레비트, 페기 43
로살도, 레나토 49, 50, 52, 54, 58, 60, 113
루크, 티모시 114
리틀도쿄 33

마니아 207, 220, 226, 233-236
마르티네즈, 돌로레스 263
마르티니엘로, 마르코 24
마마상 159, 160, 162, 163, 173, 175
마지즌 24, '주변민'을 볼 것
매니저 161, 164, 166-170, 174
매매춘 75, 78-79, 83, 84, 157: 국제적 — 83; — 업소 76; —의 정상화 81; 섹슈얼리티의 —화 78, 81; '매춘'을 볼 것
매매형 국제결혼 148, 151
매춘 161, 163, 178: — 여성 161, 178, 179; '매매춘'을 찾을 것
메스티자 60
메타 상품 257, 260-262
멜로드라마적 미학 251
모리, 요시타카 258
모방 55-56, 189, 208, 211, 212, 221, 227, 232, 257: — 밴드 232
모성 보호 42, 122
몰시간성의 환상 51
몸의 상품화 68, 78, 80, 81, 83, 84
몽골타운 36
문명적 스펙트럼 38
문화 경계 지대 26
문화 교차 94, 95: — 지역 6, 8, 10, 88, 93, 115, 152
문화 능력 21-22, 41, 46
문화 다양성 25, 28, 45
문화 다원주의 61
문화 번역 8, 9, 11, 46, 47-51, 54-55, 58, 60-62, 113: —의 정치학 53; —자 49, 50, 51, 52, 54, 56, 61, 62, 265
문화 복합체 229
문화 상대주의 51, 114: — 관점 52
문화 연구 7, 12, 47-48, 91-92: — 연구 88, 90, 92; —자 7, 20, 21, 201; 여성주의—자 263
문화 외교 205
문화 제국주의 213
문화 진화론 51
문화(적) 텍스트 53, 218, 221, 241, 246, 249, 259, 263
문화 횡단 50, 54, 57, 58, 262, 266; —적 소통 체제 266
문화적: — 강제 115; — 경계 60; — 빈곤화 263; — 우월성 212, 236; — 접경지대 48; — 정체성 51, 88, 237; — 차이 45, 49, 88, 89, 91, 95, 99, 101, 107, 111-112, 113, 115; — 특수성 88, 89, 94, 113-114; — 표식 33; — 헤게모니 206; — 혼용 209
미디어 10, 30, 35, 39, 103, 119, 128, 130, 132, 134-136, 156, 186, 187, 190, 193, 195, 248, 253, 267; — 재현 118; —적 현실 251; 글로벌 — 7, 103, 260
미혼 여성 120, 139
민족 담론 96
민족 문화 91, 272
민족주의 서사 139

민족지 49, 50, 52, 55, 59: —적 현재 50
민중 126, 145-146; —성 126, 144; — 노동자 138

바 파인 159, '2차'를 볼 것
바렛, 미셸 263
바바, 호미 57
박천응 31, 32
반무이 76
반미 감정 134-136
반미주의 119, 134, 136, 140, 141; —자 144
반역자 59, 60, 61
발전 담론 96
배리, 캐슬린 79, 81
배용준 19, 252, 253, 254-262, 264, '욘사마'를 볼 것: — 관련 상품 261; —의 일본 팬 페이지 253
배제 서사 86
백인의 의무 51
백재희 75, 175
번역 불가능성 57
벌칙 157, 165, 167
보따리상 36, 220
보보스 77, 78
보편주의 89, 106
복제 217, 220, 233, 258: 불법 복제 203, 216, 258
「불꽃」 244, 249, 263, 「화화」를 볼 것
불법 노동자 41, 164
불법 상품 206, 216
붉은 악마 185-189, 195
브라운, 메리 엘렌 252
비서구 51, 52, 55, 71, 88, 94, 108, 113, 141, 142
비주얼 록 223
빈곤의 여성화 154
빠순이 186, 187, 197

사센, 사스키아 22, 23, 74
산업 구조 재조정 117
상관된 지식 62
새터민 35
생존 회로 23, 25-26, 40
생존장 37
서구 인류학 49
서구 자본주의 체제 88, 94
서래마을 34, 43
서비스 노동 24, 73, 77, 148: —자 72-73
서울 8, 9, 19-22, 24, 25-26, 28, 32, 33, 37, 44, 45, 253, 260
설동훈 29, 38, 42, 150, 151, 160,
성 노동자 179-180
성 산업 78, 149, 171
성별 54, 66, 67, 70, 86, 118, 129, 132, 138, 139, 140, 153, 184, 186, 198, 204, 221-225, 241-243, 249, 250, 256, '젠더'를 볼 것: — 권한 척도 198; — 불안정성 241-243; —성의 파괴 222, 225; — 이데올로기 67; — 전환 224; — 혼재 221; —화된 계층 81; '—화된 계급'은 '계급'을 볼 것
성애화 78, 81, 178, 189, 199: 집단적 — 192
성적 동맹 177
성적 친밀성 249
세계화 5, 7, 65-68, 72-74, 77-78, 81-82, 84-86, 93; 생산의 — 68; '글로벌라이제이션'을 볼 것

세넷, 리처드 72
섹슈얼리티 10, 12, 58, 60, 75, 77, 78, 81, 83, 149, 190, 192, 199, 243: '—의 매매춘화'는 '매매춘'을 볼 것
섹스 관광 178
셀프오리엔탈리즘 56
셍굽타, 마하스웨타 55
소비 자본주의 27, 76, 216
소수자 38, 82
수용자 204, 239, 240, 243, 244, 260, 267: 여성 — 256, 263; 일본 문화 — 237
수출 자유 지역 10, 69, 116
수행성 53, 61, 222
쉼터 42, 169
스타 186-191, 193, 214, 220-221, 228, 232, 233, 239, 244, 247-249, 252, 257, 259, 260, 262, 265-266: 남성 — 186-187, 190, 193; 글로벌 스포츠 — 189; 글로벌 — 194; — 만들기 190; 전복적인 —덤 191, 193
스티븐스, 메일라 242
스피박, 가야트리 119, 141, 144
시공간적 거리 두기 51, 107, 108, 109, 112
시민권 24, 82, 83, 84, 180: 글로벌 — 44
시스터 보이 221-222
시청의 욕망 248
식민 권력 56, 57
식민주의 55, 56
신 국제(노동) 분업 10, 68, 69, 71, 77, 116, 144
신귀족 74, 76, 78
신분제 65, 77, 86
신애국주의 11, 194, 196-197
신여성주의 249-252
신자유주의 5, 66, 72, 74, 77, 82, 83
신중산층 11, 156, 177, 209, 241-244, 251, 266
신한류 259, '한류'를 볼 것

아시아 여성 소비자 266
아시아적 가치 242
아시아적 취향 209
아파두라이, 아르준 260, 267
안산외국인노동자센터 31
앙논족 222
양성애 191
엄마 노동자 124
에렌라이히, 바버라 74, 190
에스페란자 58, 60 ,61, 152
엑스재팬 209, 222-223, 228, 234
엔터테이너 8, 10, 75, 147, 150, 157, 161, 163, 175
여가와 오락 177
여성 번역자 58, 59, 60, 152
여성 작가 255, 256
여성 하위 주체 68, 78, 81, 146: 제3세계 — 68
여성매매반대연합 83, 84
여행하는 시청자 260
연예 기획사 150, 156
영세 사업장 71
옌벤거리 35
오리엔탈라이징 92
오빠부대 185-188
오타쿠 문화 258
옥시덴탈라이징 92
왜색물 212
외국인 노동자 인권을 위한 모임 42
외국인 마을 26, 33, 34
외국인노동자의료공제회 42

욕망의 동시성 242, 264
욘사마 252-253, 261-262, 266, '배용준'을 볼 것: — 관련 상품 261
우리 안의 다양성들 9, 22, 25, 45
우편 주문 신부 78, 80
원곡동 28, 29, 30, 32
원정 시위 108, 132, 137
유교식 권위주의 90
유색인(종) 39, 40, 45, 46, 47, 142
유연 생산 체제 72
유흥업 148-151, 153, 155, 161, 164, 166, 172, 179-180: —소 28, 156-157, 176; 기지촌—소 175
의사 시민 23
의식화 127
이국적 텍스트 244, 256, 267
이동 227
이동성 263
이동후 202, 208, 247
이란주 29, 38
이방인 26, 28, 36
이산 20, 21, 25, 26, 29, 32, 33, 35, 36, 37, 43, 65, '디아스포라'를 볼 것: — 동네 8, 9, 20, 21, 25, 26, 33, 36, 37
이수자 179
E-6(예술흥행) 비자 150, 151
이슬람중앙사원 27, 28
이영애 248
이옥순 56
이와부치, 고이치 205, 209
이욱정 95, 112
이주 노동자 5, 9, 19, 23-24, 28-31, 36, 39-40, 43-44, 46, 71, 73-74, 75, 76, 82-83, 147, 150, 153, 171, 176: — 자녀 29
이주민 20, 21, 23, 25, 29, 30, 32, 36, 37, 41, 43
이주여성쉼터 위홈 42
이주여성인권센터 42
이주 (노동)의 여성화 73, 74, 148, 275
2002 월드컵 8, 11, 183-185, 189, 192, 194, 195, 197, 198, 200
2차 159-163, 167, 169, 170-172: '바 파인'을 볼 것
이태원 20, 26-28, 36, 256
인권 37, 39, 40-42, 45, 81, 83, 141, 152: — 침해 40, 41
인신매매 150-152, 178
인종 차별주의 24, 71, 80
인천 북성동 20
인터넷 동호회 205, 230
일본 대중문화 8, 11, 201-223, 225-237
일본 문화 개방 211, 236
일본 트렌디 드라마 208, 225, 248
일본계 기업 104, 110
일본식 경영 89, 92
일본의 변칙 90
일본인 마을 20, 33
일본화 208: 탈— 34
입장을 갖는 주체 54

자기 문화의 옷 벗기 101, 106
자막 227, 231, 232, 246, 258
자본의 철수 119
자생적 공간 35
「장희빈」 246
재영토화 32-33
재현의 딜레마 146

저항 문화 127
적기 납품식 생산 방식 72
전이 226, 229, 243, 263, 267
전지구적 자본주의 10, 47, 65, 67-68, 81, 87, 92, 94, 114-116, 142, 147
접경지대 히스테리 48
접대 계층 75
접대 문화 11, 171, 173, 174: 한국(식) — 10-11, 170-174
정규직 72
정보 공유 12, 203
제3세계 가격 39
제3세계 여성 61, 69, 71, 142, 178: 보통의 — 142; — 노동자성 119; '— 노동자 계급'은 '계급'을 볼 것; '— 하위 주체'는 '여성 하위 주체'를 볼 것
제국주의적 향수 56
젠더 42, 58, 68, 86, 119, 131, 145, 221, 225, 241, 242, 243, 244, 255, 263, '성별'을 볼 것
조선족 26, 35
주변민 24, 35, '마지즌'을 볼 것
주스 판매 158, 167, 170
중국인 마을 26, 35, 36
중앙아시아촌 36
중장년층 여성 관객 251
지구적 지역 85
지역화 208, 258

차별 23, 38, 42, 47, 76, 82, 165, 198, 210: 축적된 — 82
차용 47
철새 기업 10, 117, 121, 124
초국가적 마을 43
초국가적 문화 흐름 239
초국적 47, 205, '트랜스내셔널'을 볼 것: — 자본 98; —(트랜스내셔널) 정체성 43
축구 183-186, 188-191, 193-198, 253
친밀성 10, 11, 148, 158, 175, 199, 243-244, 249, 255-257, 263, 267: —의 정치학 245

카리스마 257
커섹 252
코스모폴리탄적 평등성 104
코스프레 224-225
코시안의 집 30
코프만, 엘리노어 153, 155
코헨, 로빈 20, 23

타고르 55-56
타자 22, 39, 45, 47-52, 55, 61, 62, 88, 93, 94, 98, 102, 107, 108, 113, 115, 156, 157, 174, 179, 264, 267: —화 88
탈규제화 77, 84
탈식민지 57, 60, 62
탈영토화 26, 33
태극 전사 194, 197, 198
테러리스트 108, 111
토착화 94, 96, 101, 102
통합적 유행 모드 221
트랜스내셔널 43, 259, '초국적'을 볼 것: — 드라마 267; —한 공공 영역 43
트랜스아시아적 협상 공간 264-265
TV드라마 203, 208

파비안, 요하네스 50-51, 107
팬 정체성 188, 232, 234, 236
팬덤 11, 185, 188-190, 194, 204, 210, 216, 229, 230, 233, 236-237, 241, 245, 253, 254, 257-259, 264: —의 정치학 187; 집단적— 208, 257
팬문화 189
팬클럽 188, 193, 203, 239, 252, 259: — 네트워크 252
팬픽 194
페미니스트 9, 12, 81, 82, 83, 84, 85, 139, 152, 187, 192: — 문화 연구자 262
페미니즘 52, 54, 55, 67, 68, 81, 83, 266; — 텍스트 250
평균적 이주 노동자 39
평균적 한국인 39
포르노그래피 78, 80
표절 202, 206, 207, 208, 211
프랑스 마을 33, 34, 35, 43
피스크, 존 210
PC통신 207, 220, 231
피해자 66, 70, 82, 131, 151-152: —화 131
필리핀 공동체 42
필리핀 이주 노동자 43, 44, 83
필리핀 이주 노동자를 위한 사명 83

하비, 데이비드 71
하위 주체 68, 78, 81, 119, 141, 144-146, 179
한건수 29, 150
한국 대중문화 5, 7, 11, 12, 206, 208, 221, 226, 238-243, 256
한국(적) 트렌디 드라마 208, 247, 248, 249, 251
한국인 클럽 156, 163, 166, 167, 172, 173, 174
한국적 91, 98, 100, 105: —관행 96; —지역성 32; —인 것 101, 171; —인 정치 공간 144
한류 5, 8, 11, 12, 238, 239, 240, 241, 242, 243, 244, 245, 252, 256, 259, 262, 264: 신— 259
할랄 27
함한희 253, 254, 262
해머, 토머스 23, 24
해방촌 36
행위자 8-11, 15, 45, 48, 50, 54, 81, 93, 115, 119, 126, 128-131, 133, 136, 137, 142, 144, 152, 200, 263
허인순 254, 262
현대판 노예 24
현지 문화 94, 99, 115
현지화 94, 102, 209
혜화동성당 42
호, 조세핀 192
혼종화 57, 205, 206, 211
혼혈 177
홍성태 20, 185
화교 20, 25, 37, 38: — 마을 20
「화화」 248, 「불꽃」을 볼 것
「후유소나타」 252, 「겨울연가」를 볼 것
히라타, 유키에 253, 260, 265
휘발성 도시 19, 22
희소성 12, 166, 171, 214, 235, 237

글로벌 시대의 문화 번역

젠더, 인종, 계층의 경계를 넘어

1쇄 펴낸날_2005년 11월 17일
4쇄 펴낸날_2013년 4월 23일
지은이_김현미
펴낸이_유승희
펴낸곳_도서출판 또하나의문화
주소_121-899 · 서울 마포구 와우산로 174-5 대재빌라 302호
전화_(02)324-7486
팩스_(02)323-2934
홈페이지_www.tomoon.com
이메일_tomoon@tomoon.com
출판등록_제 9-129호 1987년 12월 29일

ISBN 89-85635-69-7 03330